合歡山佐久間鞍部，母親河的源頭｜許震唐攝

濁水溪發源於極易風化的板岩、粘板岩地質區，含有石灰質，是造成溪水混濁的主因，其含砂量為臺灣河川之冠，更是全球河川發源地在海拔三千公尺以上，單位面積輸砂量最高的。

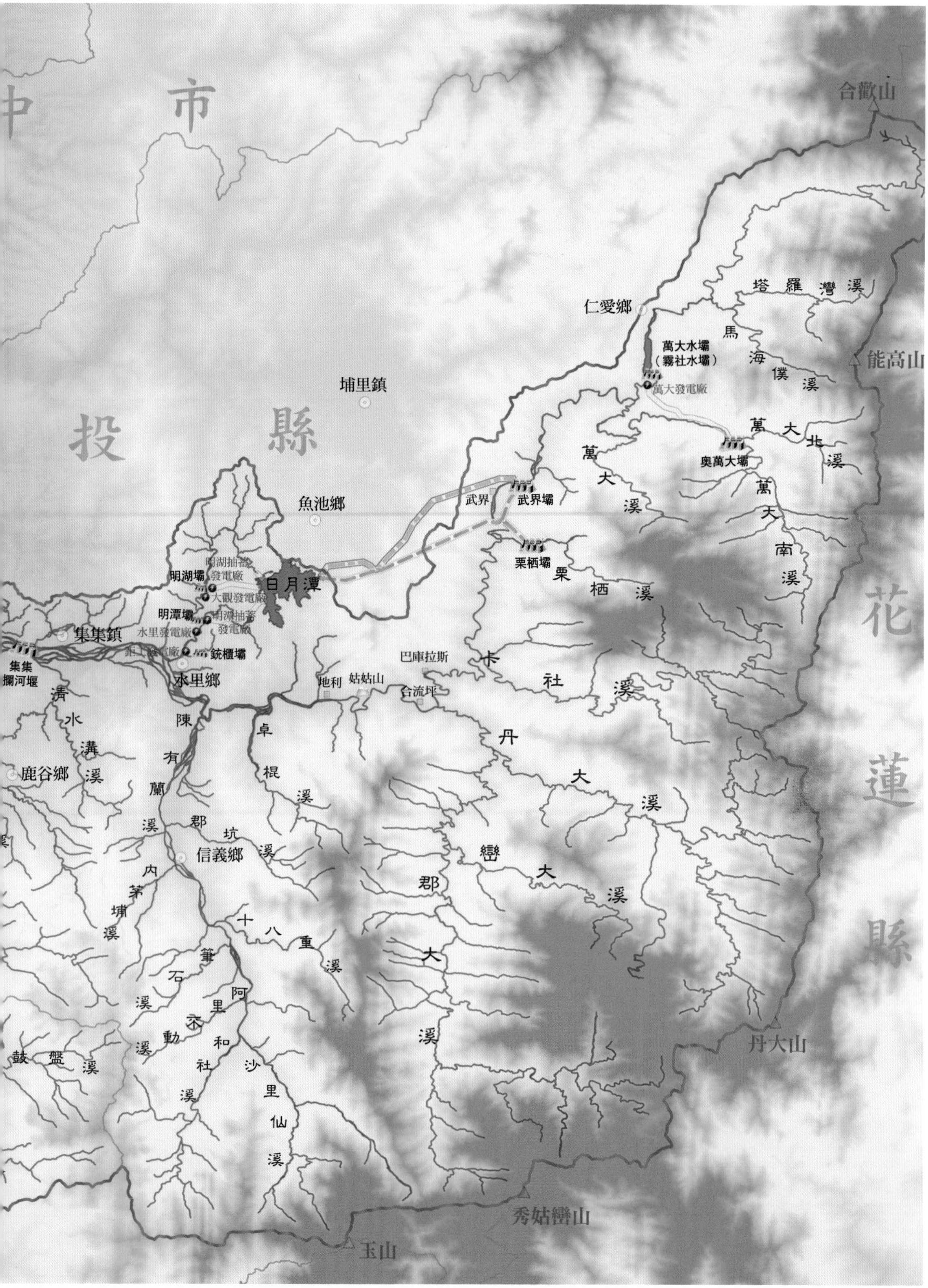

中
市
投
縣
埔里鎮
魚池鄉
仁愛鄉
萬大水壩
（霧社水壩）
萬大發電廠
奧萬大壩
武界
武界壩
栗栖壩
明湖抽蓄
發電廠
明湖壩
日月潭
大觀發電廠
明潭壩
明潭抽蓄
發電廠
水里發電廠
鉅工發電廠
銃櫃壩
集集鎮
集集
攔河堰
水里鄉
鹿谷鄉
信義鄉
地利
姑姑山
巴庫拉斯
台流坪
合歡山
能高山
丹大山
秀姑巒山
玉山
花
蓮
縣
塔羅灣溪
馬海僕溪
萬大北溪
萬大溪
萬大南溪
栗栖溪
卡社溪
丹大溪
巒大溪
郡大溪
郡坑溪
卓根溪
陳有蘭溪
清水溝溪
內茅埔溪
十八重溪
筆石溪
阿里不動溪
和社溪
沙里仙溪
鼓盤溪

濁水溪流域地圖 陳威潭繪製

古蹟級的武界壩｜許震唐攝

昭和五年（一九一六）開工，是濁水溪最早進行的水壩工程，但難度很高，到一九三四年才完工，成為日月潭重要的水源，以進行水力發電。然而武界壩從完工開始，年年堆積約二十萬立方公尺的砂土，造成下游水圳的損失。

南投信義鄉雙龍村的濁水溪｜許震唐攝

這裡是丹大溪與濁水溪的匯流之處，雙龍村就在合流坪對面。這裡與巴庫拉斯河段都屬濁水溪中上游，蒼勁的石頭與流水形成幽遠的濁水意象，但因為上游電廠洩洪排放淤積土石，已使這一帶河段面臨河床升高的危機。

雙龍村的雙吊橋｜許震唐攝

小Wusong是布農族卡社群，這裡的濁水溪河面需要兩座吊橋才能完全跨越。小Wusong的爺爺Dama Wusong說，以前只有一座東龍吊橋的時候，一遇大水常常一個星期無法出門。二○一一年蘇斯共吊橋完工後，小Wusong就可以從濁水溪這一頭跑到那一頭了。

姑姑山環流丘｜許震唐攝

姑姑山在地利村東側，濁水溪在此處迴旋成美麗的彎度，繼續朝中下游奔去。

集集攔河堰｜許震唐攝

二〇〇一年竣工的集集攔河堰，如一排利齒，將濁水溪中段咬嚙成兩個世界，一邊是容納一千萬噸的水資源，另一邊卻是不忍卒睹的乾涸景象。從一七〇九年興築八堡圳到二〇〇一年集集攔河堰完成，幾百年來，濁水溪的人們都希望掌控這條溪的資源，集集攔河堰更企圖完全控制，使其能同時符合農業、工業與民生用水三大需求。臺灣河川利用之極致，莫過於濁水溪。

集集攔河堰往上游處的沙洲｜許震唐攝

集集攔河堰往下游一公里處｜許震唐攝

濁水溪像是一個個破碎的小山谷，超現實的小瀑布，是殘山剩水的景象。

二水鄭罕提供

竹山竹工廠｜許震唐攝

進億竹藝社的雇工製作的竹籬是做為海岸治沙使用，也提供給溫泉飯店裝置或泡湯圍籬使用。竹山的氣候、地形與雨量適合竹子生長，使竹子很早就成為濁水溪沿岸的經濟作物之一，老照片為一九二五年竹山桶頭流放到二水八堡圳水門附近的竹子。

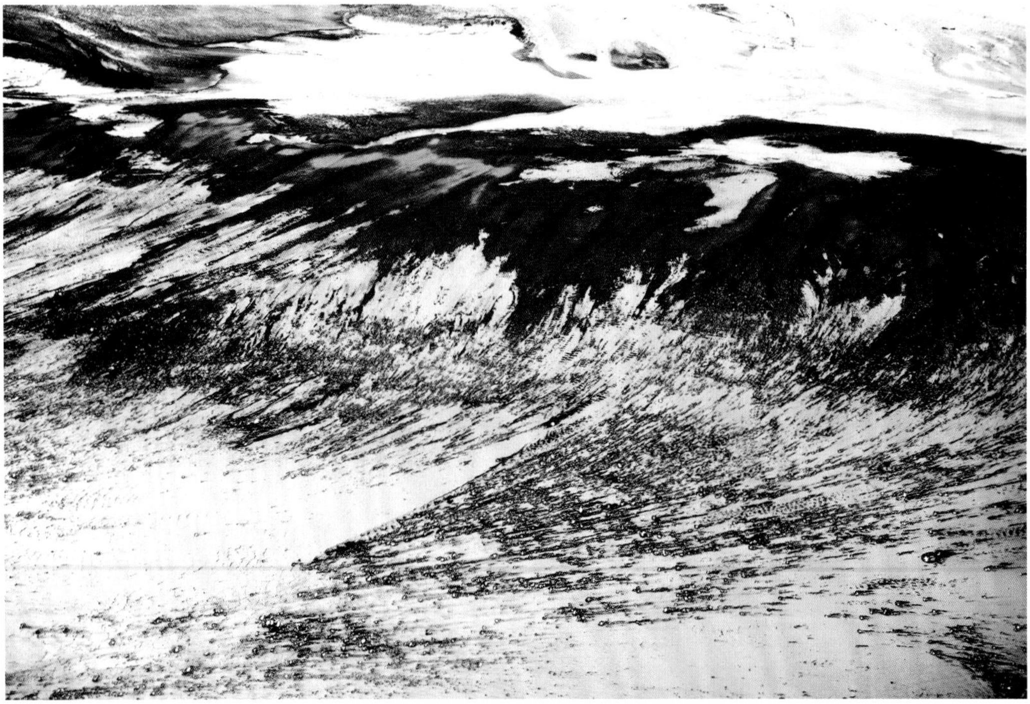

名竹大橋下的濁水溪｜許震唐攝

名竹大橋連接名間與竹山，騎腳踏車的老人載著牲禮要去土地公廟拜拜。以前的名間與竹山，因水流湍急，筏渡經常翻覆造成死傷，後來同治年間經士紳董郁文、董榮華父子奔走才成立義渡，並於光緒五年（一八七九）分別在名間福興宮與竹山紫南宮設立「永濟義渡碑」紀念。碑文上寫著：溜急似箭、浪湧如飛，舵工稍一鬆手，即翻船觸石，凶占滅頂。論者謂：「臺灣一小天地，濁水之勢與黃河等。」

清水溪畔的老農｜許震唐攝

清水溪是濁水溪的重要支流，斗六大圳有部分水源來自於清水溪。清水溪上游有個很有名的草嶺潭，一八九八年戊戌水災，就因草嶺潭潰決造成濁水溪改道，十餘個庄頭被毀。這裡的地勢傾斜，老農只好挑水一個一個澆菜，時光彷彿不曾變過，對資源的慎重與珍惜，像是對當前工業掠奪搶水的諷刺。

名間濁水車站｜許震唐攝

濁水車站位於臺鐵集集支線，過了濁水車站就是彰化二水鄉，也開始進入濁水溪的下游。因為比二水的地勢高，八堡圳興築時，便以名間濁水為取水源頭。濁水村也是大正時代，日本人修築堤防工事的起點，從此濁水溪只從西螺溪出海。名間濁水在歷史上的重要位置，或許正是它叫做「濁水」的原因。

濁水溪三百年

歷史・社會・環境

張素玢

濁水溪三百年・目次

推薦序

殘山剩水的警訊

劉翠溶

張素玢教授是中生代的臺灣史學者。這本《濁水溪三百年》匯集她近年的研究成果，詳細探討了濁水溪流域的歷史、社會與環境變遷，對於臺灣中部地區的歷史研究有一定的貢獻。

本書運用了豐富的原始資料與相關研究，除了文字敘述，也有詳細的地圖、照片和統計圖表。書中探討的課題涉及水災、聚落變化與民間信仰，防洪、治水與山林的保育，邊際土地的開發與農村菁英的崛起，農工爭水與農民抗爭運動，新作物（如葡萄、花卉園藝、蔬菜）的推廣及面臨的問題，農業與工業的衝突和妥協，河川汙染導致的土壤汙染、地下水開發與地層下陷，以及南岸與北岸的差異及因應對策。作者在結論中指出，三百年來濁水溪扮演著「資源」的角色，但近年已接近枯竭，徒具「殘山剩水」。這個警訊，值得一般民眾，乃至政府單位的重視。

總之，張素玢教授這本文圖並茂的新書，為我們提供了關於濁水溪流域歷史的極佳讀物，允宜推廣，謹為之序。

二〇一四年五月十九日

推薦序

親近歷史現場的濁水溪專著

許雪姬

濁水溪，母親河，三百年來她如何在臺灣中部起起落落的人群中翻轉？今天她的面貌如何？本書以濁水溪沿岸的環境變遷為經，以政府的治水與居民社會形成的狀況為緯，說出近三百年來這塊土地的歷史，是一本值得細讀的書。

書從濁水溪的水文環境談起，她有豐富的水、石、砂、水材等資源，但也難免有水患和砂害，清代收租單中常見的「水沖沙壓」即此之謂。一七一九年施世榜在濁水溪北岸開施厝圳（後稱八堡圳），灌溉了萬餘甲土地，增加糧食生產，也成為商品外銷。然而一八九八年戊戌大水災後，濁水溪漫流、改道，溪南北兩岸受災慘重，迫使臺灣總督府不得不修護岸（於一九二一年完成）以治水，造林以防砂，並帶來大片的浮復地，以供墾殖；且為正本清源起見，也開始造林治山。由於築造防風林綠化有成，可耕地增加，因此私營農場、製糖廠乃應運而生，雖然最後難免為日人資本所掌握。而為了對抗本地和日本人資本家，社會運動在所難免，二林蔗農事件、反對放領土地給退休官員事件，是其犖犖大者。農村社會雖經歷這些抗爭，但也因此產生佃首、原料委員，農場經營者、貸地業者等農村菁英，其崛起不僅影響當代地方政治，對戰後地方領導階層的形成也起了作用。

戰後濁水溪沿岸又在作物、用水、引水等方面有些什麼樣的變遷？先是因國際糖價先盛後衰，糖的黃金時期已過，種蔗、製糖的策略亦隨之調整，原料區面積減少、糖廠兼併；稻作則因栽種技術、品種的改進，使米的生產過剩，價格下跌，亦不得不減產。於是，改種水果、蔬菜、花卉乃成為必然之路；然而由於對美貿易順差持續升高，政府不能不開放農產品進口，導致果農走上街頭，一九八八年的五二〇農民運動令人記憶猶新。而自一九六〇年代後，政府全力推動工業化，遂使扶助工業優於照顧農業，此後工安、環境汙染的問題不斷發生。一九九一年六輕最後在雲林沿海麥寮鄉落腳，象徵著往後工、農業將進入激烈的搶水作戰。為了解決其工業用水，二〇〇一年「集集共同引水」完工，但在此之前，集集攔河堰直達六輕的工業用水專用管路一九九七年便開始供水，政府且要雲、彰兩地農田水利會在工業用水不足之際，同意辦理節水措施。除了六輕，還有二〇〇八年企圖落腳彰化濁水溪北岸出海口的國光石化。國光石化用水更多，除了只會再攔更多濁水溪水外，似無對策。不只上述，還有中科四期搶水的問題，更難解決。

本書在訴說濁水溪沿岸的諸種變遷後，提出未來不能不面對的難題，不論是溪南北兩岸農民生計的差異、兩岸的濁水使用之爭、全臺第一的地層下陷面積與速率、下游沙漠化與風砂之害、集集共同引水計畫等皆為濁水溪帶來最大的難題。面對如此的難題，政府當局是否有正視的勇氣和解決的辦法？我們只能拭目以待。

歷史學門在眾多社會學科的挑戰和侵蝕後，研究課題漸被限縮，如何利用其他學科的長處增益歷史學所不能，並在大處、長期著眼，以宏觀的視角、綿密的史料來詮釋人與環境的關係變遷，這是值得重視的課題。張素玢副教授為了完成濁水溪的研究，不斷做田野調查、進行口述訪談，匯集各種學科對此區的研究成果及相關地圖和統計資料，參考臺灣總督府相關檔案及多種期刊，是在上述堅實的基礎下才能完成這本言簡意賅、跨學科的重要著作。相信這是一部往後相關研究不可不參考的專著。

自從指導素玢完成博士論文後，我一直在旁觀看她的學術之旅，誠如她自己所說的，她始終「以文獻研究和田野實地調查雙線並行」，這的確是研究臺灣史、深化歷史學門的不二法門。素玢在學術研究的進程中，不斷多方嘗試研究的切入角度，深入田野、貼近觀察，修方志、接計畫，上山下海，帶學生到東沙島探索海人草，爬玉山、雪山，走八通關古道，到東引、西引，清早造訪中部的果菜市場——無非想親近歷史現場，以寫出有血有肉的學術論文。

我既肯定素玢對學術的執著，又佩服她有取之不盡的動能，二〇一三年初她接下臺灣師範大學臺灣史研究所所長之職，我料想她會為所務而耽誤研究工作，沒想到今年她完成了這本專著，向我索序，我雖忙碌，亦思有先睹為快之樂，乃略述所感以為之序。

序於中央研究院臺灣史研究所

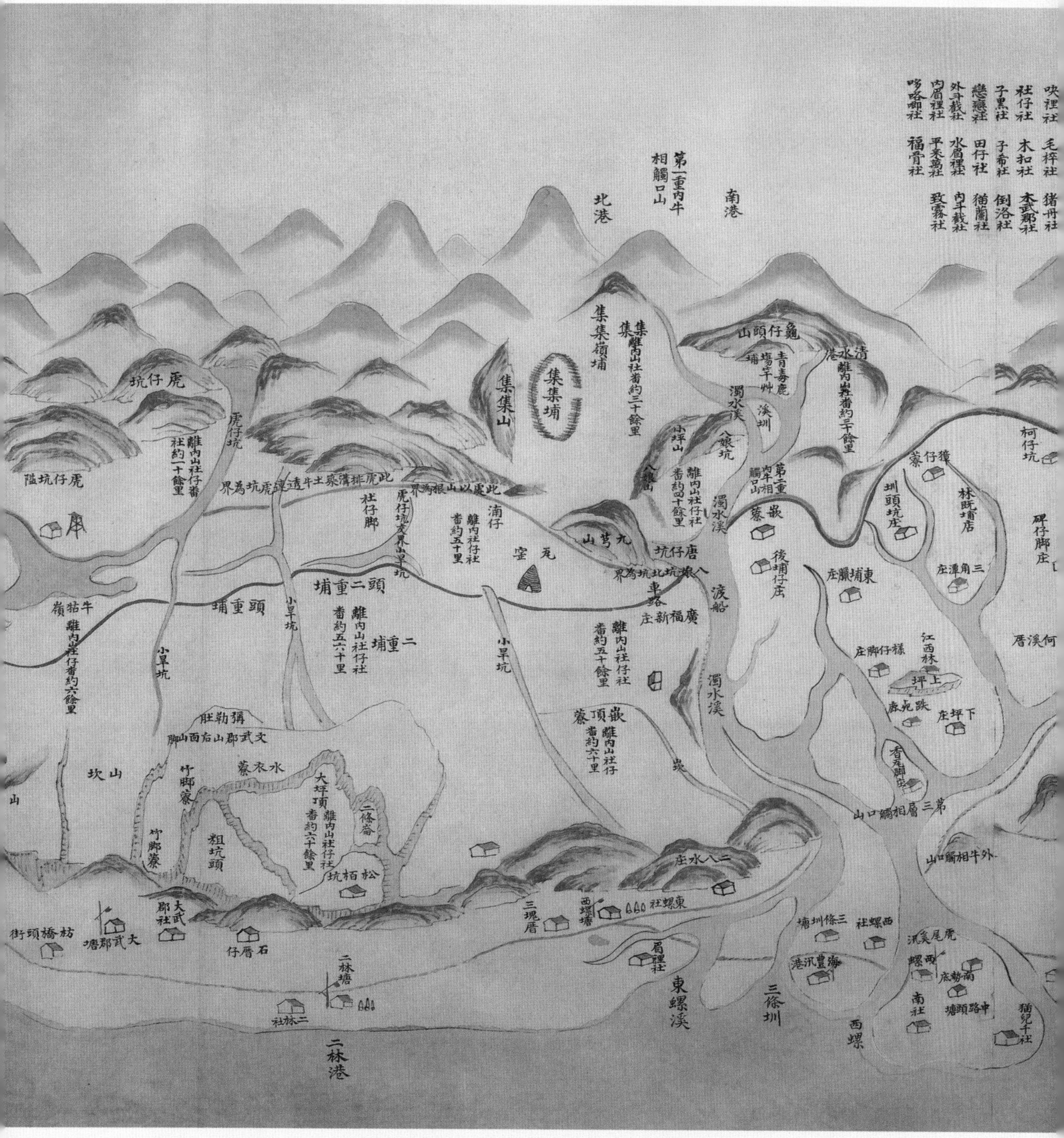

臺灣民番界址圖局部（乾隆二十五年，一七六〇）

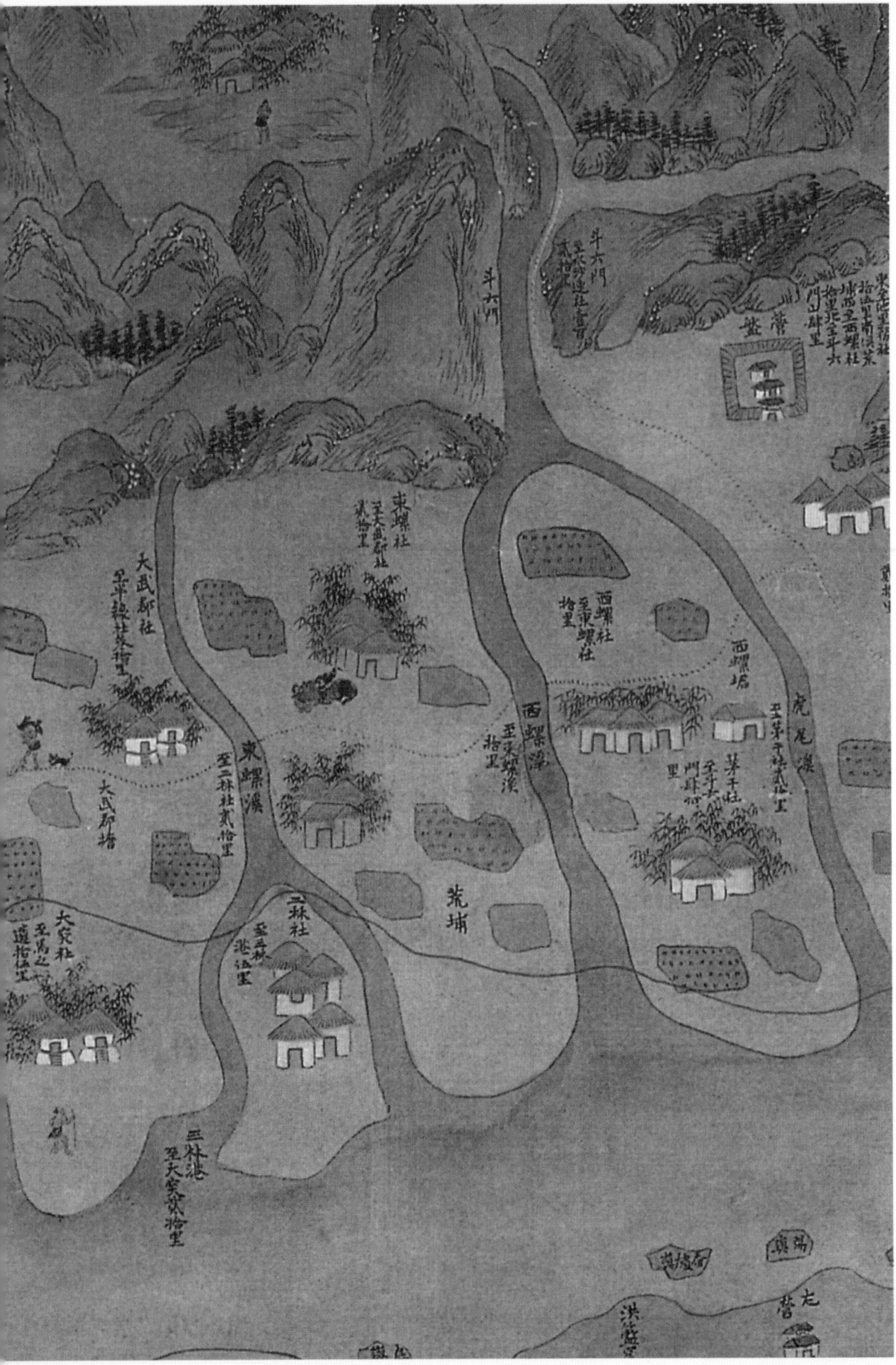
斗六門
營盤
東螺社
大武郡社
西螺社
西螺塘
西螺溪
虎尾溪
東螺溪
大武郡塘
荒埔
三林社
大突社
三林港

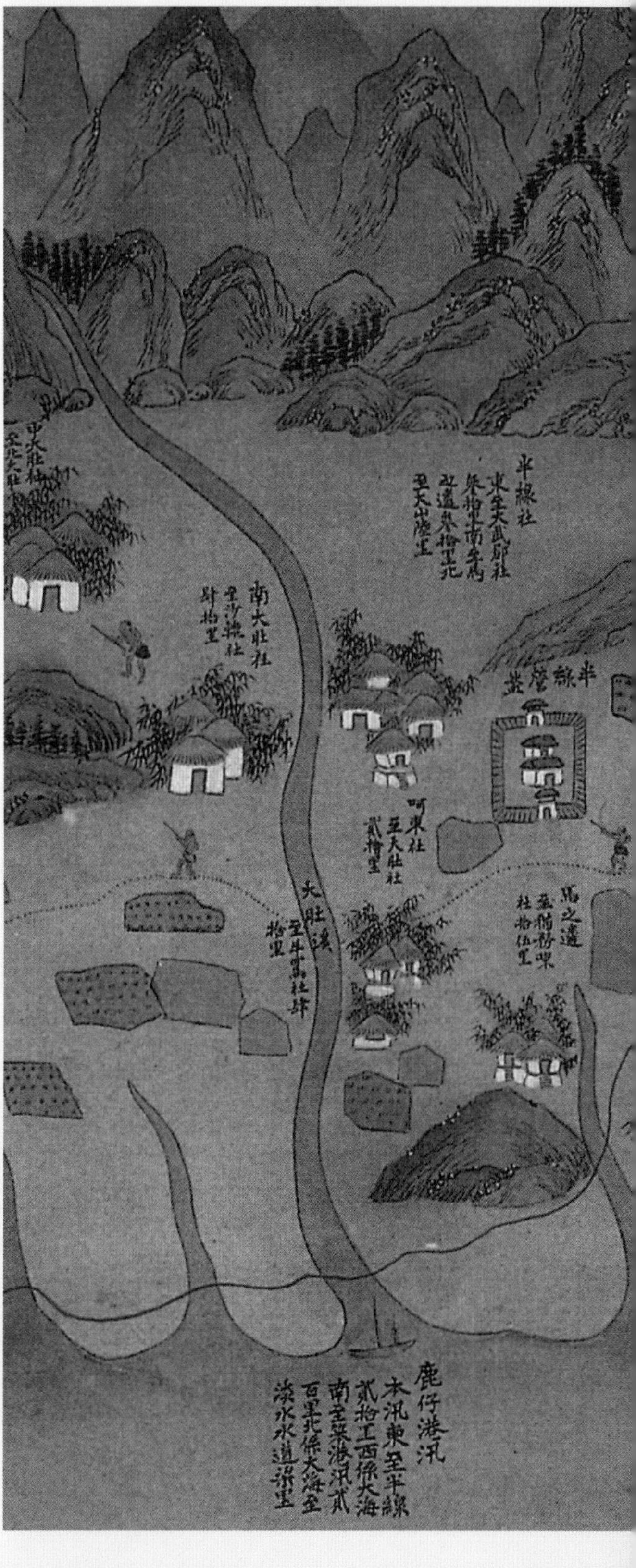

清康熙・臺灣輿圖局部
（約康熙三十八年至四十三年，
一六九九至一七〇四）

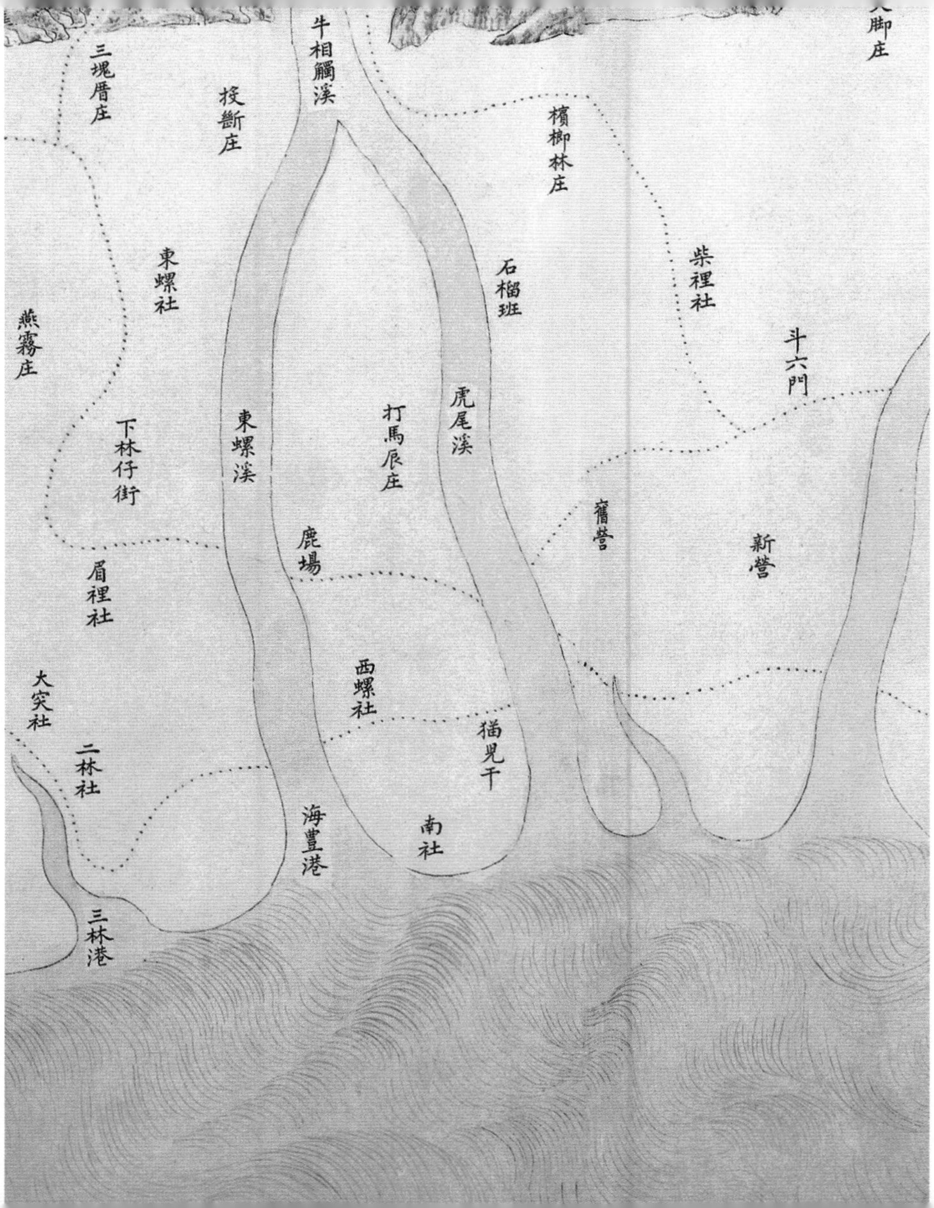

清雍正・臺灣圖附澎湖群島圖局部（雍正元年至五年，一七二三至一七二八）

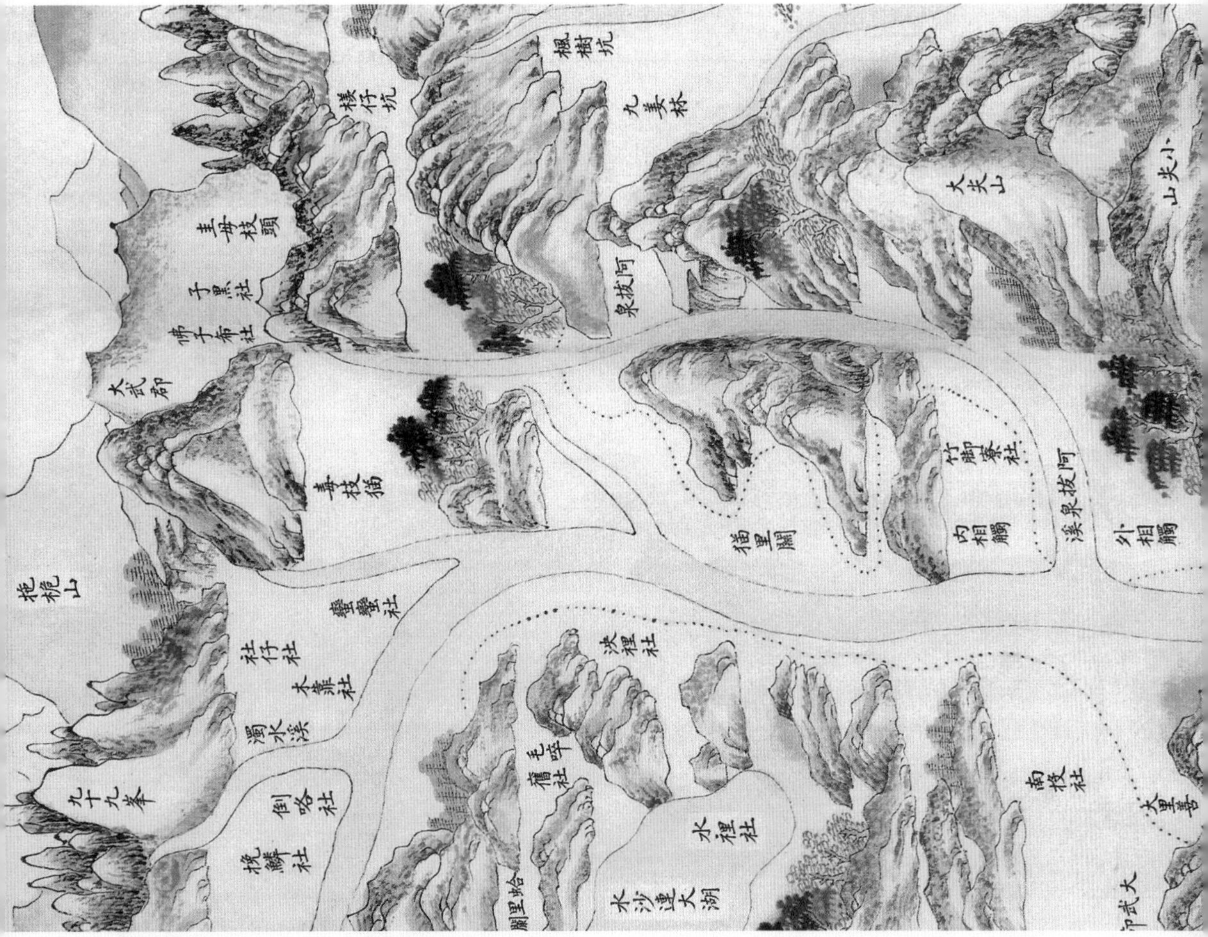
大武郡
佛子希社
子黑社
圭母枝頭
様仔坑
楓樹坑
九美林
泉拔河
毒枝猫
挖梘山
九十九峯
濁水溪
社仔社
木靠罪社
鑾蠻社
倒咯社
撓鰯社
毛呷
舊社
淡裡社
水裡社
水沙連大湖
猫里闌
竹脚寮社
內相觸
溪泉拔河
外相觸
大尖山
山尖小
南投社
大里善

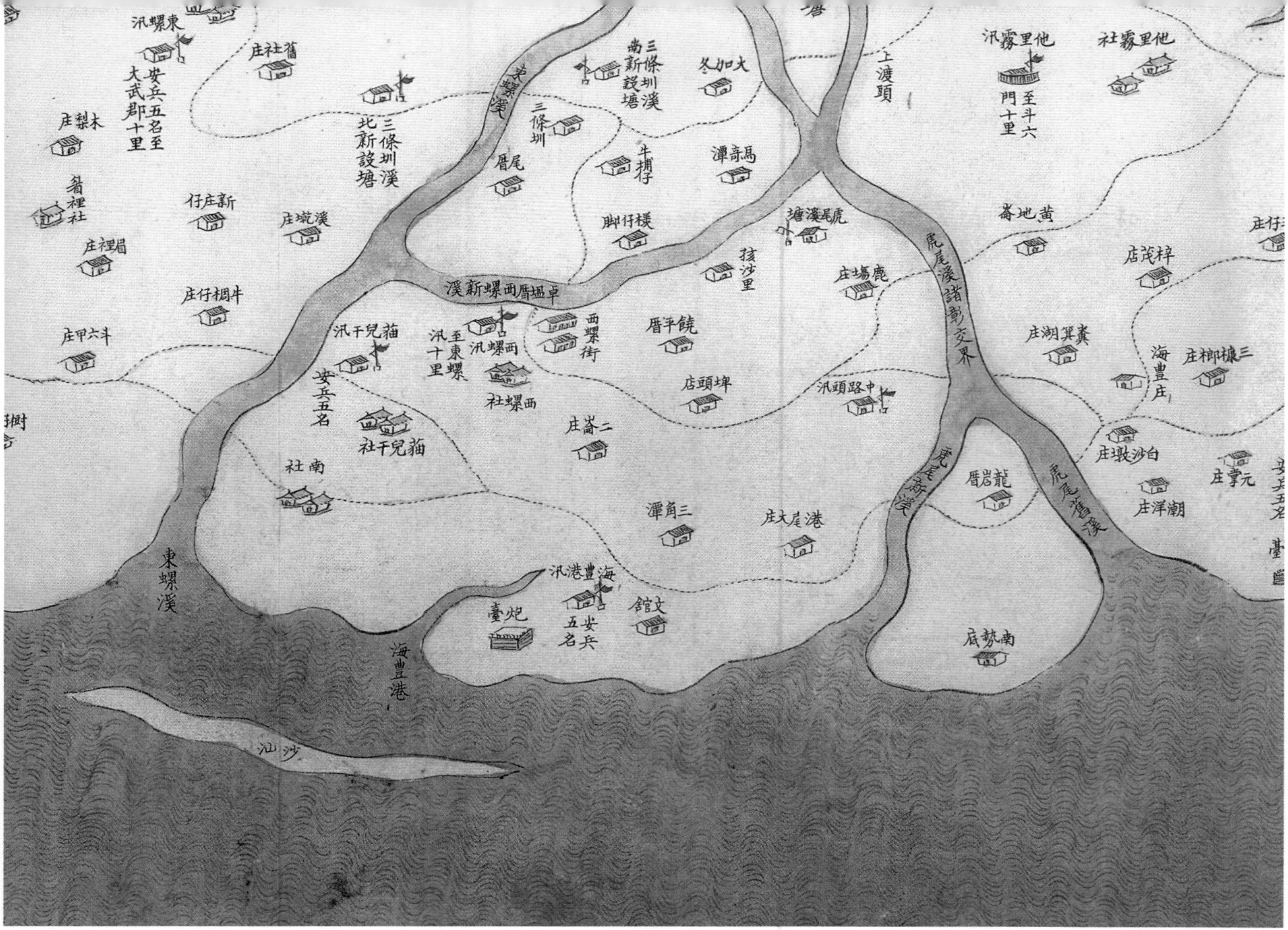

清乾隆・臺灣輿圖局部（乾隆中葉，一七六〇年前後）

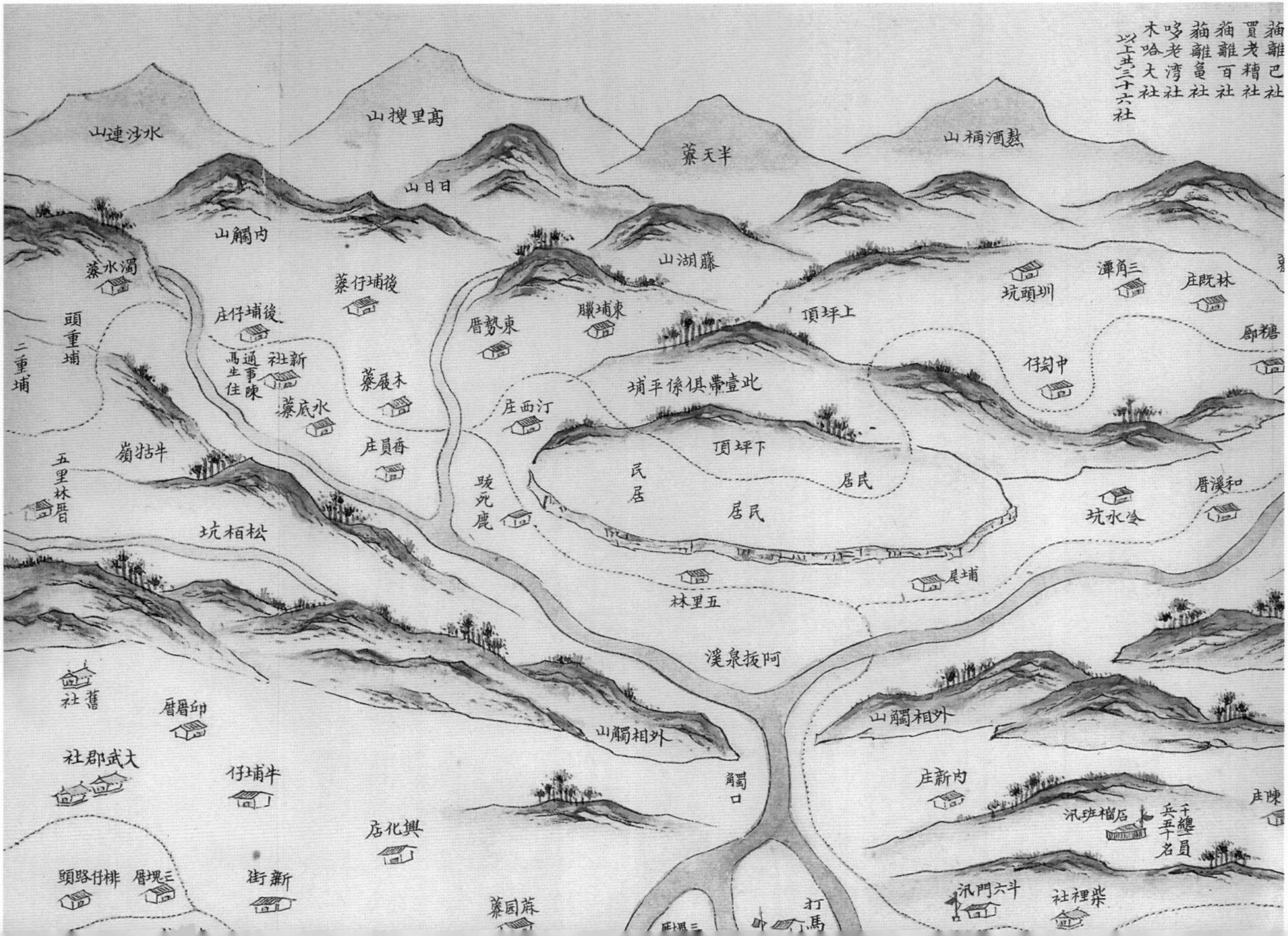

貓離巴社
買老猜社
貓離百社
貓離龜社
哆老灣社
木哈大社
以上共三十六社
水沙連山
高里捜山
半天寮
熬酒桶山
日日山
內觸山
藤湖山
濁水寮
後埔仔寮
後埔仔庄
新社
木屐寮
水底寮
香員庄
東勢厝
汀西庄
北壹帶俱係平埔
上坪頂
下坪頂
民居
居民
中勾仔
圳頭坑
三角潭
林既庄
糖廍
和溪厝
冷水坑
埔尾
五里林
阿拔泉溪
外相觸山
觸口
內新庄
陳庄
汛班館
千總員
兵五十名
斗六門汛
柴裡社
頭重埔
二重埔
牛牯嶺
五里林厝
松柏坑
舊社
卯厝
大武郡社
牛埔仔
興化店
新街
三塊厝
排仔路頭
蔴園寮
打馬

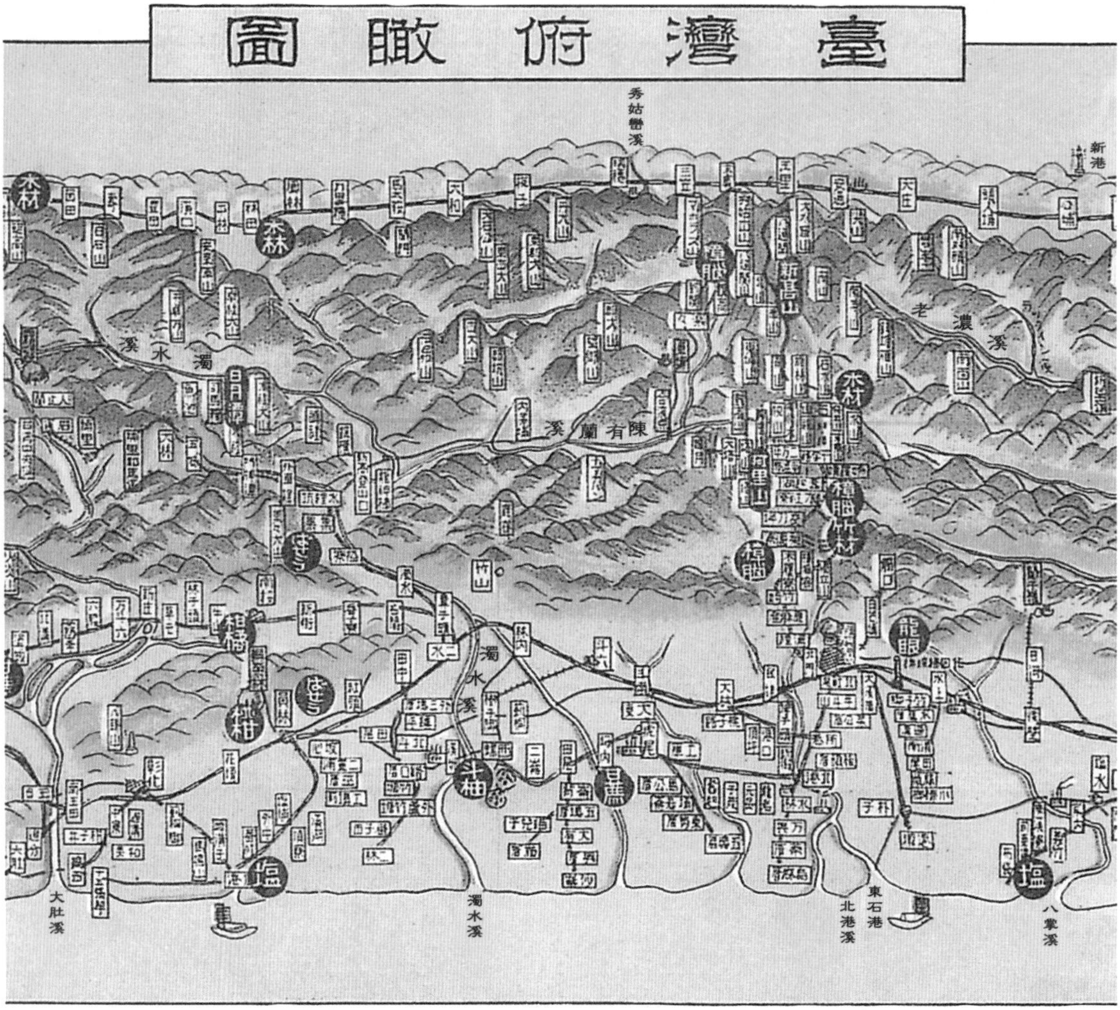

臺灣俯瞰圖局部（昭和六年，一九三一）

導論

緣起

我出生在濁水溪孕育的土地上，是個吃濁水米長大的孩子；在離開故鄉員林以前，總以為臺灣的米理當如此Q彈香甜。十九歲北上就讀大學，接著念研究所，讀的雖是歷史，內容卻與臺灣、家鄉的土地，甚至濁水溪都沒有關連。

碩士班畢業，教書九年之後重返政大歷史系博士班，當時計劃以英國怡和洋行與近代中國的政經關係為研究主題，沒想到第一年上了李國祁老師的「臺灣史專題」課程，寫了學期報告後，就轉向臺灣史研究的殿堂。

一九九三年，我開始穿梭在濁水溪下游，最初探究分布在濁水溪浮復地的日本移民村，繼而纂修北斗、二林、二水方志，近十年期間，始終以文獻研究和田野實地調查雙線並行。二〇〇四年出版《歷史視野中的地方發展與變遷——濁水溪畔的二水．北斗．二林》，探討位在濁水溪沖積扇扇頂、扇央、扇端的三個聚落，其發展軌跡、人與地的互動有何不同。完成這本書以後，體認到自然形塑社會、人為改造自然的歷史過程，除了以不同區位的聚落來探討之外，仍需以更長的時間、更寬廣的空間進行研究。

以濁水溪為主題的研究過程，發現水文變動劇烈為臺灣河川之冠的濁水溪，其沿河聚落常因水患而有所變遷，並產生特別的「水信仰」而寫成第一章〈洪患、聚落變遷與傳說信仰〉。日治時期政府開始積極整治濁水溪，修築堤防，將漫流的網狀水系收束在今天的濁水溪（亦稱西螺溪）河道，一八九八年之後的河道——舊濁水溪因而成為斷頭河，出現近三千甲的浮復地（俗稱溪底，土淺石多且貧瘠）。儘管殖民政府花費鉅資整治河川，濁水溪水患仍不斷造成破壞性災害，官方正本清源，開始治山以求治水之效。第二章〈從治水到治山（一八九八—一九四五）〉，除了學術研究目的，也在為臺灣治標不治本的河川治理方式提供歷史經驗。全臺面積最廣的邊際土地吸引本島、日方資本相繼進駐，土地開發也帶動社會流動，產生一批新的農村菁英，此為第三章〈邊際土地的開發與農村菁英的崛起〉探討的主旨。

延續經濟、社會與環境的思考，第四章〈濁水溪出代誌——經濟環境變遷下的社會運動〉，試圖以濁水溪為切入點，對近百年來的社會運動加以觀察論述，探討為何一九〇〇—一九四〇年代、一九八〇年代的農民運動，二十一世紀的反八輕、反中科四期，都膠著於濁水溪流域？

日治時期到一九六〇年代的濁水溪平原，一直是臺灣重要的米、糖生產區，但是世界經濟與臺灣社會的變遷，使米糖經濟逐漸瓦解，這段時間臺灣的農業生產結構在盤旋中變動調適，作物栽培由同質性朝向異質性發展。在「後米糖」時代，濁水溪沖積扇平原的農業發展，分化而多元，朝向替代米糖的專業栽培作物，不但走出新的路徑，也造就了全臺首屈一指的果菜市場。但是農業變遷過程中，遭到工業嚴重的侵蝕與滲透，這是第五章〈「後米糖」時代的農業盤整〉的論述重點。

一九九〇年台塑決定將六輕設於濁水溪溪口南岸的雲林離島工業區後，濁水溪水資源利用丕變，下游經濟生態翻轉，長期做為臺灣農業基地的濁水溪兩岸，驟然成為巨型工業區。二〇〇五年國光石化計劃斥資新臺幣四千億元，在濁水溪北岸河口濕地進行大型投資開發案，其中包括輕油裂解廠（八輕），這將使河川、土地、水資源皆面臨嚴苛考驗。第六章〈濁水溪的歷史難題〉是在環境變遷的焦慮感中完成的，希望藉由歷史縱深回顧，更加瞭解環境與人的互動關係。文章敘述水資源利用的狀況，剖析濁水溪開發三百年來，為人所誇耀稱羨的水利灌溉、水力發電、引水工程，如何造成區域發展不均質的現象，以及工農相剋的問題。

本書基於「環境與人」的觀點出發，以濁水溪為核心，以三百年為時間縱深，探討這條河流的歷史、水文、災害、社會、經濟、環境等問題，並探討掠奪濁水溪資源所導致的歷史性難題。

三百年前，濁水溪是臺灣地表上最明顯的地理分界，不過跟今天我們所熟悉的位置並不相同，以下就先從地圖上來瞭解這條河流吧！

圖1 研究架構圖

以河為界

濁水溪一開始被記載，是在地圖上。常被提起的十六、十七世紀的臺灣三島圖[1]，往往被解釋為歐洲或明朝的繪圖者，將濁水溪、高屏溪寬大的出海口誤認為切割小島的海域，而將臺灣畫成兩島或三島，但是翁佳音認為，這牽涉到當時地圖製作與現實認識的落差，特別是馬可孛羅以來的東亞「千島」刻板認識，以及東中國海北段航線上「大、小琉球」的混淆。[2]十七世紀以來，歐人繪製的臺灣地圖日趨精確，發源於內山，橫亙在中部的這條大河，很明顯是位在今日的雲林縣、嘉義縣邊境。從圖上來看，上游匯集了多條河川，下游則為單一河道，和我們熟悉的濁水溪網狀河系不同。

康熙二十三年（一六八四）大清帝國將臺灣納入版圖，設縣治理，大致以河川為行政區的邊界。藍鼎元認為虎尾溪是地理上天然的界線，建議在虎尾溪以北，除了諸羅縣，應另外添設一縣。雍正元年（一七二三），由於治安的考量，清廷將原來的諸羅縣，從濁水溪以北析分出彰化縣，當時的邊界大約在今日的虎尾溪。清代方志對這條河流的指稱，在中、上游為濁水溪，下游網狀河系由南而北，分別為虎尾溪、西螺溪、東螺溪。十八世紀初，濁水溪是在今日所稱舊虎尾溪及西螺溪之間擺動，並有逐漸北移的態勢，我們不妨由清代行政區域圖來看。（見圖3）

嘉慶十七年（一八一二）嘉義、彰化交界是舊虎尾溪，光緒四年（一八七八）交界移往北邊

1. 將臺灣畫成多島形狀的地圖，包括葡萄牙人繪製的航海圖（一五五四年）、一五九九年Heisbert、一五九八年荷蘭人Cornelis Doets繪製圖、日本江戶初期東洋諸國圖（約一六〇〇年以後）、皇明大一統總圖（明崇禎九年，一六三六年）等等。
2. 翁佳音，〈蕃薯圖像的形成：十六、十七世紀臺灣地圖的研究〉，「空間新思維——歷史與圖學國際學術研討會」，國立故宮博物院主辦，2008年11月7日—11月8日。

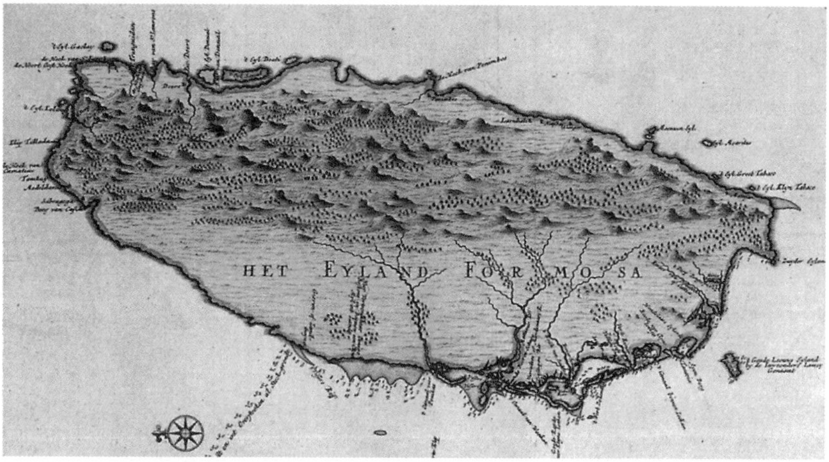

圖 2 西方第一張臺灣全島的印刷地圖
（福爾摩沙島與漁翁島圖局部，J. van Braam & G. Onder de Linden，1724）

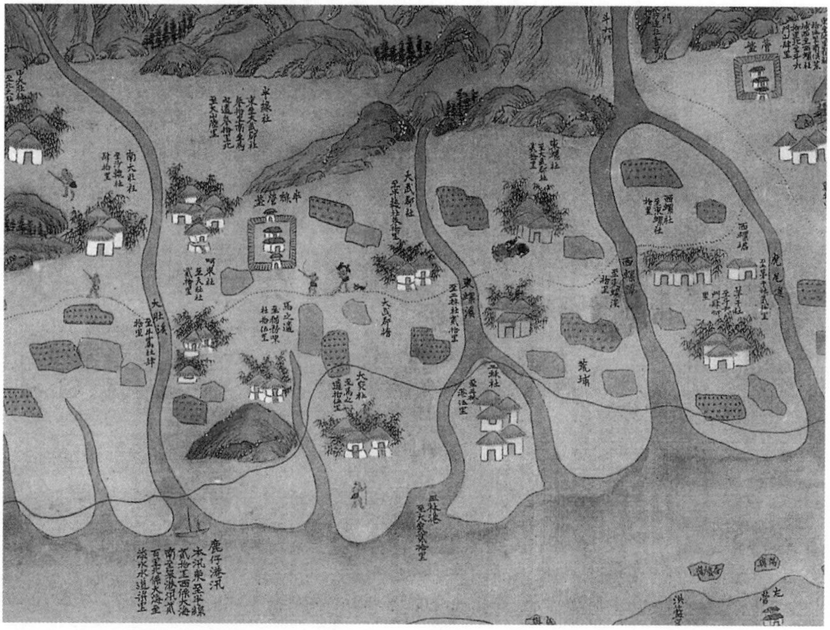

圖 3 清康熙輿圖局部 濁水溪下游部分
說明：濁水溪下游從南到北的網狀支流分別為虎尾溪、西螺溪、東螺溪

的新虎尾溪。光緒十四年（一八八八）臺灣設省，增設雲林縣，與彰化縣的交界在新虎尾溪以北的西螺溪，從圖4、5、6、7來觀察更清楚。一八八八年起到今日，即使歷經三個政權，濁水溪（今日西螺溪）一直是行政區的固定邊界，即使一八九八年濁水溪流路曾經改變，日本政府還是以堤防工程把河流收束回原來的河道。

濁水溪少有航行之利，而且是臺灣地理上最大的南北阻隔。日治初期開始的縱貫鐵道工程，其路線在濁水溪路段時，沒有穿過當時較繁榮的北斗街與西螺街，而拐了一個大彎，轉向靠近八卦臺地的二水鼻仔頭，從二

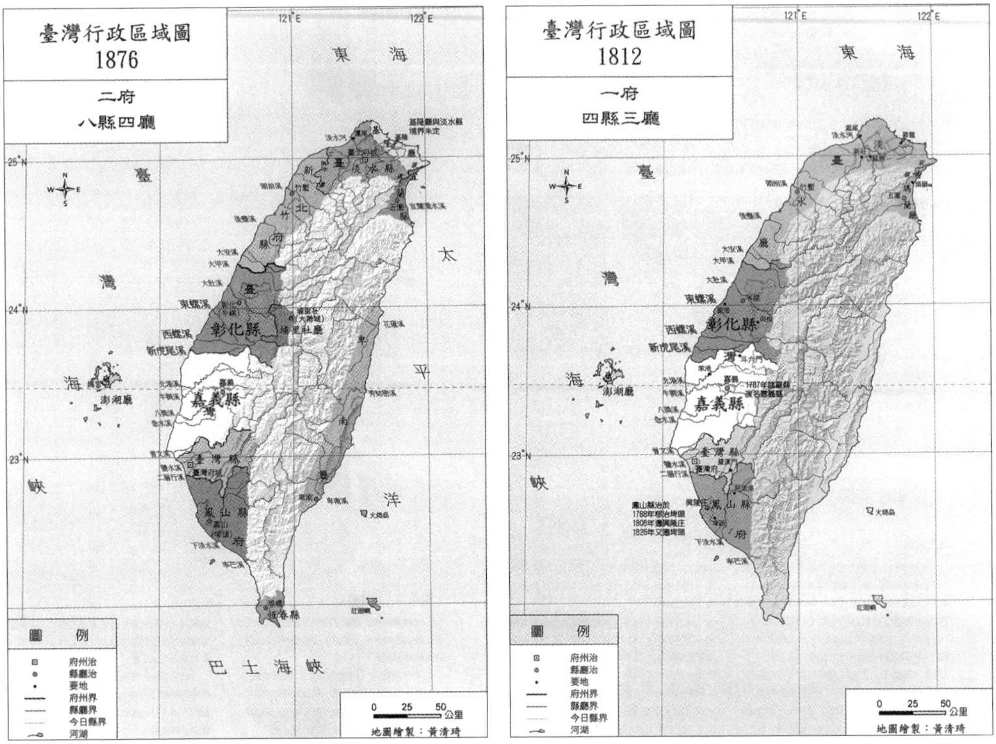

圖4、5清代一八一二年與一八七六年行政區域圖的比較

資料來源：黃清琦，《臺灣輿圖暨解說圖研究》，頁36、38。

說明：從兩圖的比較可知，一八一二年彰化縣與嘉義縣的行政區邊界在今天的舊虎尾溪，一八七六年移到今天的新虎尾溪，這代表做為行政邊界的濁水溪在這兩個年代之間，主流已經改變。

水庄跨到斗六林內區，此處是下游河道最狹窄的地方（寬約一二〇〇公尺），為的就是避過工程困難度太高的寬幅河面。儘管如此，明治四十一年（一九〇八）自基隆到高雄的縱貫鐵路全線通車，濁水溪橋段還是最後完成的部分。

除了縱貫鐵路，日治時期縱貫公路也沒通過北斗和西螺之間。地方人士有鑑於交通受阻隔，往來極不方便，洪水期更是危險，於是西螺地區的民眾在昭和十一年（一九三六）成立「濁水溪人道橋架設期成同盟會」向官方請願。臺灣總督府評估狀況後，隔年開始興建跨越濁水溪的大橋，不料因進入戰爭時期，只完成橋

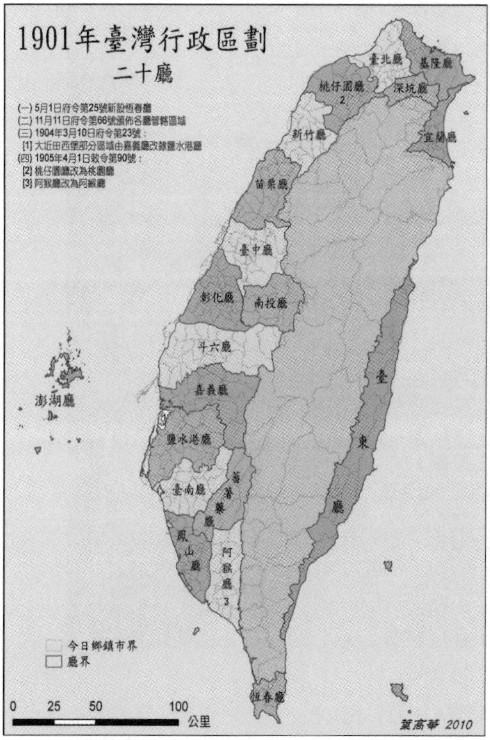

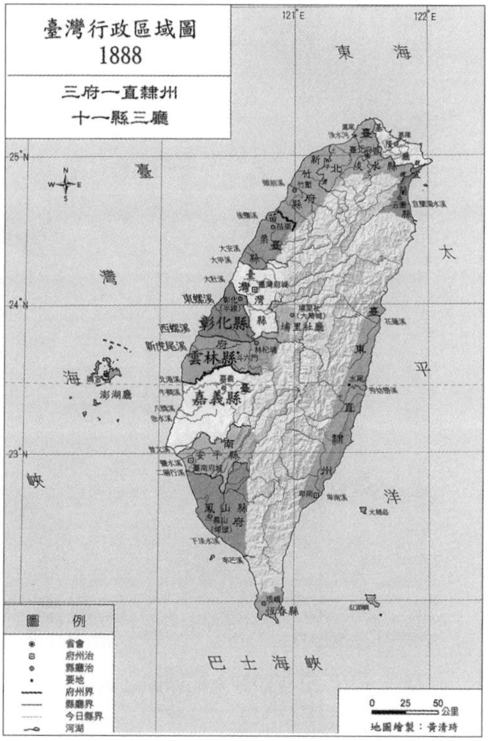

圖6、7 清代一八八八年與日治一九〇一年行政區域圖的比較

資料來源：黃清琦，《臺灣輿圖暨解說圖研究》，頁40；葉高華，「地圖會說話」網頁。

說明：從兩圖的比較可知，一八八八年清代彰化縣與雲林縣的行政區和日治一九〇一年彰化廳和斗六廳的邊界都在今天的西螺溪。西螺溪從一八八八年到今日都是行政邊界，表示濁水溪的主流多沒有改變，除了一八九八年移往東螺溪，但又被整治回西螺溪。

圖 8 濁水溪鐵道橋（《臺灣鐵道史》中卷，附圖，1910）

圖 9 一九五三年西螺大橋興建之情景
（《牽手半世紀一西螺大橋通車五十週年紀念專輯》，1998，頁 9）

墩部分。戰後，西螺人士又聯合北斗、虎尾與斗六地區民眾向政府陳情，橫跨南北岸的西螺大橋終於在一九五一年動工，一九五三年一月二十八日通車，號稱「遠東第一大橋」。至此，清代以來西螺到北斗對渡的路線，才有了歷史上第一座橋梁。

濁水溪的資源

水

濁水溪是臺灣最長、流域極廣的河流，發源於合歡山佐久間鞍部，屬易風化的板岩、粘板岩地質區。粘板岩地層容易風化是因為含有石灰，溶解後使地盤不穩固，石灰質也是造成溪水混濁的主因，所以溪流中含大量懸浮物質，其含砂量為臺灣河川之冠，更是全球河川發源地在海拔三千公尺以上，單位面積輸砂量最高的。[3]

水利灌溉：濁水溪因懸浮物豐富，粘板岩土壤特質利於稻作，藉由大、小型水圳的灌溉而孕育了彰化平原的穀倉，「濁水米」一向為優質稻米的代名詞。[4]

地下水：地上的濁水孕育了豐饒的物產，濁水溪沖積扇的地下水資源也是臺灣最充沛的。除了山腳的湧泉，一九六〇年代開始大量開發地下水資源，使濁水溪南翼以及風頭水尾地區的農業環境大為改善。

3. Chen, C.T.A.; Liu, J.T.; Tsuang, B.J., Island-based catchment-The Taiwan example, *Regional Environmental Change,* Volume 4, Issue 1, 2004, p.41.
4. 李子純、李顯琨、林家棻，〈中部粘板岩沖積土性質與水稻生長及產量之關係研究〉，《中華農業研究》23：4（1974.12），頁242-254。

水力發電：當臺灣逐漸由農業社會朝向工商社會發展時，資源最豐富的濁水溪也成為工業之母。一九二〇年代中游地區開始建設發電廠，日治時期已經成為全臺水力發電量最高的河川，奠立臺灣工業化的基礎。

工業用水：濁水溪豐沛的水資源，不僅利用於農業、民生，工業的供水需求大，促使愈來愈多的工廠設立在濁水溪兩岸，一九九〇年代以後，臺灣面積最大的雲林離島工業區的用水需求，就主要仰賴濁水溪提供。

石

濁水溪河流坡陡流急，搬運力甚強，除了有大量砂泥懸浮流下以外，還有大型礫石在河床底部滾轉下移，每次洪水過後，河床總有大量卵石及礫石，常可發現珍奇的石材，或上等製作硯臺的好材料。根據可靠的文獻記載，早在清中葉就在中、下游河床發現發墨效果極佳的石頭。嘉慶年間，舉人楊啟元將濁水溪的石材製成硯，並寫了一篇〈東螺溪硯石記〉，稱讚其品質僅次於端硯。[5]但螺溪石硯真正受到世人重視，是在日人架設二水與林內間濁水溪鐵橋時（一九〇八），日籍技師村瀨在橋下發現後，運回日本加以雕刻。由於其色澤優美，易於發墨，貯水不乾，村瀨視之為珍品，後來螺溪硯就成為二水的民間特色工藝，更有愛好雅石者深入濁水溪中上游挖寶。

螺溪硯以人工琢磨，水雕石則巧奪天工。清代施世榜興建水圳時，為固定水渠而在圳底放置

5. 楊啟元，〈東螺溪硯石記〉，收於周璽，《彰化縣志》，臺灣文獻叢刊第156種（臺北：臺灣銀行經濟研究室，1962），頁471。

卵石，經過近三百年的沖刷，在八堡圳低水位時，可發現形狀各異，被溪水雕琢出來的石頭，居民稱之為水雕石，又稱水割石，深受雅石蒐藏者的喜愛，但近年水圳一一改成水泥工程，水雕石已不多見。

砂

濁水溪自二水鼻仔頭隘口以下，流幅變廣、坡度變緩，河道搬運的物質便依粒徑的大小向四方堆積，大量砂石流至中下游淤積，形成廣大的沖積扇，其含砂量為全臺河川之冠。濁水溪的石材可為硯，可為雕石，更細的砂，在日治時期就已成為鋼筋混凝土的材料，也曾經是二水火車站的主要輸出品。

濁水溪出山後泥砂淤積嚴重，因此臺灣省水利局除了枯水期在水門定期疏浚以外，也容許經過許可的砂石業者採砂。採砂所用的人力少、風險低，在房地產熱絡，營造、建築業景氣時，採砂可是說一本萬利。一九七〇年代以後，下游沙洲、河灘地砂石廠林立，濁水溪的砂石曾是建築業者的最佳選擇。

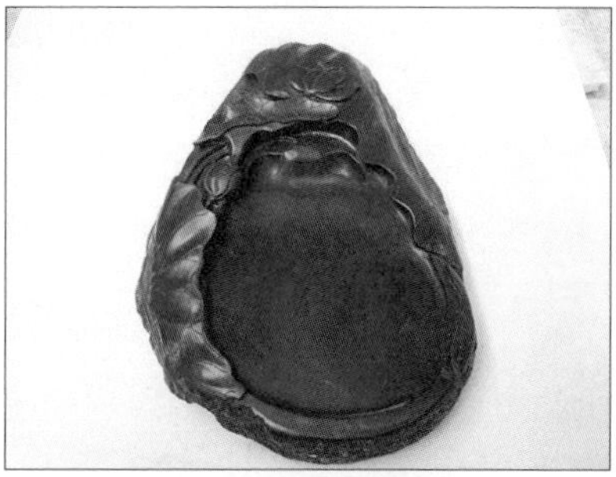

圖10 螺溪硯（張錫池提供）

圖11 水雕石（柯鴻基攝）

濁水膏

濁水溪的懸浮物，民眾稱之為「土膏」，農田引水灌溉後，進水處常堆著厚厚的一層。土膏富含鈣、磷、鎂，不但有利於作物生長，每年也為農田帶來新的土壤，在還沒有化學肥料的年代，濁水溪灌溉區的農地有較多的源頭「肥水」。二水、林內這些扇頂地區的農民，早期開墾溪埔地先選定地點後，四周圍以石頭，將圍內的砂礫整平，然後引濁水入內。當水乾涸，地上就留下一層砂質土，如此一而再、再而三，土壤愈積愈厚，最後就成為一塊耕地了。除了土質的肥沃度，其沖積物堆積生成的土壤ＱＱ黏黏，對樹根的包覆黏著力佳，有利於移植、搬運。彰化永靖、田尾一帶苗木業的興起，就與濁水膏有密切關連。

這樣的濁水土膏，卻也導致一幅有趣的奇景。河工在水中從事圳道修築時，常見工人一絲不掛上下浮沉於水中，在民風保守的時代，附近民眾卻習以為常，其所以不著衣幹活，一說溪中泥砂多，衣服摩擦皮膚不舒服；一說衣服泡在濁水之後，泥砂土膏滲入纖維很難洗淨，用力搓揉衣服又容易破損。因此在七〇年代以前，必須下水工作的勞力幾乎都是「裸男」，由於實際需要如此，大家也就見怪不怪了。

圖 12、13 河工因濁水溪土膏成分高，往往不著衣服工作。此圖攝於一九七〇年彰雲大橋興建基礎工程時。（二水陳彌毅提供）

大水材（漂流木）

洪水往往對田園造成災害，卻也帶來意外之財。濁水溪畔的民眾，只要膽大藝高，就有發濁水財的機會。當颱風來襲或山區豪雨時，山區的木頭被沖進濁水溪，一路漂流到下游。木頭由山間進入平原後，河流流速趨緩，熟悉濁水溪水性的二水、林內、溪州鄉民，冒著滾滾濁浪，一手勾著竹浮筒，一手持繫著鐵鉤的竹竿，下水打撈「大水材」。打撈者將水材拖上岸，並疊石為記，再以牛車連同擱淺在溪洲的各種雜木、枝幹運送回家；或為木料，或為薪柴。這些「無主」的意外之財，日治時期甚至曾引發沿岸居民的械鬥，驚動庄長、巡查來制止，官方從而頒布打撈漂流木的規定，認為漂流木為官方所有，不得私自撈取，否則視為竊占。[6] 不過，直到今日，只要洪

圖14 一九五一年草嶺潭潰決引發洪水，下游深受其害，西螺地區一位民眾帶著鐵鉤，在濁水溪畔打撈「大水材」（《西螺鎮志》，2000，頁2-31）

6. 二〇〇〇年二水鄉倡和、源泉村訪問調查。又，黃繁光，〈經濟篇〉，收入周宗賢總纂，《二水鄉志》（彰化：二水鄉公所，2002），頁477-478。

水爆發，珍貴樹材隨洶湧河水沖下，居民仍爭相打撈這些「濁水溪送來的禮物」。

濁水溪的災害

濁水溪的地表水、地下水、石與砂、土膏、大水材，在人為造作或巧思雕琢之下，創造了多種用途，對民生發揮極大的影響，成為「利用厚生」的重要資源。濁水溪特殊的水文一方面促進農業、工業發展、提供民生所需，然而一方面卻也因自然或人為因素，造成嚴重災害。

水患

濁水溪發源區屬易風化的黑色板岩、粘板岩地質區，受到河川侵蝕結果，從上游就有寬廣的氾濫原，下游又因泥砂堆積，河床不斷加高而造

圖15 濁水溪畔的鄉民以牛車載運水材（陳文卿，《拾憶集：懷念老二水》，1999，頁48）

成河道變遷，一遇夏日的暴雨或颱風，就容易「出大水」。文獻對濁水溪水患的記載始於康熙二十四年（一六八五），但是有文獻記載以前，這條河流就不斷大幅擺動，河道的屢次改變，使流域內的住民身家性命受到嚴重威脅。

砂害

濁水溪在大洪之後，砂害往往甚於水患。以一八九八年戊戌水災為例，水災後濁水溪改道，廢河道又逢乾旱，造成空前的飛砂之患，許多水田消失，反而增加不少砂地或荒地。日治時期用三十年以上的時間推動防砂與造林工作，大大改善了歷史性的自然災害。

濁水溪的砂過多曾造成災害，但是一九七〇年代以降，濁水溪的砂卻因過少而產生危機。濁水溪河床遼闊，業者盜採砂石嚴重，時日一久，河川砂石耗竭，造成濁水溪下游的橋梁橋墩、電塔幾乎都嚴重外露猶如八爪章魚。近年因集集攔河堰截斷水流，濁水溪下游幾近乾涸，冬季東北季風旺盛，沿岸居民飽受砂塵飛揚之苦。

地層下陷

為了解決灌溉水的不足，一九六〇年代之後，政府曾積極提倡使用地下水，果然迅速、有效達到農業所需，但是農業、養殖業加上工業與民生用水長年大量超抽，引發嚴重地層下陷。其災

圖 16 一九七七年民眾編製石笱的情形
（陳文卿，《拾憶集：懷念老二水》，頁 157）

圖 17 一九七七年溪邊置放石笱防汛景象
（陳文卿，《拾憶集：懷念老二水》，頁 158）

害包括海水倒灌、土壤及地下水鹽化、建築物沉陷、海岸地區國土逐漸消失等嚴重問題。話說回來，彰雲地區的地層下陷，會引起所有民眾的關切，是因威脅到高速鐵路的行車安全。

濁水溪的關鍵年代

一七一九·清代第一個大型水圳完成

施世榜在康熙四十八年（一七〇九），於半線地區（今彰化縣）引濁水溪之水築圳，從當時番界濁水庄（今名間鄉濁水村）取水，在二水鼻仔頭截源入圳，歷經十年，於康熙五十八年（一七一九）完成。這是一條清代臺灣灌溉面積最廣，也是最重要的水圳，一般人習慣為「八堡圳」。事實上，至少在道光年間《彰化縣志》以前，清代方志、古文書等文獻中皆稱之為「施厝圳」，而不是「八堡圳」。[7]

施厝圳灌溉後來的東螺東保、東螺西保、武東東保、武東西保、燕霧上保、燕霧下保、線東保、馬芝遴保[8]，使彰化平原一萬一九二五甲的農田受惠，寫下臺灣水利史劃時代的一頁，也帶動了農業史上第一次綠色革命。

這一大型水利設施在農業上的效益一直受到肯定與重視，但是濁水溪下游的農業發

7. 清代臺灣的行政區稱為「保」，清末「保」與「堡」混用，日治時期才都用「堡」字。本書為避免讀者混淆，因此使用相約成俗的八堡圳。關於保與堡的區辨，可參考陳哲三，〈清代臺灣地方行政中「保」與「堡」考辨〉，《逢甲人文社會學報》17（2008.12），頁45-92。

8. 一七一九年施世榜完成水圳時，彰化縣並沒有所謂「堡」的行政區，直到將近一百年後（一八一二）才有十五個堡的劃分，所以水圳完成時也不會有灌溉八個堡範圍而稱之為「八堡圳」的名稱，本文依時間序使用水圳名稱。此名稱混用問題，顧雅文在其碩論早已指出，參見顧雅文，〈八堡圳與彰化平原人文、自然環境變遷之互動歷程〉（國立臺灣大學歷史學研究所碩士論文，2000），頁41。

圖 18 八堡圳的取水源頭在南投名間濁水村，而非彰化二水鼻仔頭，濁水村目前還保留有乾隆三十年所立的圳頭碑。（許震唐攝，2014）

展，就因八堡圳的水利系統，使灌溉區與非灌溉區的發展產生不均質的現象。經過三百多年後，區域間的差異與時俱增。

一八九八・戊戌大水災

濁水溪由於河道堆積旺盛，河床逐漸淤高，一遇洪水，自然另覓低處流，流路發生改變。被藍鼎元形容清濁不定，砂土壅決，盈涸無常的濁水溪，每次的河道變遷，就意味大洪水的發生；對住民來說，水患始終是揮之不去的夢魘。清代的文獻對災情記載不夠明確，到了日治時期，報紙的報導與文獻，終於讓我們瞭解大水災的狀況。

明治三十一年（一八九八，歲次戊戌），因颱風引起濁水溪支流清水溪上游草嶺潭潰決，流路北移，而使舊濁水溪成為濁水溪下游的主流。河道的變遷，釀成非常嚴重的災情，共沖散十餘個庄頭，地方父老稱之為「戊戌年大水災」，又稱當次的颱風為「鐵颱」。本書第一章將針對這次的水災以及濁水溪下游特殊的水信仰加以討論。

一九一一・濁水溪堤防築起

十九世紀末到二十世紀初，濁水溪水患頻仍，除了明治三十一年（一八九八）的戊戌大水災，明治四十四年（一九一一）濁水溪又大洪，重創中下游聚落，大正二年（一九一三）再度大洪。

由於水患既頻繁又嚴重，總督府遂於大正五年（一九一六）擬定濁水溪、淡水河、烏溪（下游俗稱大肚溪）、宜蘭濁水溪（今蘭陽溪）等九條較大河川的整治計畫。另外濁水溪的護岸工程，也於大正七年（一九一八）開始，堤防起自濁水，下至下海墘（大城鄉臺西村），蜿蜒達四十多公里，工程在大正十年（一九二一）完成。堤防修築之後，虎尾溪、新虎尾溪、舊虎尾溪、舊濁水溪（東螺溪）、濁水溪都變成斷頭河，主流由今天的西螺溪出海。

一九二一年濁水溪堤防的完成，象徵著濁水溪與人的關係，進入了另一個階段。以濁水溪的生命史來說，日治時期興建堤防為重要的分界點；堤防建起以前，為河水漫流、河道常改、水患頻仍的時期，人們順應、趨避著河流的災害，大型水利工程也只能因勢利導，規劃圳路。

一九二一年以後，人為的力量開始控制自然，操弄自然，政府以執行者的最大利益，決定河川的流向，配置開發的藍圖，濁水溪水系集中於西螺溪，舊濁水溪、新虎尾溪一共產生近五千甲的浮復地，這片廣大的邊際土地，後來成為當時最具開發潛力的區域，也孕育了一批新的臺灣農

圖19 二水堤防上仍留著「大正八年度河川工事」的水泥樁（張素玢攝，2001）

村菁英。日方私人、官方資本，臺灣本地資本在開發過程角逐較勁，勞資衝突也在一九二〇年代以降陸續發生。

一九三四・大觀（日月潭）水力發電廠完工

一九二〇年代開始，日本政府開始建設水力發電事業，從濁水溪上游到中下游，分布著重要的發電廠，其中又以昭和九年（一九三四）完成的大觀發電廠為一大里程碑。濁水溪水系占當時發電量的四五％，奠立臺灣工業發展的基礎，自此，象徵「農業之河」的濁水溪，同時也具有「工業之河」的地位。但是濁水溪生態為此付出極大代價，造成河床升高、各攔砂壩淤積嚴重、淤砂難以清理、河床乾涸等嚴重問題。

圖 20 大觀電廠竣工時，被稱為猶如一隻孔雀在臺灣島上「孔雀開屏」。（《臺灣心電圖》，2002，頁 130）

圖 21 臺灣電力株式會社在竣工時發行的明信片，有農夫擡轎的傳統意象，象徵電力開創的新時代。（《臺灣心電圖》，2002，頁 131）

一九六〇・地下水積極開發

戰後，臺灣人口急遽增加，農工業迅速發展，致使地表水的供應相當缺乏，一九五〇年代起，政府成立「地下水開發委員會」，進行開發工程。一九六〇年代以降，地下水全面開發，使濁水溪的利用由地上延伸到地下，此為水資源利用的一大突破。但是地下水長期超限抽取，導致地層下陷嚴重，政府無計可施，只好寄望於更巨型的引水工程。

二〇〇一・集集共同引水竣工

二〇〇一年「集集共同引水工程」竣工，攔截河水以供應彰化、雲林地區的農業用水、生活用水及工業用水，是全臺最大的引水、供水系統，其重要任務之一是，不論枯水、豐水期，都要將河水穩定地輸送到雲林離島工業區。此一工程不啻宣告濁水溪平原長達三百年的農業優勢時期告一段落，但是農業與工業生產環境互相抵觸，工業搶水、農業護水；從集集引水計畫完成之後，工農之戰就不斷上演。

一九二一年濁水溪堤防築起後，到二〇〇一年集集攔河堰完成，都是巨大的人為工程，國家以龐大的力量控制環境，改變了河川自然的狀態，聲稱創造更多的人民福祉，促進經濟發展。但是集集引水計畫完成之後，此一巨型工程帶來的災害，濁水溪從上游、中游到下游皆無一倖免。

集集引水計畫為了解決農、工業長久的用水不足，卻引發更多、更棘手的問題。

濁水溪的自然資源與災害，帶給人們利益與威脅；人們開發濁水溪的資源三百年，又留給環境、留給社會多少的歷史難題？河流與人的對話，且先由濁水溪的水患談起吧！

圖22 集集攔河堰工程於一九九三年十月開工，二〇〇一年十二月完工，本圖為一九九五年八月工程進行中的畫面。（黃瑞昌提供）

第一章

洪患、聚落變遷與傳說信仰

濁水溪懸浮物豐富，極富灌溉之利，孕育了中部的穀倉，但是其含砂量為臺灣河川之冠，使自然河道時有變遷，造成濁水溪流域的聚落村庄受害程度亦為全臺之首，濁水溪水資源的開發史可說與其災害史互相與共。到底濁水溪的水文有何特性？曾造成怎樣的重大災害？本章回顧歷史上濁水溪的災害，結合文獻與田野調查，以明治三十一年（一八九八）濁水溪改道造成之「戊戌水災」為中心，研究舊濁水溪流域的水患對住民造成的衝擊，並重建聚落的變遷與受災情形，接著探討長期處於洪水陰影下的人群，發展出何種洪水傳說與獨特的風俗信仰。以下先說明濁水溪的水文為何容易造成災害。

第一節　濁水溪的水文與災害

一、臺灣的河與山

臺灣的河流和世界其他河流相比，流域面積小，河川短促，即使最長的濁水溪，和同樣島國的日本相比，也要排到十幾名，更遑論亞、美、非洲大陸。但是臺灣河流洪枯量懸殊，絕對洪水量驚人，單位面積輸砂量之高，世界各大河難望其項背，也高於黃河甚多。原因是，臺灣河流皆發源於三千公尺以上之高山，卻在水平距離不到百公里範圍內，即低降至海平面，河道坡度大，流路格外短促。流路既如此短促，流域面積又甚為狹小，一旦山區暴雨，洪流自山區奔流而下的速度可達每秒數千立方公尺，數小時內洪流已抵下游平原，和一般陸上大河洪水過程持續數日以至十餘日的情況大不相同。全球大河洪水量每秒超過一萬立方公尺者只有四十餘條，而臺灣彈丸之地，竟占全數的九分之一，洪水流量之大，由此可見。[1]

臺灣地質構造原屬海相沉積，地層多為頁岩及由頁岩變質成的粘板岩。此類岩石疏鬆，加以天氣高溫多豪雨，風化極盛，加速岩層分崩，隨大雨沖入溪谷，輾轉向下運輸，而河流坡度陡峭，加大河流向下切割及侵蝕的作用，增強泥砂搬運能力益甚。如果河流的流速增加一倍，則河流的侵蝕力即增至四倍，搬運能力更增至六十四倍。河流進入平原或盆地後，大量砂石泥礫沉積，將河床墊高。河床墊高的結果，洪水水位隨之提高，往往毀堤破岸釀成水災。[2]

最常造成洪水的原因是颱風暴雨。臺灣全島位於亞熱帶至熱帶多雨地區，且位於北太平洋熱帶氣旋活躍的地區，颱風與頻仍的豪雨給臺灣帶來了充沛的雨量。就年雨量而言，臺灣地區為全球年平均雨量八三四毫米的二．九一倍，可謂相當豐富，但是陡峭的山區與降雨在時間及空間上分配不均，使臺灣徒有充裕之降雨，卻不得其利反受其害。[3] 大部分降雨多成為地表逕流，迅速

1. 黃朝恩，〈臺灣島諸流域營力特徵及其相關性的地形學研究〉，《私立中國文化大學地學研究所研究報告》4（1984, 6），頁78-79。
2. 臺灣銀行經濟研究室編，《臺灣之自然災害》，臺灣文獻叢刊第95種（臺北：編者，1967），頁123-125。
3. 陸象豫，《森林與水》（臺北：行政院農業委員會林業試驗所，2001），頁5。

圖1-1 一九六三年葛樂禮颱風過後，西螺濁水溪大茄苳段搶修堤防照片。（李騰芳提供）

地流入四周的海洋，亦造成臺灣河川洪枯流量極大之差異。（見表1-1）在世界百條主要河川中，高屏溪、濁水溪等七條河川曾有每秒超過一萬立方公尺的流量紀錄。

發源於合歡山佐久間鞍部海拔約三二〇〇公尺高山的濁水溪，是臺灣最長、流域次廣，也是含砂量極高的河流，這樣的水文，在歷史上曾造成怎樣的災害？

二、濁水溪流域的災害

濁水溪是一條無定河，不從歷史的縱深去瞭解這條河流的變遷，往往會被現今河流位置的刻板印象所置換。地理學者林朝棨、陳正祥、大矢雅彥、張瑞津等人和水利局，對濁水溪河道變遷各自發表了研究結果（見圖1-2），針對濁水溪三百多年來的流路有不盡相同的看法，其

表1-1 臺灣地區歷年主要河川水文資料（設立觀測站時間～2008）

流域	測站站名	集水面積（平方面積）	年平均流量（CMS）	最大洪峰紀錄			最大懸移含砂量（PPM）
				時間	洪水量（CMS）	比流量（CMS/KM）²	
濁水溪	彰雲橋	2,906.32	151.03	2001.7.30 桃芝颱風	28,000.00	9.63	105,500.00
烏溪	大肚橋	1,980.65	112.78	2004.7.3 敏督利颱風	16,390.80	8.28	21,500.00
秀姑巒溪	瑞穗大橋	1,538.81	104.91	1973.10.10 娜拉颱風	14,300.00	9.29	33,400.00
卑南溪	臺東大橋	1,584.29	93.54	1973.10.9 娜拉颱風	12,800.00	8.08	87,417.00
花蓮溪	花蓮大橋	1,506.00	104.66	1973.10.10 娜拉颱風	11,900.00	7.90	56,000.00
蘭陽溪	蘭陽大橋	820.69	63.14	2008.9.28 薔蜜颱風	5,420.00	6.61	118,000.00

資料來源：《中華民國九十七年臺灣水文年報 第二部分：河川水位及流量》（臺北：經濟部水利署，2009.6），頁30-31。

說明：1. 本表統計數字從該河川觀測站設立開始，但各河川設立的年度不一。

2. 本表所列為洪水量、含砂量最高的前幾條河川。

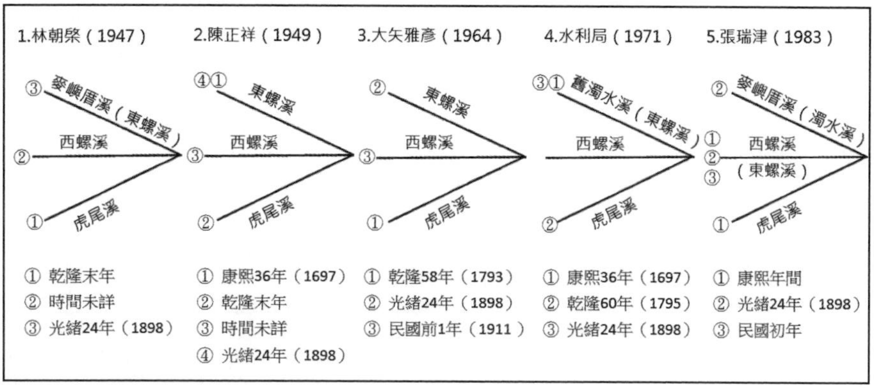

圖1-2 不同學者提出的濁水溪河道變遷圖

資料來源：根據張瑞津，〈濁水溪的地勢分析與地形變遷〉，頁210（重繪）。

年代最早追溯到康熙三十六年（一六九七），這一年郁永河在《裨海紀遊》清楚寫下他渡虎尾溪、西螺溪、東螺溪的景象：

> ……渡虎尾溪西螺溪，溪廣二三里，平沙可行；車過無軌跡，亦似鐵板沙。但沙水皆黑色，以臺灣山色皆黑土故也。又三十里，到東螺溪，與西螺溪廣正等，而水深湍急過之。轅中牛懼溺，臥而浮，番兒十餘，扶輪以濟，不溺者幾矣。[4]

康熙六十一年（一七二二）藍鼎元《東征集》〈紀虎尾溪〉一文中，引其友人阮子章「去年虎尾寬，今年虎尾隘。去年東螺乾，今年東螺澮」[5]之詩句，這二十個字也成了地理學者的重要線索，去勾勒未能實測年代的濁水溪。

比較圖1-2的五種流路分析，發現陳正祥和水利

4. 郁永河，《裨海紀遊》，臺灣文獻叢刊第44種（臺北：臺灣銀行經濟研究室，1959），頁18。
5. 藍鼎元，〈紀虎尾溪〉，《東征集》，臺灣文獻叢刊第12種（臺北：臺灣銀行經濟研究室，1958），頁84-85。

局主張濁水溪曾在十七世紀末走過最北的河道，所以才有一八九八戊戌年回歸舊河道之說。但林朝棨、大矢雅彥、張瑞津則認為早期河道應在最南的一條，即今日的虎尾溪。這五位重要學者的河道變遷圖，沒有共同結論，只有最大交集，就是一八九八年（明治三十一年／光緒二十四年）河流改道至最北邊的東螺溪。[6]

為瞭解歷史上濁水溪為患的情形，做為工事規畫的參考，一八九八年《臺灣總督府公文類纂》的〈濁水溪護岸工事書類〉[7]，也記載了從清代到日治初年的水災：

- 咸豐四年，洪水氾濫，本流變更改由東螺溪入海。
- 東螺溪數十年來洪水為災……光緒七年清官朱榦隆……建設長堤五哩，以障水患。
- 光緒十六年，（東螺溪）氾濫，七張犁（今田中沙崙里，舊濁水溪東岸）、過圳墘（今二水過圳村）新厝仔各庄田園漂流八十餘甲。
- 光緒十九年，番仔園（今二水修仁村）與化各庄，村民死亡四十餘名，田園流失二百餘甲。
- 明治三十一年八月九日洪水……自濁水溪以東螺溪為主流後，川幅未增，年年雨期，溪水暴漲，水害即伴之而來。

濁水溪下游流路之變遷，自康熙以來至光緒年間約二百年的時間，主流有由南向北移動的現

6. 張瑞津的研究指出，歷史上東螺溪的流路因時代而異，民間也因河道位置不同而有舊濁水溪（通稱）、麥嶼厝溪（埔鹽、鹿港、福興、秀水）、東螺溪（埤頭、北斗、田尾、溪湖）的稱呼。
7. 〈濁水溪護岸工事書類〉，《臺灣總督府公文類纂》，明治31年（1898）第64卷，永久保存。

象，河口變遷的距離約達四十五公里之遠。濁水溪每次的河道變遷，事實上就意味大洪水的發生，使流域區內的居民被迫遷移。從濁水溪沿岸有人類居住以來，水患始終是住民揮之不去的夢魘，不管平埔族或漢人，都曾遭逢水患嚴苛的打擊。[8]

根據《諸羅縣志》（一七二四）附圖與古地圖的比對，十七世紀末到十八世紀初，今天的濁水溪沖積平原，很可能發生了非常嚴重的水災，以致被東螺溪包夾的二林社，很不尋常地曾由彰化平原濱海地區遷移到靠近八卦臺地，南社（今雲林麥寮、崙背一帶）也從濁水溪沖積扇邊緣移到扇央的東螺社（今北斗、埤頭一帶）

圖 1-3《諸羅縣志》濁水溪流域圖

說明：圖中，南社與二林社都在道路（虛線）的東邊，推測是為了逃避洪水。

8. 張素玢，《歷史視野中的地方發展與變遷──濁水溪畔的二水．北斗．二林》（臺北：學生書局，2004），頁54-55。

以北；過了二十餘年，劉良璧《重修福建臺灣府志》（一七四一）的「彰化縣圖」，二林社回到西邊，南社返回虎尾溪旁。清初濁水溪氾濫的區域，涵蓋北岸的東螺、眉裡（今彰化北斗、溪州交界處）、二林社，南岸的南社、貓兒干等社域，其中以東螺社為甚。[9]

根據方志與文獻的記載，在乾隆十四年至乾隆五十七年（一七四九—一七九二），五十年不到的時間，濁水溪共發生十一次水災，幾乎五年一次，只要河道改變，家園俱成荒墟。雖然文獻中未清楚記載平埔族受災情形，但是古文書中卻透露社域幾乎都落在濁水溪河道變遷幅軸的東螺、眉裡社，洪災發生所面臨的衝擊。

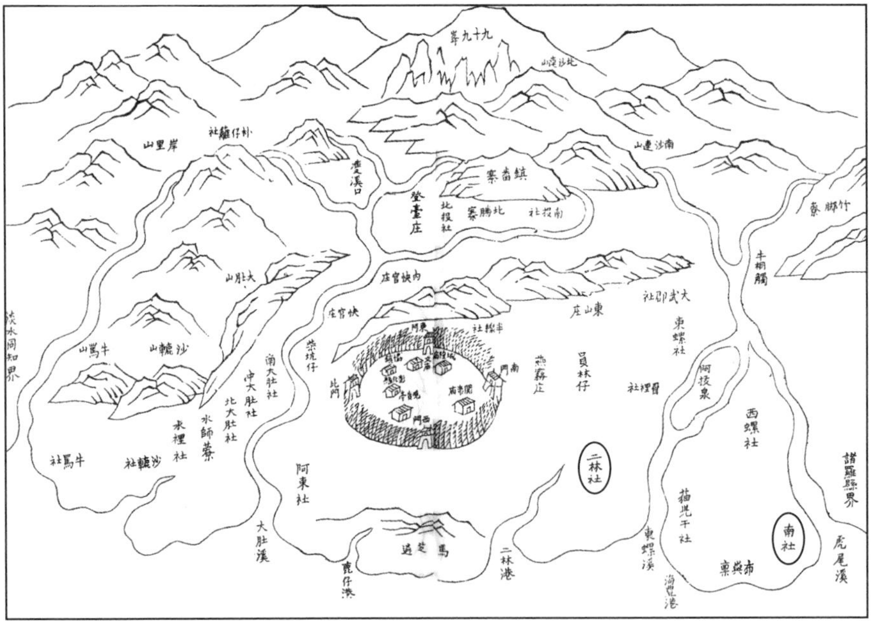

圖 1-4《重修福建臺灣府志》彰化縣圖

說明：在劉良璧的《重修福建臺灣府志》附圖中，南社、二林社都回到原有的社域。

9. 詳見張素玢，〈平埔社群空間地圖的重構與解釋——以東螺社與眉裡社為中心〉《臺灣文獻》57：2（南投：國史館臺灣文獻館，2006.6），頁45-87。

康熙五十八年（一七一九）施厝圳築成，漢墾勢力大增，平埔社群地權不斷轉移至漢人，水患頻率又極高，結果使平埔族逃避水患的生存空間受到壓縮，到乾隆末年更形窘迫，不得不尋找一條出路。漢墾壓力加上洪水為患，將東螺、眉裡兩社驅離故土。嘉慶九年（一八〇四）平埔族的大遷徙，大肚溪以南的社群，只有東螺社、阿東社參加。一八〇四年遷移噶瑪蘭未果，一八二〇至三〇年間，東螺、眉裡社又參加中部平埔族大遷徙，最後成為遷入埔里人數最多的社群。[10]

不只平埔族，清代漢人也受到洪水極大威脅。根據《續修臺灣府志》記載，乾隆十三年（一七四八）七月

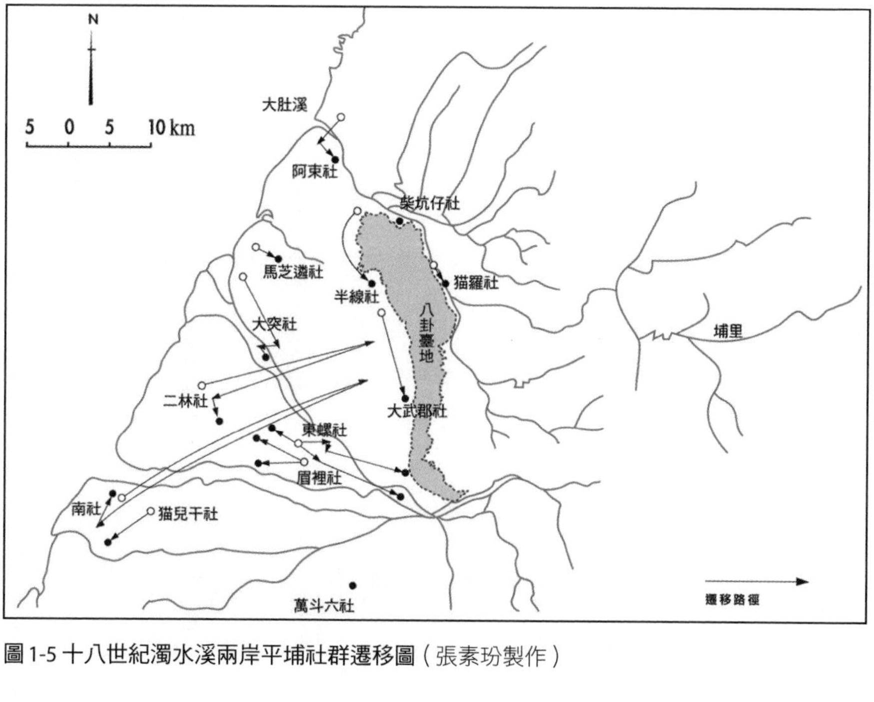

圖1-5 十八世紀濁水溪兩岸平埔社群遷移圖（張素玢製作）

10. 張素玢，《歷史視野中的地方發展與變遷——濁水溪畔的二水・北斗・二林》，頁54-55。

初二、三兩日，彰化縣風雨狂驟，山水漲發，沿溪低窪民房被水沖倒一千八百餘間，清廷對災民豁免徵粟。[11]嘉慶十一年（一八〇六）位於濁水溪沖積扇扇央的東螺舊社街，因街肆毀於洪患，不得不遷移另建立北斗街。在光緒十八、十九年（一八九二、一八九三），濁水溪又發生嚴重水災，現今田中、北斗交界處的悅興街全毀，鹿港因濁水溪屢次氾濫淤積嚴重，造成港埠日漸沒落。[12]

歷史上有關濁水溪氾濫的記載當中，十九世紀末的戊戌年大水災，是距今最久，又有具體可信的文字描述，而且也是在百餘年後仍口耳相傳的大水災。

第二節　戊戌水災與聚落變遷

明治三十一年八月六日（一八九八，歲次戊戌），通過臺灣北部海上的颱風，引進西南暖濕氣流，造成臺灣中部大量降雨，其所釀成的水災非常嚴重，此即地方父老口中的「戊戌年大水災」。戊戌水災因濁水溪支流清水溪上游草嶺潭潰決，流路北移，洪水從原河道（今西螺溪）回歸舊濁水溪故道（二水↓鹿港、福興流路），而使舊濁水溪成為濁水溪下游的主流[13]，水災使當時的濁水溪兩岸受到極大的損害[14]，洪水由今天南投縣的濁水到彰化二水鼻仔頭，往西北方向流

11. 張素玢，《歷史視野中的地方發展與變遷——濁水溪畔的二水．北斗．二林》，頁54-55。
12. 詳見張素玢，〈平埔社群空間地圖的重構與解釋——以東螺社與眉裡社為中心〉，頁45-87。
13. 水利局，《濁水溪河道治理計劃研究報告》（1971）。這條水道在文獻中名稱不一，水利局稱舊濁水溪為東螺溪；陳正祥，《臺灣地誌》（1949），稱「東螺溪」；大矢雅彥，〈濁水溪,チャオ ピヤ,イラワジおよびガンジス平野の地形と洪水の比較〉（1964.7），稱「麥嶼厝溪」；詳見張瑞津，〈濁水溪沖積扇河道變遷之探討〉，《地理學研究》7（1983），彰化縣五萬分之一公路分區路線圖上標為舊濁水溪。
14. 〈臺中通信 臺中水害の大勢〉，《臺灣日日新報》，1898年8月31日，8版。

經當時的北斗街、埤頭庄，進二林庄，往西進入沙山庄（今芳苑鄉），再偏西北方向由福興的麥嶼厝出海。當時洪水沖破河岸，北斗街全市浸水[15]，四塊厝、沙仔崙、曾厝崙、北勢寮土地大量流失。[16]埤頭庄、田尾庄也災情慘重，田尾、北斗、溪州一帶，由下壩、圳寮、越仁、興化莊、十張犁到七張犁等共沖散十三庄。

至於二林附近則沖毀竹頭角、新莊仔、打銅一帶造成新的溪流，經港尾、崙仔腳、代馬、挖仔、柳仔溝、西庄仔、萬興之東或北，然後轉向東北隅會合舊濁水溪入海。[17]洪水退了以後，砂害反比水害嚴重，受害區因土地流失，造成人口大量外移。據官方統計，此次水災死亡一八二人、傷九十八人，屋全毀六一六五棟，半毀五〇四五棟。[18]

二水庄因在濁水溪出山口處，因此水災所造成的損失十分慘重；溪岸田園被沖走成為河道，今天所謂的「溪底」，當年便淹沒在滾滾濁水中。聚落番仔寮、五佰步仔、十五庄因水淹嚴重，居民遷移[19]，使今天二水鄉復興村十五村與田中接鄰的地區形成雜姓村。[20]至於八卦臺地山麓地帶，水急山崩，洪流沖洩造成山腳的野溪全都改道[21]，山腳的田園則被土石流淹沒，山腳變為山坡地。[22]

北斗街由於被「頭前溪」（舊濁水溪）與「後壁溪」（清水溪）兩溪前後包

15.〈臺中通信 北斗附近の慘狀〉，《臺灣日日新報》，1898年8月27日，3版。

16.〈臺中通信 臺中水害の大勢〉，《臺灣日日新報》，1898年8月31日，8版。

17.《彰化縣萬興國小沿革》，頁1。

18. 一八九八年八月六日引發大水災的颱風，中心速度16（km/hr）暴風中心最大雨量821.3（m/m）進行方向北西北。參考王京良，〈臺灣之颱風及災害〉，《臺灣銀行季刊》17：3（1966.9），頁91-134。

19. 二水鄉修仁村陳盼（1930年生）報導，2000.2.11採訪。

20. 二水鄉過圳村陳益義（1927年生）報導，2000.6.19採訪。

21. 二水鄉上豐村藍仁和（1927年生）、藍宗源（1931年生）報導，2000.6.20採訪。

22. 二水鄉上豐村陳正男（1940年生）報導，2000.1.2採訪、復興村謝甲丙（1919年生）、卓明德（1926年生）報導，2000.1.24採訪。

夾，全街浸水超過二尺，溪水漲勢如奔馬[23]，北勢寮土地大量流失。[24]水災使今天北斗鎮的大新里、新生里、七星里、北勢寮的一部分在當時成為濁水溪河道。

埤頭庄舊濁水溪畔土地大量流失，約在埤頭庄一堡到二堡的區域（今埔尾、和豐村一帶，亦即後來的日本移民村五號、六號、七號聚落）[25]，八張犁整庄被大水沖走。此庄的居民分別移到北斗、新厝庄（田尾鄉）與三十張犁（今田尾鄉仁里村）[26]埤頭的邱朝本回憶說：

> 戊戌水災那時田尾到處都淹大水，有人不見了，也有房子流掉了。我父親有一頭「駝背牛」（形容牛背高高拱起，拉力很大的牛）拖著牛車，那時的車輪子很大，牛就拖了我父親一家到埤頭。那頭牛在水裡還會游泳，也幸虧牠救了我父親一家人。當時只有在沙崙頭那邊有高高的砂丘，所以暫時跑到那裡躲大水，水退了就移到現在的庄尾，後來才移到（埤頭鄉）豐崙村。[27]

溪湖庄的受害區在今天的河東里、西勢里、北勢里一帶。據溪湖老一輩說：

> 明治三十一年國曆八月的六至八日，一連三天黑雲籠罩天空，大地暗無天日，狂風大作，天空像破裂般的大雨不斷。溪水暴漲洪水吞沒田園，四周宛如汪洋大海。溪水夾雜砂石淹蓋村莊，較低窪的竹頭庄只見竹子的尾端在洪水中搖晃，牲畜隨水漂流，全庄身家財產喪失，一夜之間地

23. 〈臺中通信 北斗附近の慘狀〉，《臺灣日日新報》，1898年8月27日，3版。
24. 〈臺中通信 臺中水害の大勢〉，《臺灣日日新報》，1898年8月31日，8版。
25. 埤頭鄉許萬煙（1924年生）報導，1993.7.30採訪。又，張素玢，《臺灣的日本農業移民——以官營移民為中心》（臺北：國史館，2001），頁186。
26. 田尾鄉莊水明報導，2001.7.11採訪。
27. 埤頭鄉邱朝本（1920年生）報導，2001.7.10採訪。

形大變。河道往西移動約三百公尺，舊的沙崙消失，淤砂形成新砂丘。竹仔頭、外四塊厝（溪湖河東里）被淹沒，西勢厝南邊和塗厝全部流失。[28]

溪湖河東里的楊興新回憶：

聽我父親說大水是在晚上來的，睡覺的時候突然覺得背濕濕的，才知道水已經進來了，三合院的房子都被淹沒。水經過一天一夜才開始退。水退了以後砂土堆積，有些砂堆得比較高就形成了沙崙（在今竹頭仔尾），甚至到三層樓高。

塗厝的人多移至草埔（現番婆里），大部分姓蔡。原本這裡是個集村，戊戌水災以後整個竹頭仔的人都往四處跑，村庄就這樣散去，移到湖東、大突、番婆、角樹腳等地，沒有人留在這裡。我們在東湖待了十多年，因為田在這裡，所以大家又慢慢回來了。[29]

水災使濁水溪畔紛紛傳出災情，二林萬興全村被水沖散，陳氏族人別遷[30]，百餘年前即已形成街肆的「挖仔」夷為平地，打銅庄及紅瓦厝、港頭庄、竹仔腳聚落同時毀於水災。[31]不只是漢人，二林地區的平埔族大突社，也因水災從挖仔（今萬興排水溝南方一帶）移至挖仔西南方八百公尺處，舊「番社」地勢較今「番社」現址低，原有四十餘戶，戊戌水災水漲庄散，部分居民再

28. 溪湖鎮河東里、北勢里、媽厝里訪問調查，2001.7.5-8。
29. 溪湖鎮河東里竹頭仔楊興新報導，2001.7.5採訪。
30. 李坤北，〈開拓篇——地名〉，收入洪麗完總纂，《二林鎮志》（彰化：二林鎮公所，2000），頁283-284。
31. 邱呈福報導，邱氏祖先即由竹仔腳遷至華崙里，李坤北採訪，1993.8.24。

移居，形成今日的「番社」（只剩十餘戶，目前僅餘一、二戶）。[32]

埔鹽受災區在今太平村、石埤村一帶，據埔鹽太平村民報導，當年水災時洪水淹到竹篙厝頂，人們爬至石埤腳的砂崙上避難。覆（朴）鼎金靠溪邊之地，幾乎都被水沖走，庄民為了避禍，從覆（朴）鼎金逃到湳尾，水災後部分居民重回家園。[33] 福興的福寶、下粘（厦粘）、麥厝聚落受到嚴重砂害，水災時帶來大量的泥砂，覆蓋了農作物，阻塞河道。[34]

根據舊濁水溪沿河聚落的調查與訪問，可以歸納出下列幾點：

1. 住民對受災情形的描述仍相當清楚，尤其家中的特殊遭遇，受訪者多不假思索便能流暢敘述。因口傳記憶直接來自上一代，交叉比對之下，同一角頭的住民對水災的報導內容在時間與災情描述上，差距不多。

2. 水災發生的時間出入較大；時間從農曆六月到八月都有，根據《臺灣日日新報》與氣象資料，颱風正確的時間應為八月六日至八日（農曆六月十八至二十日）。通常受訪者多指稱「戊戌年大水災」、「鐵颱」，只有少數能說出月分、日期。親身經歷水災高齡一百零五歲的陳笔記得是農曆七月二十八日；溪湖西勢里的蔡崇興，聽前人講述為農曆六月十八日。

3. 戊戌水災偏離原有水路，沖出新河道以外，比較特別的是，洪水除了從二水源頭往下游沖襲之外，住民亦指出洪患之後，土地卻從下游往上游，反方向崩裂塌陷。[35]

洪水造成的災害和聚落變遷民眾所知甚詳，至於水退之因、避水之法，有各種說法和習俗。

32. 洪麗完，〈開拓篇〉，《二林鎮志》，頁187-189。
33. 埔鹽鄉太平村陳謝瞼報導，2001.7.5採訪。
34. 福興鄉厦粘村粘建金報導、福興鄉麥厝村張智謀報導，2001.7.12採訪。
35. 當時可能碰到滿潮，感潮地區海水從河口倒灌進來，此資料由王志文於二〇〇五年彰化研究學術研討會中所提示。

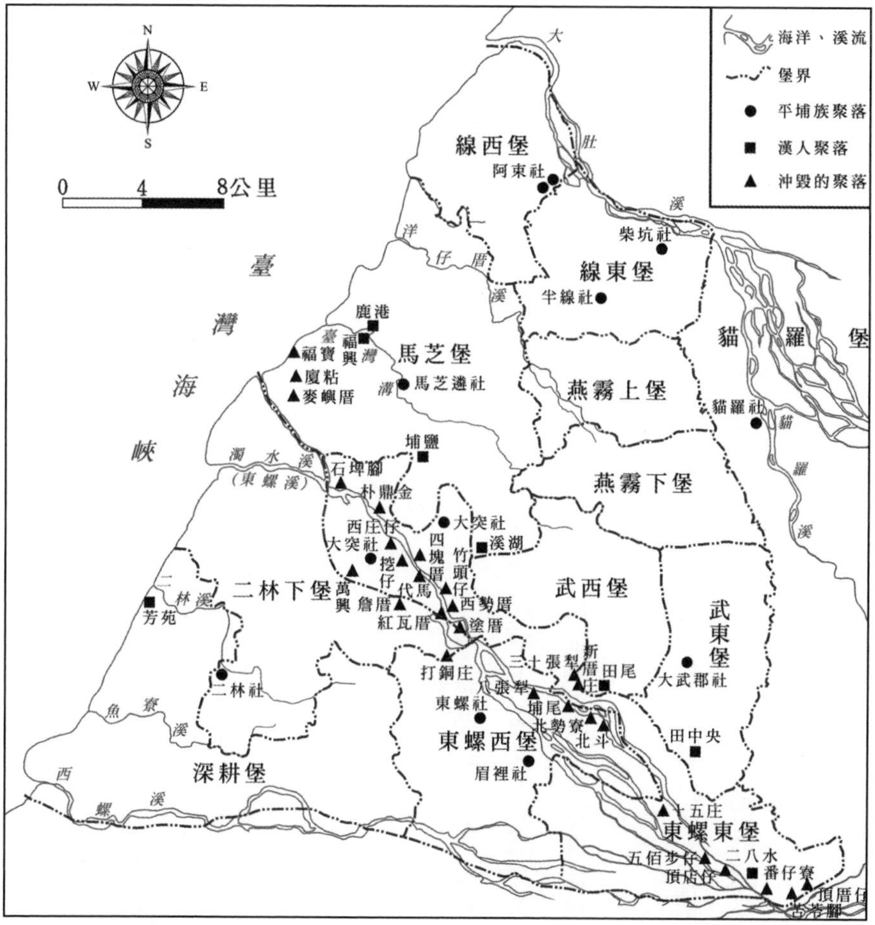

圖1-6 一八九八戊戌大水災沖毀聚落示意圖（張素玢調查製作　韋煙灶製圖）

資料來源：舊濁水溪實地調查與訪談

第三節　洪水傳說與「水」崇拜

舊濁水溪下游因水災頻仍，至今仍可採集到相當多有關洪水的傳說。在人力尚難對抗環境的時代，人們以看似虛幻的故事解釋洪水的發生，並訴求超自然的力量找尋生命的庇護，這樣的心理需求便展現在俗信上，所以洪患區除了臺灣一般民間宗教以外，最特別的是「水」信仰的存在。

一、洪水傳說

在濁水溪北岸的彰化縣溪州鄉和南岸的雲林縣西螺鎮，各有一大型「厭勝物」[36]以壓制水患。位於濁水溪北岸的溪州鄉西畔村，有一高二公尺的石磘矗立在路中，根據其上的刻文說明，此石磘最初建立於道光二十二年（一八四二），以石頭砌成，外形呈葫蘆狀。現在模樣是一九七八年修建的。

傳聞道光年間發生一次大水災，東螺溪水沖著村庄而來，土地大量流失，眼看村庄即將被淹沒，這時村民奉祀的關帝君（或說周倉）及時顯靈，指示村民在溪邊豎立一座石磘就可破除水患，村民依指示照辦，果然溪水不再氾濫，村庄得保平安。

角椎形的石上方刻成球形，屹立在村庄，不但成為地標，聚落名也改為「石磘」。[37]

36. 又稱辟邪物，具有鎮煞、驅邪避災、護宅、保平安的作用。
37. 洪長源，《溪州鄉情》（彰化：溪州鄉公所，1995），頁940。

圖1-7 溪州石碏（柯鴻基攝，2014）

一八九八年的「戊戌大水災」、一九五九年「八七」、一九六〇年「八一」三次非常嚴重的水災，溪州的災情相對輕微，居民認為石碏發揮了鎮壓洪水之效。[38] 石碏無固定祭祀日期，村民大都在過年、端午、中元、中秋等節日備妥牲禮祭拜。[39]

相對於北岸的石碏鎮水厭勝物，濁水溪南岸的西螺則有座全臺灣最大的「泰山石敢當」，推估興建於道光七年（一八二七），碑石上端為獅頭，額頭上刻「王」字，獅口含的寶劍朝向濁水溪。一般石敢當規制為四尺八寸，而西螺這座泰山石敢當五尺六寸。耆老指出，濁水溪是全臺最大的河流，如果按照一般尺寸，恐怕壓不住。其特色為「泰」字下的水少了一點，以減少洪水水量，「石」字則多一點，耆老認為這是讓

38. 溪州鄉西畔村石碏陳忠誠（1941年生）報導，2001.7.16張素玢採訪、2014.2.21柯鴻基採訪。
39. 石碏每日的上香、奉茶、打掃等工作，由住在一旁，現年九十歲的張彩雲擔任。石碏張彩雲報導，2014.2.21柯鴻基採訪。

石頭多點力量，來鎮制洪水。[40]

溪州的石磧和西螺的泰山石敢當這兩個鎮水厭勝物，建立年代都推估為道光年間。根據文獻記載，道光年間彰化縣（包括今日的雲林縣）水災頻仍，分別在道光元年（一八二一）五月、七月，九年（一八二九）、十九年（一八三九）、二十五年（一八四五），計有五次之多[41]，民間流傳的年代倒可與史籍所載相呼應。

文獻有確切時日、受災狀況記載，又能採集到相關歷史記憶的戊戌水災，又有哪些洪水傳說？人們如何透過「神諭」、「托夢」、「聖物」壓制或逃避水患？

戊戌水災的災情主要在今天的彰化南區，濁水溪下游的各處住民，各有其對洪水的不同詮釋和神蹟出現。其中，位於濁水溪出山口的二水，在第一時間就受到洪水的威脅。明治三十一年（一八九八）的戊戌

圖 1-8 西螺的泰山石敢當（西螺鎮公所提供）

圖 1-9 二水堤防邊的二水國聖王碑（張錫池攝）

40. 雲林西螺鎮張億載解說，2013.11.2。
41. 周璽，《彰化縣志》，頁386。又，徐泓，《清代臺灣天然災害史料彙編》（臺北：行政院國家科學委員會，1983），頁75-86。

水災發生在當年的農曆六月下旬，在大雨連續不斷的一天下午，濁水溪水像千軍萬馬一般奔入了二水，土埆厝倒塌，禽畜漂浮，全庄陷入水患的浩劫中。民眾祈求上天憐憫，停雨退水保民。不久大洪突然消退，之後，庄民在河堤邊發現一塊木牌，刻有「國聖王」字樣，大家認為能倖免於難是開臺聖王鄭成功顯靈護佑的結果，因此在發現牌令處建造「國聖王」碑以資紀念，並以每年農曆六月三日為祭祀之日，二水庄民稱這一天為所謂「普外溝仔」，均自備牲禮到濁水溪畔國聖碑祭拜。

圖 1-10 竹山沙東宮可看到各地祭祀國姓爺的寺廟

其他水災受患地區各有不同的神祇顯靈或退水傳說[42]，實地調查訪問所得如表 1-2。

舊濁水溪沿岸聚落的居民，各以不同的想像來解釋水災的發生，洪水之退往往託付鄭成功的神蹟。二水地區認為鄭成功顯靈為居民解圍，濁水溪中游的南投名間新民村、竹山沙東宮、下游大城鄉萬安宮亦有國姓爺退水之神蹟。中部地區有不少鄭成功廟，除了濁水溪流域，清水、大甲一帶也有鄭成功鎮水的傳說[43]，學者溫振華指出在水患威脅極大的大甲溪下游，也常以鄭成功為治水的神祇。[44]

42. 有關戊戌水災傳說與各種神蹟，詳見張素玢，〈洪患、聚落變遷與傳說信仰——以戊戌水災為中心〉，《濁水溪流域自然與人文研究論文集》（彰化：彰化縣文化局，2005），頁7-27。
43. 參考江鋑萍，〈鄭成功信仰的成立與發展〉（國立成功大學歷史學系碩士論文，2000）。
44. 溫振華，〈鄭成功治水神格形成試探——以臺中縣為例〉，《臺中縣開發史學術研討會會議論文集》（臺中：臺中縣文化局，2003），頁169-181。

表1-2 濁水溪沿岸聚落有關水災之神蹟

流域	神祇	內容
二水	「國聖王」（鄭成功）	發現「國聖王」的木牌，開臺聖王鄭成功顯靈庇佑
溪州	關帝君（或說周倉）	神祇顯靈，指示村民在溪邊豎立一座石磭破除水患
北斗	某神祇	神明托夢大水淹至三角湧（今重慶里普渡公壇前廣場一帶），滾滾洪水果然只淹到該處
北斗寶斗庄	天師公壇	張府天師囑咐乩童與地方士紳到大水溪岸釘犁頭符，溪岸停止崩裂
田尾睦宜村	「聖德宮」媽祖	媽祖顯靈騎白馬走過饒平村，所過之處土地不再流失
埤頭鄉埤頭庄	「池王」	「池王」起駕下「犁頭針」
溪湖鎮西勢里	三山國王	「三山國王」指示要做水路，但未明示何處，有人在淹水之前在天空看到一整列的紅火，稱為「神火」，認為神明在劃界
溪湖、二林	保生大帝	濁水溪沖出新河道的前三天，夜空整片火光，保生大帝起駕，要人們去救廣澤尊王
二林華崙里一帶	媽祖	土虱精從溪尾捲過來，人們至溪湖後溪請媽祖降乩，釘令旗在水岸止水
二林萬興里	朱府千歲 保生大帝	朱府千歲和保生大帝起乩插符，大水退
二林港尾	媽祖	鄉民至溪湖請媽祖，轎伕腳不著地「飛」回，全村周圍釘上「青竹樁符」保護，大水果真沖至竹樁為止，但媽祖因違反天律而遭玉帝禁錮20年
二林尖厝仔村	「廟公仔」	戊戌水災時漂來二具甕骨骸，異常靈驗
二林崙仔腳	五府王爺	五府王爺起駕，降身乩童
二林塗仔崙	玄天上帝	玄天上帝藉乩童諭示眾弟子抓土撒地，並敲打竹管退水解危
埔鹽	蕭府千歲	蕭府千歲顯聖出犁頭符，不再崩溪
福興福寶村	蘇府王爺	蘇府王爺移溪，以犁頭符打下，洪水移向海外

資料來源：2000-2001年舊濁水溪下游實地調查與採訪

說明：在道教或民間傳說，法師在石頭上面貼符咒，稱「犁頭符」、「犁頭針」或「犁頭鏢」，是一種懲罰壞人及或消除災厄的法術。

另外，各聚落神蹟多與庄神有關。漢人社會一向視媽祖、水仙尊王為水神的代表，但是在戊戌水災中，其重要性並不突出，居民在強大洪水威脅下，求助的還是他們最熟悉、信賴的地方神，例如保生大帝、三山國王、王爺等。

二、「水」崇拜

濁水無常，使得沿岸地區，百年來逐漸產生祭拜河岸或溪流的「水」崇拜。儘管各地「水崇拜」的名稱不一，祭祀時間不盡相同，其用意與內涵都極為相似。無非在祈求平安，河水不要為患，保護民眾身家財產。（見表1-3）

居民往往在濁水溪河岸或堤防上供奉祭品，由道士念疏文，祭祀「溪王」並普渡水鬼。除了拜「溪王」，各角頭的居民，也常將地方神祇與溪王共同祭祀，一來希望溪王不要動怒成災，二來也向當年幫助安定水患的神祇致謝。

濁水溪沿岸水崇拜的習俗，充分反應出人們長期以來對水的畏懼，這風俗流傳百年以後，近年開始被賦予不同的詮釋。曾是濁水溪主流之一的新虎尾溪畔二崙鄉三和村，在二〇一一年盛大舉辦延續一百多年的「拜溪王」祭典，二〇一二年更號召六所小學共千人拜溪王並放流魚苗。主辦單位將「拜溪王」做為詔安客家文化的一環，目的在喚起客家人敬天愛地的精神[45]，老師則把拜溪王當成環境教育課程，感謝溪水滋養大地與居民。[46]

45. 由本書可知，拜溪王是沿河地區水崇拜的習俗，並非客家才有的信仰。
46. 〈客家拜溪王千人放養萬餘尾魚苗〉，《大紀元》，2012年10月20日。

清代以來濁水溪畔的住民，用敬水求神的方式趨吉避凶；日本殖民政府對這條河流，則更寧願以科學的工程技術來整治濁水溪，於是從下游的治水到上游的治山事業，在二十世紀初一一展開。

圖1-11 大城鄉臺西村民用吊籃挑著祭品到溪邊拜溪王的景象（許震唐攝，1989年農曆7月15日）

圖1-12 祭溪王暨生態復育魚苗放養活動二〇一二年十月在雲林縣二崙鄉新虎尾溪畔舉行，參加的學生綿延四百多公尺，一直到溪底。（廖素貞攝，《大紀元》，2012.10.20）

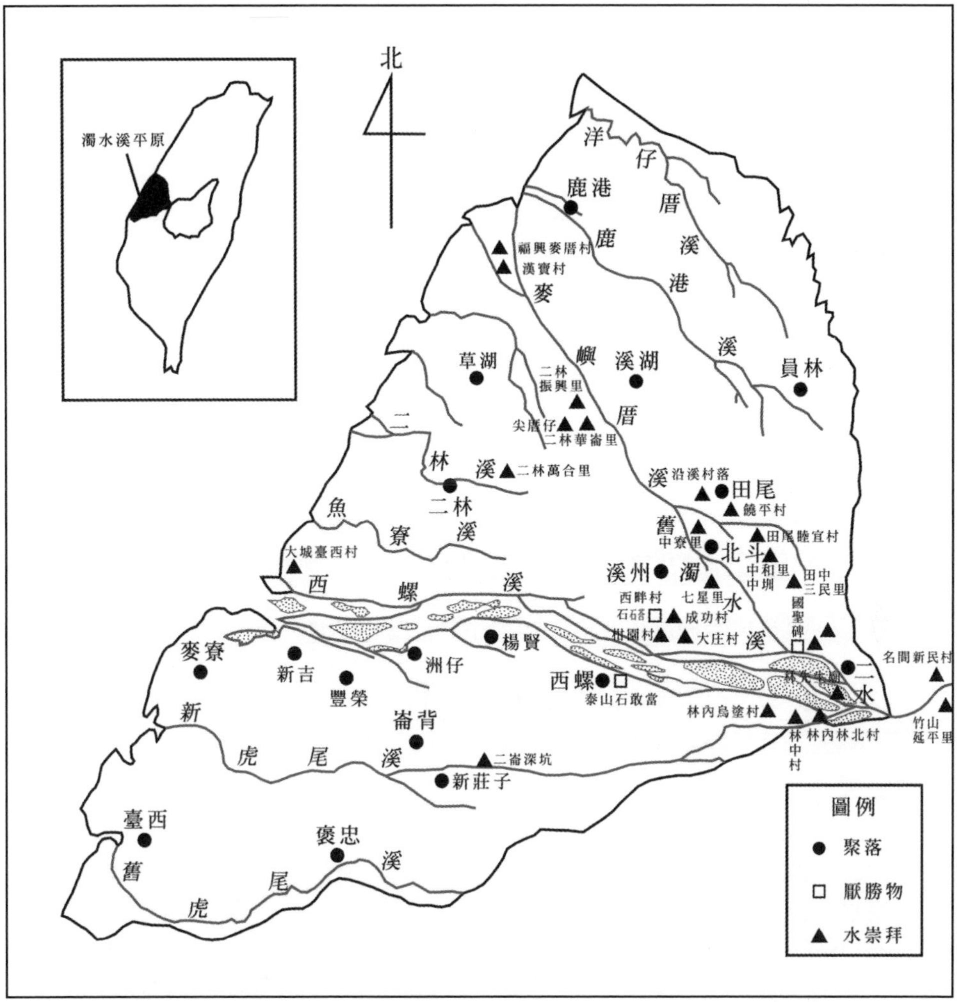

圖1-13 濁水溪下游水崇拜、鎮水厭勝物分布示意圖（張素玢調查製作　韋煙灶製圖）

表1-3 濁水溪沿岸水崇拜、鎮水厭勝物一覽表

地區		名稱	日期	備注
彰化縣二水鄉		拜圳頭	農曆七月十五日	在林先生廟祭祀
		拜護岸或普石岸	農曆七月十五日前後	靠河堤地區
		拜坑頭	農曆六月初三（拔仔坑）或七月初一	八卦山麓
		拜國聖碑	農曆六月三日	二水村二水堤防邊
彰化縣溪州鄉	大庄	普圳頭	農曆六月三日	
	大庄	拜大岸	農曆七月十四日	堤防邊
	柑園村	普圳頭	農曆七月初一	
	成功村	普溪岸	農曆七月左右	
	西畔村	石硰	過年 端午 中元 中秋	濁水溪北岸最大型之鎮水厭勝物
彰化縣北斗鎮	中圳	水醮	農曆八月十二日	做戲酬神，道長誦經普渡
	七星里	拜溪王	農曆八月十二日	做水醮
	中寮里	拜溪墘	農曆八月十四日	
	新生、中和里	拜溪墘	農曆八月十二日	至「廣福宮」對溪拜「好兄弟」
彰化縣田尾鄉	睦宜村	普溪墘	農曆八月十二日	拜土地公
	沿溪村落	拜溪王	農曆七月初一、 七月十五日、七月十六日、 七月二十九日	約起於日治初期，戰後逐漸消失
	饒平村	拜溪墘	農曆七月二十九日	
彰化縣田中鎮	三民里	拜溪王		
彰化縣二林鎮	萬合	拜溪王	農曆七月二十三日	
	華崙里	拜溪神		
	尖厝仔（梅芳里）	拜溪王	農曆十月、十一月	在順天宮前
	振興里	拜溪王	農曆八月十五日 農曆十一月	八月廟仔公、聖媽一起祭祀，十一月在溪邊拜溪王並與保安宮聯合做平安
彰化縣福興鄉	麥厝村	拜溪王	農曆七月十六日	

彰化縣芳苑鄉	漢寶村	拜溪王	農曆七月十四、十五日	
彰化縣大城鄉	臺西村	拜溪王	農曆七月十六日	
雲林縣西螺鎮	永安里	泰山石敢當	無特定祭拜時間	濁水溪南岸臺灣最大的石敢當
雲林縣二崙鄉	三和村	拜溪王	農曆七月十五日(祈求不要氾濫) 除夕 (感謝沒有氾濫)	新虎尾溪畔
雲林縣崙背鄉		拜溪王	農曆七月十五日	新虎尾溪畔
雲林縣林內鄉	林北、林中烏塗村	拜堤防	農曆八月十五日	八七水災沖破堤防後後，才開始拜在清水溪祭拜 圳頭
雲林縣林內鄉	雲林農田水利會	拜圳頭	農曆六月一日	八七水災沖破堤防後後，才開始拜在清水溪祭拜 圳頭
南投縣名間鄉	新民村	拜國姓	農曆十月十五日	國姓爺輪祀於村民家

資料來源：2000-2014實地調查與採訪

圖1-14 彰化二水的林先生廟。林先生不知其全名，據說是指點施世榜將八堡圳的取水源頭移往名間濁水之人。(許震唐攝，2014)

第二章 從治水到治山（一八九八—一九四五）

濁水溪水資源的豐富，成就了清代臺灣最大的水利系統，開始了臺灣第一次的綠色革命。日治時期濁水溪上游供給發電所需的水源，使日月潭發電設施成為臺灣最主要的電力來源，促成臺灣走向工業時代。但是，這一條為臺灣經濟發展貢獻極大的河川，卻也是臺灣災害最嚴重的河流。清代沿河居民對濁水溪戒慎恐懼，敬之為「溪王」，加以崇拜。日治時期政府試圖以國家力量展開河川整治工程，並從下游平原延伸到中上游的山

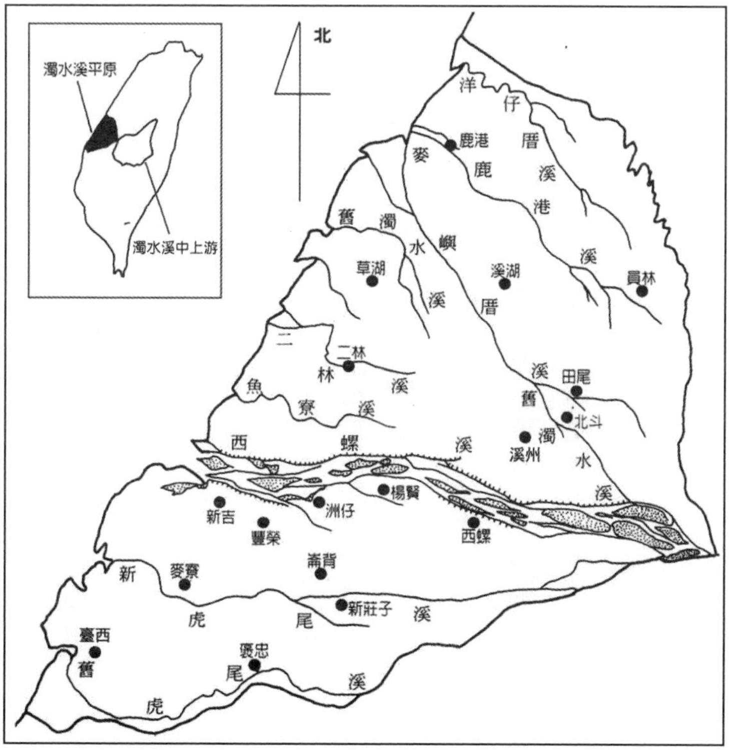

圖 2-1 濁水溪流域圖
（底圖採自張瑞津，〈濁水溪平原的地勢分析與地形變遷〉，頁 217）

區。日治時期官方如何「治水」又「治山」，來駕馭這條桀驁不馴的河流？時人如何因種種災害而覺醒到山林保育的重要？這是本章所要討論的核心問題。論述空間將包括濁水溪流域的河川與森林，時間則主要落在開始進行治水、治山事業的日本統治時期。

第一節　治水事業：河川工事的展開

日本領臺之初的各項調查一開始未及於河川，而是著力在與國家控制和殖民地開發直接相關的土地、人口、社會、經濟等調查。由於明治三十一年（一八九八）、明治四十四年（一九一一）臺灣先後發生罕見的大洪水，導致山坡地崩塌、河水氾濫破壞河岸，沿河聚落受災嚴重，財物損失非常可觀，這促使總督府在大正元年（一九一二）成立河川調查委員會，對重要河川展開調查，進行河川工程的計畫，並著手基礎工程。大正元年、大正二年（一九一三）接連發生大水災以後，大正五年（一九一六）政府為了防治洪水，以過去五年的河川調查成果為基礎，擬定淡水河、烏溪、濁水溪、宜蘭濁水溪等九條較大河川的整治計畫。

全臺河川整治計畫開始之前，官方已針對濁水溪下游進行河川工事，其中主要包括護岸工事、堤防工事、防砂工事等項。

一、護岸工事

官方在明治三十一年（一八九八）開始規劃濁水溪護岸工事[1]，臺灣總督府於大正元年（一九一二）十二月濁水溪護岸施工，隔年三月完成。工事分第一、第二、第三護岸，第一護岸六〇四公尺，自濁水溪右岸築到南投廳濁水庄附近，以防止洪水沿右岸而下。第二護岸長九一八公尺，築於鐵道橋（今二水鐵路橋隘口）上游左岸，以防止支流清水溪破壞鐵路。第三護岸長

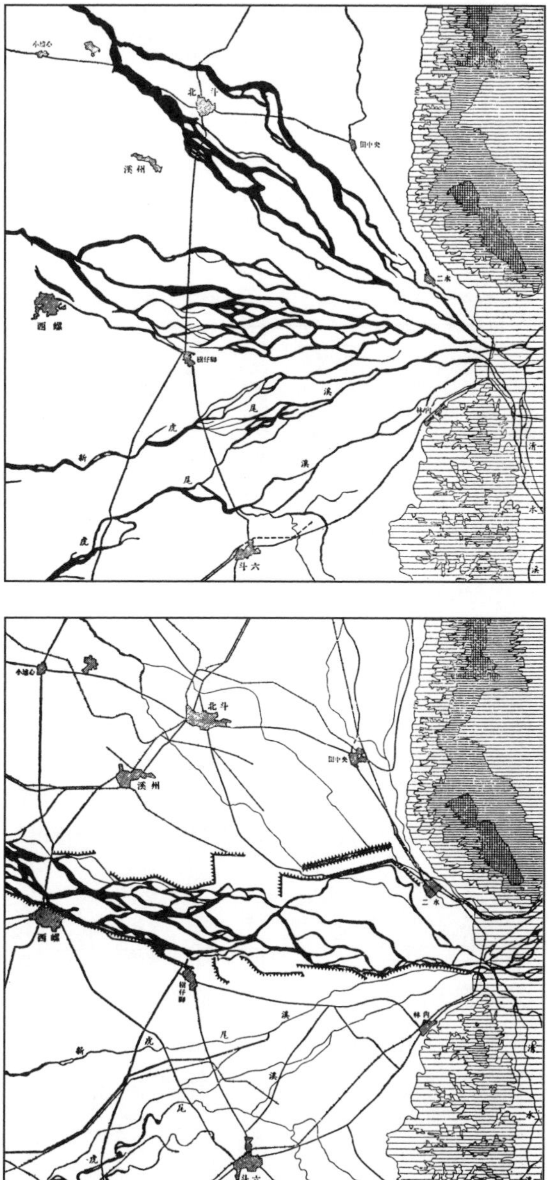

圖 2-2 濁水溪堤防興築前後對照圖

資料來源：陳正祥，《臺灣地誌（中）》（臺北：南天書局，1993），頁 422-423。

1.〈濁水溪護岸工事書類（元臺中縣）〉，《臺灣總督府公文類纂》，9359 冊 1 號，1898 年 1 月 1 日。為瞭解歷史上濁水溪為患的情形，做為工事規劃的參考，本檔案也記載了從清代到日治初年的的大水災。

二四一二公尺，築於鐵道橋下游左岸，將溪流之水導入濁水溪本流及西螺溪，除新虎尾溪做為灌溉用水之外，不讓洪水流入。護岸以堅石疊成，上掛鐵條蛇籠，各處重要地點亦以鐵條蛇籠調節水量。工事費八十一萬餘圓，人力達五千人。[2]

二、堤防工事

護岸完成之後，仍不能阻擋洪水，大正二年（一九一三）七月濁水溪鐵橋北岸堤防潰決，洪水危及西螺街。[3] 大正七年（一九一八）官方又開始進行濁水溪堤防工事，於大正十年（一九二一）完成，長度為七萬六二七三公尺，河川工事費八三一萬五九七五．一一圓。[4] 堤防上起濁水（今南投縣名間鄉），下至下海墘（大城鄉臺西村），蜿蜒達四十多公里。[5]

堤防修築之後，舊濁水溪、虎尾溪、舊虎尾溪、濁水溪由今天的西螺溪出海，舊濁水溪則成為今天溪州鄉、北斗鎮、埤頭鄉、溪湖鎮、二林鎮、芳苑鄉、福興鄉的排水渠道，由福興鄉的麥嶼厝出海，所以又稱「麥嶼厝溪」，通稱「舊濁水溪」。[6]

三、防砂工事

清代以來，濁水溪南北兩岸分布甚廣的砂丘、荒地、裸地，因日治初期中部臨海地區推動防砂與造林工作，大大改善了濁水溪的自然災害。[7] 明治三十三年（一九〇〇）防砂工事

2. 〈各溪護岸效果之偉大（承前）濁水溪護岸〉，《臺灣日日新報》，1913年8月17日，5版。
3. 〈西螺行之危迫〉，《臺灣日日新報》，1913年7月27日，6版。
4. 臺灣總督府國土局土木課，《臺灣總督府內務局主管土木事業統計年報》1941年度（臺北：編者，1943），頁29-31。
5. 北斗郡役所，《北斗郡概況》1938年版（北斗：編者，1938），頁148。
6. 臺灣總督府內務局土木課，《臺灣總督府內務局主管土木事業概要》1938年度（臺北：編者，1938），頁29。

表2-1 濁水溪歷年災害表（1924-1933）　單位：圓

年度	1924	1925	1926	1927	1928	1929	1930	1931	1932	1933
金額	21,775	25,610	54,240	22,620	110,252	108,658	240,100	157,065	142,198	41,847

資料來源：吉井隆盛，〈臺灣に於ける治山の要を論す〉，《臺灣の山林》200（1942.12），頁41

分兩期開始進行，使昔日的二林上堡、二林下堡面積約二千五百甲的砂丘地得到屏障。此後不斷補植維護，至一九一〇年代，這項工程以近一千甲的防風林，屏障四千甲砂丘地。昭和四年（一九二九）開始，臺灣總督府鼓勵耕地種植防風林，並持續到昭和十七年（一九四二）。[8]

儘管官方年年投入龐大經費與人力在治水事業，並以數據顯示河川工事帶來收益，但是濁水溪下游河川工事陸續完成後，每逢大洪或颱風暴雨，仍不能降低災情。以濁水溪為例，大正十年（一九二一）堤防工事完成，大正十三年到昭和八年（一九二四—一九三三）之間，河川水害損失如表2-1。

由上表可知，昭和三年（一九二八）以後，災害損失數倍於以往，濁水溪如此，其他重要河川的狀況也不遑多讓。有識者紛紛呼籲「治水」必先「治山」，建議政府一定要正視「治山」的迫切性，認為所謂治水事業必須包括河川工程與山地防砂事業；河川工程不是治水的全部，治水的根本策略應該以保護森林為優先，要保障河川安全，除了治山之外沒有其他的辦法。[9]

7. 洪寶昆在《北斗郡大觀》一書中，曾描寫到砂害之狀況，「每當冬季東北季風盛，砂丘便由北向南移動，形成漫天飛砂的景觀。一夕之間耕地、家園遭埋，危害甚大。受風吹砂所害，完全無法耕種，而荒置成原野之面積，在二林、沙山兩庄，計達數千甲之廣。」洪寶昆，《北斗郡大觀》（北斗：北斗郡大觀刊行會，1937），頁51-52。
8. 臺中州役所，《臺中州概觀》1939年版（臺中：編者，1940），頁62-63。
9. 伊藤太右衛門，〈治山事業と臺灣〉，《臺灣時報》，1933年12月，頁17-18。

第二節　治山防洪

日治時期總督府各部、局對臺灣山林方面的調查各有其目的，各自進行小規模的分區踏查；例如從警察本署時期至蕃務本署時期進行蕃地測量（一九〇八—一九三二），專賣局進行樟造林地調查（一九一三）、樟木調查，營林所進行森林調查（一九二五），殖產局林木調查（一九〇四）、保安林調查（一九〇八）、林野調查（一九〇九），還有植物、地質（一九一八）、礦物（一九〇九）、害蟲調查（一九〇六、一九〇九）等。鐵路方面有陸軍鐵道隊進行蕃地鐵路的預查（一八九七）、橫貫鐵路線的實查。土木方面進行與水利、治水、道路、電力等局部性調查。另外，舊慣調查會中的蕃族調查會，則以蕃人慣習調查（一九一七）為名行事。[10] 儘管調查名目甚多，但是以治水為目的的森林調查，或秉持治山理念的調查卻遲遲未進行。

臺灣總督府從明治三十一年至昭和七年（一八九八—一九三二），三十三年間河川治理的相關費用，包括河川費、治水事業計畫、治水事業費，總計超過二九〇七萬二八六〇餘圓，反觀做為治水根本與基礎的「治山」事業，卻沒有相對比例的經費和進度。濁水溪流域上游地區未曾「治山」，導致濁水溪下游的鐵道橋一遇大洪就被砂礫掩埋。

所謂「森林為河流之母」，治水根源為治山，治河要先治山。到底官方進行臺灣治水防洪之時，有無考慮到治山的問題？濁水溪流域的治山事業狀況為何？如果治水事業始於大正元年

10. 吉川精馬，〈本島山林と治水問題〉，《實業之臺灣》17：8（1925.8），頁 3。

（一九一二）的河川調查，做為治水事業一環的治山又起於何時？

一、治山事業

過去研究多以森林治水事業為「治山」的發軔，但廣義來說，所謂「保安林」就是為了治水與國土保安，所以保安林調查應視為「治山」的基礎。

（一）濁水溪流域保安林的調查與編定

臺灣總督府在明治三十四年（一九〇一）公布〈臺灣保安林規則〉，卻沒有隨即公布細則，更談不到進行保安林調查。明治三十九年（一九〇六）總督府賦予地方編定或解除保安林區域的職權，中央則予以人力配合和補助，即便如此，相關調查仍遲遲不前。明治四十四年（一九一一），總督府建立新的調查計畫，當年八月臺灣發生嚴重的颱風水災，促使官方積極推動河川流域保安林調查[11]，濁水溪流域隨即在大正元年（一九一二）二月，由殖產局林務課技手古川良雄進行保安林調查。由於濁水溪流域廣達二七一．二平方公里，因此先進行右岸流域，大正二年（一九一三）六月再進行左岸流域部分[12]，此次調查區域為濁水溪中、下游，並未及於上游。其原因之一為日治初期臺灣河流中上游多為原住民領域，調查較為不易，因此要到所謂的蕃地調查告一段落，原住民部落逐漸受到官方控制之後，才能深入河川上游的森林。在〈濁水溪流域保安

11. 參考臺灣山林會，《臺灣の林業》1933年版（臺北：編者，1933）。又，伊藤太右衛門，《臺灣林業史 第二卷》（臺北：臺灣總督府殖產局，1939）。
12. 〈古川良雄濁水溪流域保安林調查復命書〉，《臺灣總督府公文類纂》，5676冊1號，1913年10月1日。

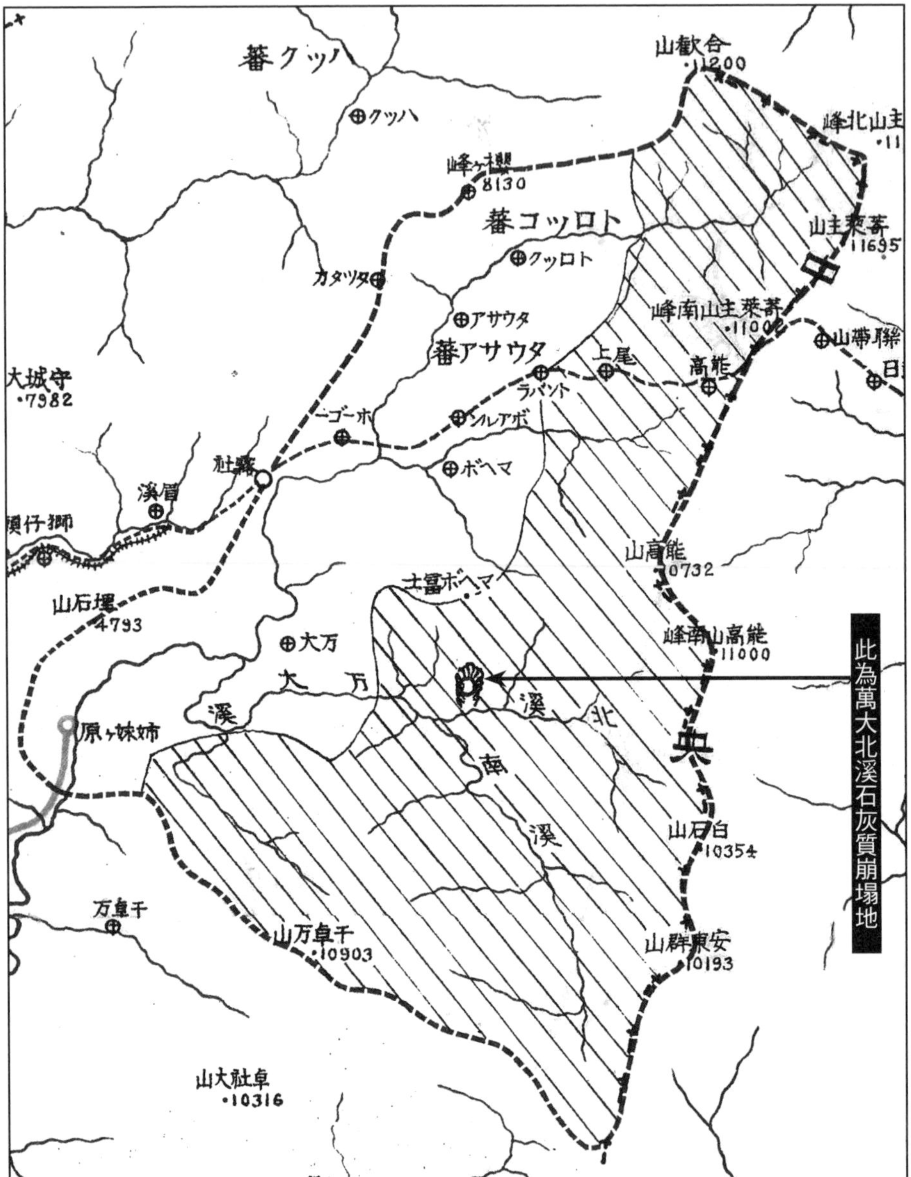

圖 2-3 濁水溪上游森林治水調查區域圖

資料來源：山崎嘉夫，《濁水溪上流地域治水森林調查書》(臺北：臺灣總督府營林局林務課，1920)，附圖。

說　　明：虛線框起的部分為調查區域，斜線部分劃入保安林，以保護日後興建的霧社水庫與武界壩。

林調查復命書〉中，除了調查中下游山林狀況、編定保安林面積以外，對區域內戶口、產業、山林產物、竹林、樟樹、果木等經濟林的經營狀態，都有詳細統計，以確實評估保安林的劃定面積、經濟效益及實施方式等。

綜合左岸、右岸的河川山林狀況，調查人員將右岸流域七處二六八三甲、左岸流域十六處五八五一甲，計二十三處共八五三四甲列為保安林預定地，日後正式指定為保安林地的面積為一萬一〇八七甲，比原規劃還要多出二四五二甲，其性質主要分為山地防砂林與海岸地區的防砂林。[13]大正元年（一九一二）總督府劃定社頭石頭公以南至二水的八卦臺地山麓地帶為保安林區，以保護山地林野。大正二年總督府殖產局設置「八卦山作業所」，負責造林防砂及保安林地的管理事宜，由國庫全額支助所需的經費，並配置巡山的「山林警察」。[14]大正十一年以後，保安林劃定地經過政府與民間合作造林，到一九三〇年代，縱貫鐵路沿線的八卦臺地不再光禿裸露，海岸地區的防砂林也保障了八千甲土地[15]，可見種植保安林已發揮成效。

（二）森林治水調查

繼保安林調查之後，臺灣總督府開始進行全島性的森林治水調查。到底森林治水調查始於何時各方說法不一；一說大正十五年（一九二六），認為中港溪、大甲溪、濁水溪、烏溪、宜蘭濁水溪的河川調查為森林治水調查之始[16]；一說森林治水調查開始於大正十三年（一九二四），翌

13. 〈古川良雄濁水溪流域保安林調查復命書〉，《臺灣總督府公文類纂》。
14. 趙水溝編，《員林郡大觀》（臺北：臺灣新民報社，1936），頁16。
15. 臺灣山林會，《臺灣の林業》，頁82-83。濁水溪下游海岸地區的防砂造林並非在濁水溪流域保安林調查完成之後才進行，而在一九〇〇年就開始，是臺灣最早進行防砂造林的地區。
16. 臺灣總督府殖產局，《森林計畫事業報告書（上卷）》（臺北：編者，1937），頁50。

圖 2-4 濁水溪上游支流萬大溪合流點河床下切的景象
（山崎嘉夫，《濁水溪上流地域治水森林調查書》，附圖）

圖 2-5 萬大溪的土石流
（山崎嘉夫，《濁水溪上流地域治水森林調查書》，附圖）

年與森林計畫事業合併。[17]事實上，大正十年（一九二一）殖產局在主要河川集水區域，調查宜蘭濁水溪、下淡水溪、濁水溪、大甲溪、烏溪、大安溪、後龍溪、頭前溪、淡水河等九大主要河川時，其中進行部分森林治水調查，可說已有治山、治水之意圖。[18]

濁水溪下游的治水工程早於全島性的河川工事；同樣的，在大正八年（一九一九）九月進行的濁水溪上游森林治水調查，比大正十年（一九二一）開始的全島性森林治水調查要早，算來這才是真正臺灣森林治水事業的開始。大正八年（一九一九）九月，總督府營林局林務課課長山崎嘉夫、殖產局、警務局、臺灣電力株式會社等十多人組成治水調查隊，對濁水溪上游[19]降雨量、逕流量、森林與土石流的關係做了精密的查考，在調查報告中有幾項意見值得注意：

1. 氣象觀測對治水計畫而言非常重要，而濁水溪上游只有櫻峰與萬大社兩個雨量觀測所，如此將會錯失及早預防的時機，警官駐在所和「分遣所」多位於山巔，正可設置氣象觀測所測定流量。

2. 在萬大溪合流點上游約三公里處的萬大北溪，有一大片崩塌地，距離霧社約十六公里，此崩塌地標高約二四〇〇公尺，崩塌的碎片形成一錐形堆積物。（見圖2-3）粘板岩地層容易風化是因為此崩塌地含有石灰，溶解後才使地盤不穩固，粘板岩中的石灰是造成溪水混濁的主因，這在下游二八水（今彰化縣二水鄉）附近尤其明顯。[20]

3. 保安林的劃定：濁水溪主流流域一萬〇六六八甲、支流萬大溪流域二萬〇七一八甲，合

17. 臺灣山林會，《臺灣の林業》，頁96。
18. 吉井隆盛，〈臺灣に於ける治山の要を論す〉，《臺灣の山林》105（1935.1），頁50-51。
19. 根據報告書說明，本次調查不包括人煙罕至的蕃地和陡峻急峭的地區。
20. 山崎嘉夫，《濁水溪上流地域治水森林調查書》（臺北：臺灣總督府營林局林務課，1920），頁28-29。

計三萬一三八六甲應劃定為水源涵養保安林，一旦編入保安林便不可開採，即便是砍除老樹或間歇性砍伐，也會破壞自然循環。但是保安林的編定，也要考慮蕃人焚耕、狩獵維生方式的問題。[21]

4. 在河川侵蝕強烈與土石容易崩塌之處，用天然流木、石塊築成「孔隙堰堤」以減少土石流，而其空隙可讓水自然溢出，又能過濾濁水。[22]
5. 蕃人授產：若要禁止蕃人（原住民）焚耕、狩獵以免破壞森林，就應考量其生計，使其轉向燒製木炭、栽培香菇、果樹、藤編，鼓勵造林。[23]

林務課長山崎嘉夫認為日本內地對治山治水都頗為重視，然而臺灣總督府年年整治下游河川及防止海岸飛砂，耗盡龐大公帑卻不從事根本的治山；他的看法是，濁水溪水患的禍根在上游，若能治山，則濁水溪得以防止豪雨災害。他呼籲應盡全力與自然共處，才能消弭災患又能提升產業及衛生，這才是增進社會福祉的最好方法。

二、「治水」必先「治山」

（一）社會對「治山」的呼籲

治山為治水之根源的觀念，並非全為日本學者的倡導，早在大正元年（一九一二），士人楊

21. 山崎嘉夫，《濁水溪上流地域治水森林調查書》，頁93-99。
22. 山崎嘉夫，《濁水溪上流地域治水森林調查書》，頁100-101。
23. 參考山崎嘉夫，《濁水溪上流地域治水森林調查書》。

圖2-6楊玉盤

玉盤就針對臺灣頻仍的水患問題呼籲「欲治水必先治山」，認為「山林為水源之本，欲浚其源，必整山林」[24]，但是當時政府的重心仍放在河川下游的治水工程。一九三〇年代，森林治水調查陸續完成，臺灣山林的質性也愈加清楚，識者對當局的治水策略頗多批評，認為治水事業切割山與河的密切關連，治水只顧在下游進行鉅大工程而忽略治山，任憑土石沖刷，造成河床升高，如果山區暴雨，下游工程馬上毀於一旦，而且這樣的危機會一而再、再而三地發生。[25]

反觀日本內地農林省所管轄的森林治水事業，將治山、治水列為最緊要的工作，日本於一九一一到一九三五年長期投入治水事業，完成第一期森林治水事業後，隨即展開第二期森林治水事業，預定從一九三六至一九五五年持續進行二十年。日本輿論界對第一期森林治水事業的結束，以及第二期的展望反應十分熱烈，各種山林保育的運動也相當蓬勃，這對臺灣的治山以及山林保育的推動，產生一定程度的影響。同為山岳國土，臺灣執政當局長期視河川治水為重要工程，但治山事業卻不積極，導致水患始終難以根治。

昭和十年（一九三五）日本拓務省重要幹部以及眾議員視察團等政界人士，陸續來臺視察臺灣山林及河川的狀況，見山地濫墾、河床堆積，當時又正好目睹中南部豪雨和洪水的災情，從而大聲呼籲應迅速確立林政、進行林野治水事業。[26]《臺灣日日新報》〈臺灣と治水事業の忘却〉（臺

24. 楊玉盤，〈欲治水必先治山〉，《臺灣時報》，1912年9月，頁68。
25. 臺灣總督府殖產局森林治水事務所，《森林と治水》（臺北：編者，1937），頁5。
26. 深谷留三，〈內地及び臺灣に於ける水害の頻發に鑑み——本島治山治水事業緊急實施の必要〉，《臺灣時報》，1935年10月，頁14-17。

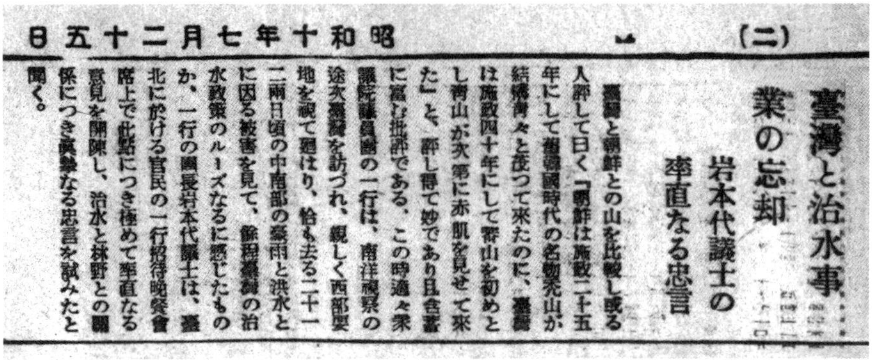
（二） 昭和十年七月二十五日

臺灣と治水事業の忘却 岩本代議士の率直なる忠言

臺灣と朝鮮との山を比較し或る人評して曰く「朝鮮は施政二十五年にして舊韓國時代の名物禿山が緑蒼々と茂つて來たのに、臺灣は施政四十年にして青山を初めとし青山が次第に赤肌を見せて來た」と、評し得て妙であり且含蓄に富む批評である、この時適々衆議院議員團の一行は、南洋視察の途次臺灣を訪づれ、親しく西部要地を視て廻はり、恰も去る二十一二兩日頃の中南部の豪雨と洪水とに因る被害を見て、餘程臺灣の治水政策のルーズなるに感じたものか、一行の團長岩本代議士は、臺北に於ける官民の一行招待晩餐會席上で此點につき極めて率直なる意見を開陳し、治水と林野との關係につき眞摯なる忠言を試みたと聞く。

圖 2-7 岩本議員一九三五年在《臺灣日日新報》的文章

灣被遺忘的治水事業〉一文，引述岩本議員的批判，他認為忽略治山將會釀成大禍，主張臺灣應確立根本的治水政策，有必要將山地悉數編入保安林。27

日本的森林治水事業從明治初年以來開始實施，明治四十四年（一九一一）通過了「二十五年治水事業費」，昭和十二年（一九三七）通過「十二年治水事業費」。臺灣的有識之士屢屢倡導治山治水的重要性，林務當局也開始感受到治山必要。

（二）森林治水事業

臺灣森林治水事業自昭和十一年（一九三六）開始進行，以淡水河流域的十年期治水為嚆矢，乃因淡水河下游已成為臺灣最重要的政經中心。昭和十四年（一九三九）開始為期十七年的濁水溪、曾文溪流域森林治水事業，昭和十六年（一九四一）再對淡水溪、烏溪流域進行十年期的森林治水事業計畫，更於昭和十七

27.〈臺灣と治水事業の忘却 岩本代議士の率直なる忠言〉，《臺灣日日新報》，1935年7月25日，2版。

年（一九四二）推動淡水河第二期計畫，並通過臺中州清水附近的防砂計畫，以及曾文溪流域的山地防砂擴充計畫等。[28]

濁水溪不論「治水」、「治山」，均被列為優先的河流並非沒有原因，因濁水溪除河川長度、流域居首，森林崩塌也最嚴重。根據森林治水調查的結果，濁水溪上游崩塌面積約三九八〇甲，濁水溪上游陳有蘭溪約三三九〇甲，共七三七〇甲，遠遠超過下淡水溪的三一七〇甲。[29] 以武界堤（今南投縣仁愛鄉）來說，年年堆積約二十萬立方公尺的砂土，流入下游埤圳的砂量也十分驚人，從昭和十年到昭和十三年（一九三五—一九三八）間，八堡圳損失一萬三一一五圓、北斗埤圳一萬一九九四圓，損失程度依序為堤防、護岸、土地流失、橋梁、道路、田地等，其中以堤防與護岸的損失最為慘重。

濁水溪流域的森林治水事業內容有二，一為治水造林，一為山地防砂。[30]

1. 治水造林

治水造林是在山區裸地植樹，以防表土流失，涵養水源、恢復地力等。濁水溪流域內約有三千公頃的荒廢地進行治水造林，臺中州能高郡霧社一帶，是濁水溪水力發電的水源，因此被列為水源涵養與山地防砂設施的首要地區。[31]

2. 山地防砂

山地防砂面積有四三五公頃，由於山區裸露地地勢險惡，造林有其困難，在無法造林的情

28. 倉田武比古，〈臺灣に於ける森林治水事業の發展〉，《臺灣の山林》195（1942.7），頁1。
29. 吉井隆盛，〈臺灣に於ける治山の要を論す〉，頁56。
30. 臺灣總督府濁水溪森林治水事務所，《濁水溪森林治水事業に就て》（臺中：編者，1940），頁9-11。
31. 臺灣總督府濁水溪森林治水事務所，《濁水溪森林治水事業に就て》，頁11。

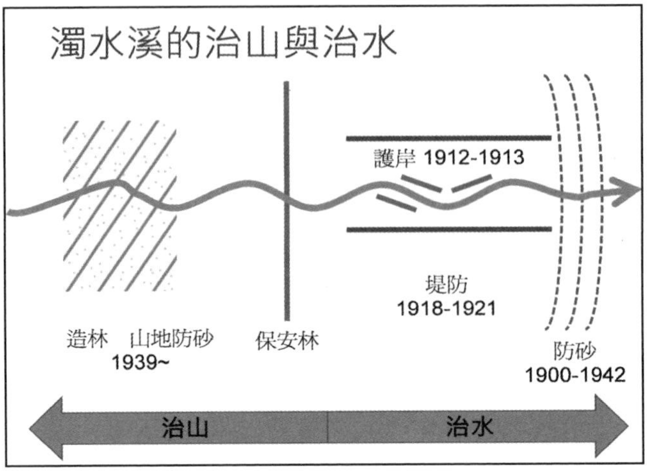

圖2-8日治時期濁水溪治山治水示意圖（張素玢製作　陳思賢製圖）

況下則需防砂，包括野溪整治工程、施作堰堤、穩固河床、進行浚渫工程等。山坡部分則在沒有走山之虞的山壁，施作階狀排水溝和栽種防砂植物等。[32]此外，下游的臺中州員林郡二水庄鼻仔頭，以及臺南州斗六郡林內，因兩處地形頗為急峻，在第一年度就進行山地防砂設施，否則許多野溪一遇豪雨就成土石流，使交通斷絕或水田淹沒流失，交通、產業的損失甚鉅。山坡地的保安林更攸關縱貫鐵路、集集線、道路與農耕區的安全。[33]

當官方積極從事森林治水事業時，倡立國家公園的呼聲也在二十世紀初響起，因國家公園多位於河川上游，所以國家公園水土保持、保育山林的要求，與森林治水的目的不謀而合。

32. 臺灣總督府殖產局森林治水事務所，《森林と治水》，頁8-9。
33. 臺灣總督府濁水溪森林治水事務所，《濁水溪森林治水事業に就て》，頁12。

第三節　山林保育思想的萌發

一、國家公園的倡議

國家公園兼顧保育與遊憩是十八世紀以後發展出的觀念，其發軔地為美國；一八七二年設立的黃石國家公園（Yellowstone National Park）為世界第一座國家公園。日本因受到美國國家公園運動思潮的影響，於昭和六年（一九三一）公布了「國立公園法」，昭和十年（一九三五）臺灣總督府也在臺灣頒行國立公園法，並於昭和十二年（一九三七）二月創立臺灣國立公園委員會，選出新高阿里山（今日玉山、阿里山範圍）、次高太魯閣（今日雪山、太魯閣、合歡山範圍）、大屯（今日大屯、七星山、觀音山範圍）三處為預定地[34]，且預計在五年之內完成三座國立公園預定地的資源調查工作，同年臺灣總督府正式核定上列三處國立公園的範圍。

圖 2-9 森丑之助

圖 2-10 金平亮三

其實早在明治四十一年（一九〇八）森丑之助進行原住民研究踏查時，就產生保護原始資源的概念，提出保護玉山連峰的看法。一九三〇年代前後保育山林的思想更蓬勃；曾任臺灣總督府中央研究所林業部長的金平亮三，除了呼籲山林應予保護，也應學習日本保存史蹟、名勝、天然紀念物的做法，他在昭和二年

34.〈臺灣國立公園候補 本夏先指定兩處 來五月開委員會決定〉，《臺灣日日新報》，1937年3月27日，8版。

圖2-11 上山滿之進

（一九二七）倡議應在臺灣設國立公園。[35] 臺灣第十一任總督上山滿之進，在昭和三年（一九二八）地方官會議上訓示，山林是東西部平原產業之母，保護山林可以減少洪水災害，水源則可提供灌溉用水、都市飲水、水力發電用水和工業用水等。[36] 另外學者青木繁為文多篇談論臺灣森林問題，提倡普及農林教育、鼓吹森林警防、愛林思想以及綠化造林等。[37]

二、愛林護林的鼓吹

昭和九年（一九三四）日本制訂「全日本愛林日」，臺灣也含括在內而訂下植樹儀式，並藉由教育、社會各階層提倡愛林思想。近代全國性統一的「植樹日」起源於一八七〇年代的美國，目的在透過植樹建立民眾愛林的思想，這觀念與做法傳到日本以後，將植樹日改稱「愛林日」，時間通常訂在四月三日神武天皇節前後。受臺灣總督府委託辦理愛林活動的臺灣山林會，其實早在大正十三年（一九二四）便呼籲在臺灣設

圖2-12 愛林日書籤文宣

35. 金平亮三，〈天然保護區域の設置を望む〉，《臺灣山林會報》2（1923.3），頁2-7。又，金平亮三，〈臺灣八景と國立公園〉，《臺灣山林會報》27（1927.9），頁2-5。
36. 引自李文良，〈帝國的山林——日治時期臺灣山林政策史研究〉（國立臺灣大學歷史學研究所博士論文，2001），頁198。
37. 參見青木繁，〈臺灣森林問題〉，《臺灣時報》，1926年4月，頁15-24。又，青木繁，〈土地利用と森林問題 臺灣林野綠化の急務〉，《臺灣時報》，1926年7月，頁20-43。

立「愛林植栽節日」，以振興臺灣的林業與愛林思想。等到昭和九年（一九三四）官方正式訂定「愛林日」，臺灣山林會也隨之提出「愛林運動實施要綱」，目的在徹底普及愛護森林的思想。[38] 愛林運動的實施團體除了官方部門、各級學校以外，並包括社會團體，例如青年團、保甲壯丁團等。[39]

臺灣各州廳內有保安林的街庄，為了防止山林表土崩塌流失、杜絕盜砍濫墾、維護林木資源，也倡議成立民間組織，例如濁水溪下游街庄當中，山林面積最廣的二水庄，自昭和十二年（一九三七）起，鄉人就在二水庄役場成立「臺中州二水愛林組合」，以促進山林資源的合理利用。[40]

除了愛林運動，天然樟樹保護林的議題也被重申。明治四十二年（一九〇九）基於學術研究及專賣事業經營等因素，將花蓮港廳大庄公埔一帶約四百四十甲的天然樟樹林設定為保護林，以免原住民伐木取材或燒墾。後來天然樟樹保護林擴大到臺東廳，也就是海岸山脈或花東縱谷沿中央山脈的山腳地帶，於保護林配置巡視員，並由當地警察共同保護管理。[41] 識者認為東臺灣的天然樟樹林是研究瑰寶，呼籲當局的作業實施辦法應盡速確立，以免影響到保護林未來的命運。[42]

然而，一九三〇年代興起的山林保育風潮並沒有持續或落實，儘管昭和十二年（一九三七）臺灣總督府已正式核定三處國立公園的設立範圍，卻因戰事爆發，國立公園的設

38. 吳明勇，〈從植物園到愛林日：近代臺灣植樹制度與愛林思想之建立〉，收入李玉瑾編，《臺灣學研究國際學術研討會：殖民與近代化論文集》（臺北：中央圖書館臺灣分館，2009），頁234、241-243。
39. 臺灣山林會，〈愛林運動實施要綱〉，《臺灣の山林》95（1934.3），卷頭頁。
40. 范清水，《彰化縣二水鄉護林協會史略》（1987），頁3。
41. 小林勇夫，〈天然樟樹保護林に就て〉，《臺灣の山林》130（1937.2），頁15-17。
42. 小林勇夫，〈天然樟樹保護林に就て〉，《專賣通信》15：2（1936.2），頁18-24。

圖 2-13 昭和十一至十二年左右（一九三六—三七），花蓮玉里的天然樟樹保護林與樟腦工廠。（出自《臺灣總督府時期林業檔案》，中研院臺史所提供）

立遭到擱置，森林保育的呼聲被國力投入戰爭的號召所掩蓋，在人力、物力總動員下，森林、河川也為戰爭付出代價。

太平洋戰爭爆發之後，物資更為缺乏，多項民生必需品實行管制，官府呼籲民眾利用曠地從事生產，以彌補配給物資之不足，於是濁水溪下游遂掀起了墾耕溪埔地的熱潮。原先被認為私自開墾（無斷開墾）的河川地，地方庄役場亦正式追認其「租賃權」，並開始徵收「蕃薯租」（以蕃薯來繳租），此後闢墾地區一直推進到濁水溪中心地帶的沙洲。[43]

除了溪埔地，日治時期臺灣西部規模最大的邊際土地開發，便是舊濁水溪三千多甲的河川浮復地。邊際土地的開發縱然帶來農業之利，更具有社會意涵的是，刺激了一批農村菁英的興起。

43. 臺灣省政府農林廳水土保持局編，《坡地農村綜合發展綱要性規劃報告——彰化縣二水鄉》（南投：編者，1993），頁30。

第三章
邊際土地的開發與農村菁英的崛起

本章在探討濁水溪邊際土地開發、利用的過程中，農村菁英的崛起與其在社會經濟活動所扮演的角色。本章所謂的「邊際土地」是指未經開發的荒地，主要為日治時期《土地臺帳》[1]中所稱的「原野」。這些邊際土地過去因自然環境使然，難以生產，直到日治時期殖民政府進行治水防砂工程，具體改善農業環境，才使廣大的濁水溪浮復地得以利用；在官方獎勵下，今天的彰化平原南區展開了新一波的拓墾活動。

一旦邊際土地成為炙手可熱的土地資源，便引來企業資本的競爭，尤其以製糖會社與私營農場最具分量。製糖事業與荒地的開拓經營，更造就一批農村菁英，這批農村菁英由於財富累積與個人的背景與經歷，逐漸成為社會領導階層。彰化南區農村菁英崛起的背景，和濁水溪邊際土地的開發有密切關係，他們有土地拓墾開發者、河川水利工程業者、製糖會社原料委員等，各以其長才或手腕，從殖民政府統治時期以至戰後，於地方上都占有一席之地。

1.《土地臺帳》是日治時期土地資料的帳冊，內容包括土地地段號、面積、地目、等則、業主姓名、產權取得原因和日期、租稅金額等，是當時稅務機關課徵租稅的根據，目前保存在各地政事務所。

第一節　農業拓墾的邊際

臺灣的農業拓墾在清代中葉以後，平原地區已經達到飽和狀態，遂逐漸往淺山、後山移動，到一八九五年日本領有臺灣時，可耕地幾乎已開發殆盡。日治時期，臺灣總督府基於臺灣土地利用的效能，確立「農業臺灣、工業日本」的基本經濟政策，為了達成此一目標，官方主要朝兩方向進行，一為增加農地面積，一為提高農業生產技術。

臺灣西部平原的未墾地主要有砂地、河川溪埔、海埔地等，這些土地荒涼貧瘠，為不適農耕的邊際土地。日治時期，臺灣總督府分別以防砂工事、河川工事、干拓事業[2]等方式開發邊際土地。以臺灣的自然環境來說，四面環海，季風盛行，臨海地區常見飛砂地、海埔地，加上荒溪型的水文特性，幾乎每條河川都有溪埔。濁水溪邊際土地有下列幾點特殊性：

1. 濁水溪為臺灣最長的河流，其含砂量高，流域水患極為嚴重，河川工事完成後，受益面積與新生地面積皆為各河川之冠。
2. 根據明治三十九年（一九〇六）開始進行的「保安林調查」，濁水溪下游的二林一帶為

圖 3-1 東螺西堡舊眉庄（今溪州鄉）的土地臺帳

2. 所謂「干拓事業」指海岸、河口、湖沼地堤防興築後的土地開墾與排水事業。

全臺飛砂地面積最廣的區域。

3. 依據「林野調查」事業的報告，臺中廳「原野」（荒地）占該廳總面積的比例，為臺灣西部之首。[3]

4. 濁水溪的網狀分流在大正十年（一九二一）之後，被收束於今天的西螺溪，舊濁水溪成為斷頭河，其浮復地是臺灣河川當中最廣大的。從以上這四點原因來看，濁水溪邊際土地的開發利用極具研究價值。

圖3-2八堡圳影響了彰化南北區的榮衰（許震唐攝，2014）

彰化平原除了自然環境以外，從農墾的角度來看，也是一個極為特殊的地區。康熙五十八年（一七一九），清代臺灣最大的水利工程八堡圳完成之後，灌溉區域的土地生產力大增，到日治中期的一九三〇年代，彰化已經成為全臺灣人口密度最高的地區。但是仔細觀察，大致以二水到鹿港連成的一線分為南、北區，兩者形成兩極化的發展：水圳流貫的彰化北區成為農墾的精華區，彰化南區的濁水溪沖積扇平原[4]則因濁水溪屢次氾濫，成為彰化地區聚落最稀疏的區域。[5]

3. 臺灣總督府殖產局，《臺灣林野調查事業報告》（臺北：編者，1917），頁20-21。
4. 彰化南區屬於濁水溪沖積扇北岸，也就是舊濁水溪以南到濁水溪本流之間，大約為日治時期的北斗郡範圍，今天的行政區包括芳苑鄉、二林鎮、大城鄉、竹塘鄉、埤頭鄉、北斗鎮、田尾鄉、溪州鄉、二水鄉。
5. 施振民，〈祭祀圈與社會組織——彰化平原聚落發展模式的探討〉，《中央研究院民族研究所集刊》36（1973秋），頁193。

日治時期，臺灣總督府積極改善農業環境，實行各種農業改良措施，過去的邊際土地有了開發的契機和空間。彰化南區河川新生地、保安林解除地面積之廣大，吸引各方資本相競投入，官方引入日本移民，並扶持製糖會社；鹿港辜家、霧峰林家、板橋林家、臺中吳家、呂家等大家族也投入開發，在權力、利益交纏運作的空間裡，也造就一批農村菁英的崛起。以下先就孕育農村菁英的邊際土地加以探討。

第二節　濁水溪的邊際土地

彰化南區濁水溪沖積扇的邊際土地有兩類，一為舊濁水溪河川新生地，一為保安林解除地，兩者都在日治時期才有了農業拓墾的轉機。

一、河川新生地

濁水溪沖積扇為臺灣面積最大的沖積扇，在彰化縣的部分北以鹿港溪為界，南以濁水溪為界，西至臺灣海峽，東至八卦山脈，涵蓋彰化縣的南區和雲林縣的北區。此扇形地區的面積達一三三九平方公里，平原地勢十分平坦，分布許多屬於濁水溪水系的大小河川。明治三十一年（一八九八）、四十四年（一九一一）濁水溪大洪，重創中下游聚落，大正二年（一九一三）再度發生嚴重洪患[6]，總督府遂於大正五年（一九一六）擬定重要河川整治計畫。[7]

濁水溪廣闊河川新生地的產生，是由於大正七年（一九一八）開始起造的堤防工程。從南投名間到彰化大城鄉臺西村的堤防工程完成之後，舊濁水溪成為斷頭河，溪底於焉浮現，計得河川新生地三五九一甲多。[8]

二、保安林解除地

除了河川新生地，濁水溪下游的另一類邊際土地是保安林解除地。保安林解除地原本都是不毛之飛砂地。舊濁水溪的砂源非常豐盛，河床淤砂受到東北季風吹運，於下游南岸形成範圍相

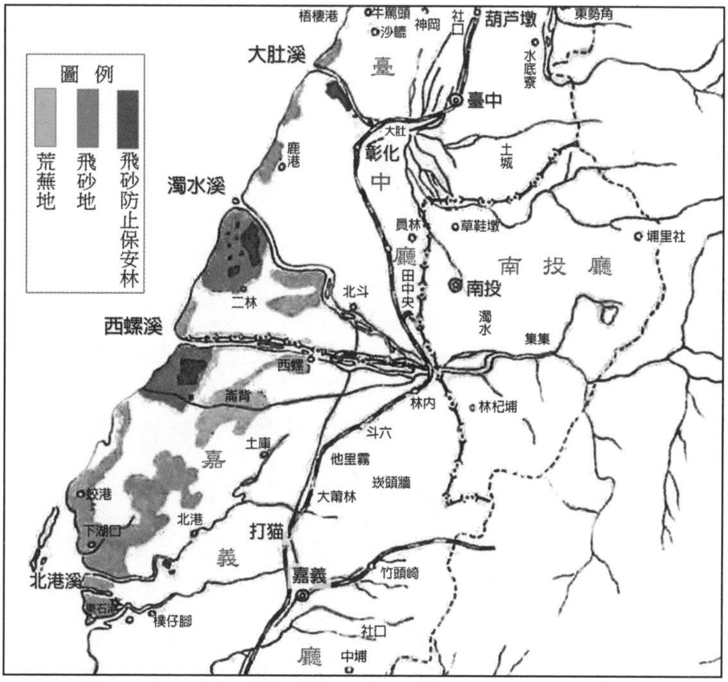

圖3-3 臺灣中部海岸荒蕪地（著色部分）（張素玢製作　陳威潭製圖）
資料來源：根據臺灣總督府殖產局，《臺灣保安林調查報告》附圖重繪（1915）

6.〈埤圳被害頗大〉，《臺灣日日新報》，1913年7月27日，6版。
7. 參考臺灣總督府內務局土木課，《土木事業概要》（臺北：編者，1938），頁9。
8. 臺中州役所，《臺中州管內概況及事務概要》（臺中：編者，1930），頁17。官方投入巨額資金從事河川工事，河川整治效果十分良好，其中成效最顯著的為濁水溪。據昭和十三年（一九三八）的統計，濁水溪河川工程施行之後，受益面積三萬四七九〇甲，在二十九條河川中居首。

表3-1 保安林地與飛砂地面積比較表（1913） 單位：甲

廳別	保安林	保安林預定地	其他砂地	合計
臺中	1,147.6818	500.0000	2,034.0000	3,681.6818
嘉義	1,025.3620	300.0000	1,023.0000	2,348.3620
新竹	1,247.9182	339.0000	467.0000	2,053.9182
桃園	1,903.3335	—	—	1,903.3335

資料來源：臺灣總督府殖產局，《臺灣保安林調查報告》，頁2。

當廣大的砂丘，此區冬季較長而乾，而且東北季風強於西南季風，使砂丘北高南低。[9] 舊濁水溪河口三角洲往南半公里處，以草湖庄為中心，呈大馬蹄形砂地。[10] 此區夏季乾燥炎熱，冬季強風凜冽，砂丘隨風移動，鹽分亦重，最不利於植物生長，所以沙山庄（彰化縣芳苑鄉）一向被稱為「風頭水尾」。[11]

大正四年（一九一五）臺灣總督府進行保安林調查，尤其針對飛砂的分布地區，發現嘉義廳西螺溪口的麥寮和臺中廳的二林，是臺灣飛砂地最廣之區。臺中廳二林下堡全部、二林上堡（今二林鎮萬興、芳苑鄉草湖一帶）、部分深耕堡（今彰化縣竹塘鄉、大城鄉全部，二林鎮、芳苑鄉一部分），砂害面積約八千多甲，曾將三十七個村莊埋沒，因風砂而荒蕪的田園約四千甲，為全臺之冠。根據總督府的《臺灣保安林調查報告》指出，臺中廳的飛砂地面積三六八一．六八一八甲（其次為嘉義廳的二三四八．三六二〇甲），其中防風林占一一四七．六八一八甲，保安林預定地五百甲，其他砂地還高達二〇三四甲。[12]

9. 張瑞津，〈濁水溪平原的地勢分析與地形變遷〉，《國立臺灣師範大學地理研究所研究報告》11（1985.3），頁215。
10. 張瑞津，〈濁水溪平原的地勢分析與地形變遷〉，頁215。草湖砂丘西由崙腳村，向東延伸至王功寮；北由舊濁水溪北岸，向南經萬合至山寮，長約8公里，寬約數百公尺，最寬可達1.5公里，高度在5公尺左右，最高可達10公尺，1926年測。
11. 芳苑鎮公所，《芳苑鄉簡介》（彰化：編者，1986），頁1。
12. 臺灣總督府殖產局，《臺灣保安林調查報告（特ニ飛砂防備林ニ就テ）》（臺北：編者，1915），頁2、19-20。

二林地區砂丘如此發達的原因主要為：1. 沖積扇地層膠結度較差。2. 秋冬季風強雨量少。3. 曾為海岸地帶，強風和海水作用下利於形成砂丘。4. 濁水溪含砂量大，堆積迅速，砂源供應豐富。5. 濁水溪的主流舊濁水溪（亦稱東螺溪），在清代至日治初期通過本區。[13]

西螺、虎尾兩溪之間的沿海地帶，原本只有少許砂丘，光緒六年（一八八〇）濁水溪幹流

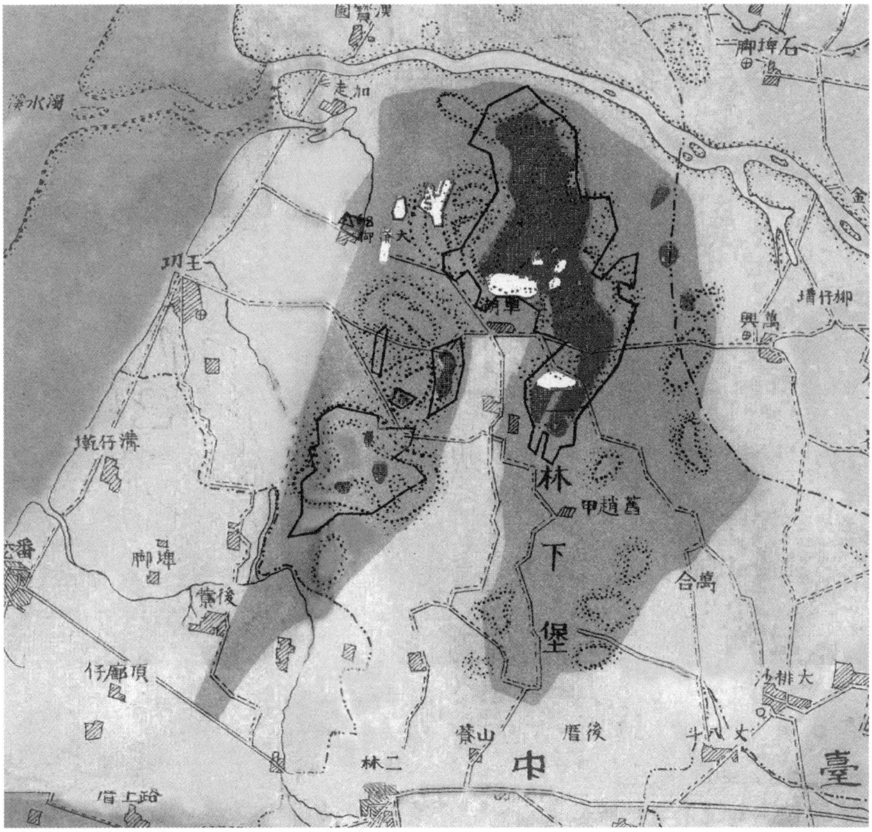

圖3-4 二林地區砂地與防風林地局部圖（1905）

資料來源：臺灣總督府殖產局，《臺灣保安林調查報告》附圖

說明：1. 黑線框起部分為防砂保安林

2. 淡灰色部分表飛砂地

3. 深灰色部分表第一期植栽地

4. 白色部分為第二期植栽地

13. 陳美鈴，〈自然環境〉，收於洪麗完總纂，《二林鎮志（上）》，頁77-78。

東螺、虎尾、西螺溪皆氾濫，溪岸破損，水圳壅塞。其後幾次水災，水圳全失灌溉之利，加上溪灘擴散，溪底河砂飛散四方，溪岸處處出現砂丘。光緒十八年（一八九二）的大洪水，飛砂之危害益甚，村落埋沒、人民離散，廢村達四十多處，砂害地區任其荒廢，面積並有逐年增加之勢，稍有風則飛砂蔽天殆難通行，田園一千三百餘甲埋沒砂底。[14]

一八九八年「戊戌水災」之前，今天的二林鎮水田約占土地總面積的一六%，到了明治三十七年（一九〇四）的《臺灣堡圖》上，可觀察到濁水溪已經改道（主流由現在的西螺溪河道轉北，也就是後來稱呼的「舊濁水溪」或「東螺溪」），使許多水田消失，剩下不到十%，其餘不是砂地即是荒地，可見戊戌水災影響之大。[15]

根據一八九八年的調查，彰化廳的水稻面積、收穫量以及單位面積產量皆為全臺各廳之冠。但是彰化廳內各堡農業生產量差異卻極大；水田面積以馬芝堡（今鹿港鎮、福興鄉、埔鹽鄉一帶）的六二六八甲最高，占彰化廳水田的一九．九一%；二林下堡（今彰化縣二林鎮、芳苑鄉、埤頭鄉一部分）三〇五甲最少，占彰化廳〇．九七%。每甲的收穫量則以武東堡（今員林鎮、田中鎮一帶）的三二．二二石最高，最低還是二林下堡的一四．五八石。[16]

二林地區自然條件惡劣，使農墾活動長期不振，廣大的土地荒蕪難以耕種。這種土地邊際化情形，到一九一〇年代殖民政府積極從事各種農業環境改善工程以後，始見好轉。

14. 〈中臺防砂工事〉，《臺灣日日新報》，1903年10月2日，3版。

15. 以上從地圖推論土地利用的文字敘述，為賴志彰根據明治三十年（一八九七）日本陸軍測量部二十萬分之一「嘉義圖幅」、臨時臺灣土地測量局的二萬分之一堡圖「二林圖幅」、明治三十七年（一九〇四）臨時臺灣土地測量局的二萬分之一堡圖「二林圖幅」，以及大正十四年（一九二五）第三套二萬五千分之一實測圖（軍部圖），進一步詳細計算土地面積所得。參見賴志彰，〈建設〉，收於洪麗完總纂，《二林鎮志（下）》，頁163-164。

16. 臨時臺灣土地調查局，《田收穫及小租調查書》（臺北：編者，1905），頁226-250。

第三節　邊際土地的開發

昭和四年（一九二九）開始，臺灣總督府鼓勵耕地種植防風林，昭和八年（一九三三）更新獎勵辦法，在大甲、彰化、北斗、員林等郡季節風強烈的農耕地（約一萬七七六一甲），以每年八萬八千八百公尺長種植防風林，昭和八到十七年（一九三三－一九四二）共施行十年，臺中州以「公工」方式投入十五萬人義務勞動[17]，實施效果相當顯著，海岸線已全部綠化，稻田面積增加。[18]防砂工事有效地擋住風砂，使農業生產率、可供利用的土地均大大提高，而得以進行土地開墾和生產農作。農業環境改善之後，開始有稻作、甘蔗、甘藷及其他五穀雜糧收成。

殖民政府以官方力量進行農業環境的改

圖3-5 二林到芳苑鄉草湖路段，日治時期就種植的防風林。草湖至萬興路段的防風林，已因中科四期遭剷除不復見。（許震唐攝，2014）

17. 臺中州役所，《臺中州概觀》（1940年度）（臺中：編者，1940），頁62-63。
18. 臺中州役所，《臺中州概觀》，頁62-63。

善，使舊濁水溪下游出現廣大河川新生地和保安林解除地。二十世紀初期（一九一五），二林地區（包括今天的芳苑鄉）的飛砂地從萬興、大排沙附近到西邊的海岸王功、番挖一帶，大約為二林下堡的全部以及二林上堡、深耕堡的一部分，面積約八千甲，光是砂崙地就七五二・〇九二〇甲，位在今天二林鎮的有二四八・四二四〇甲。[19] 大正三年（一九一四）完成的林野調查結果顯示，臺中廳地目「原野」的面積為一萬四九三五甲，占廳內土地總面積二二・九％，

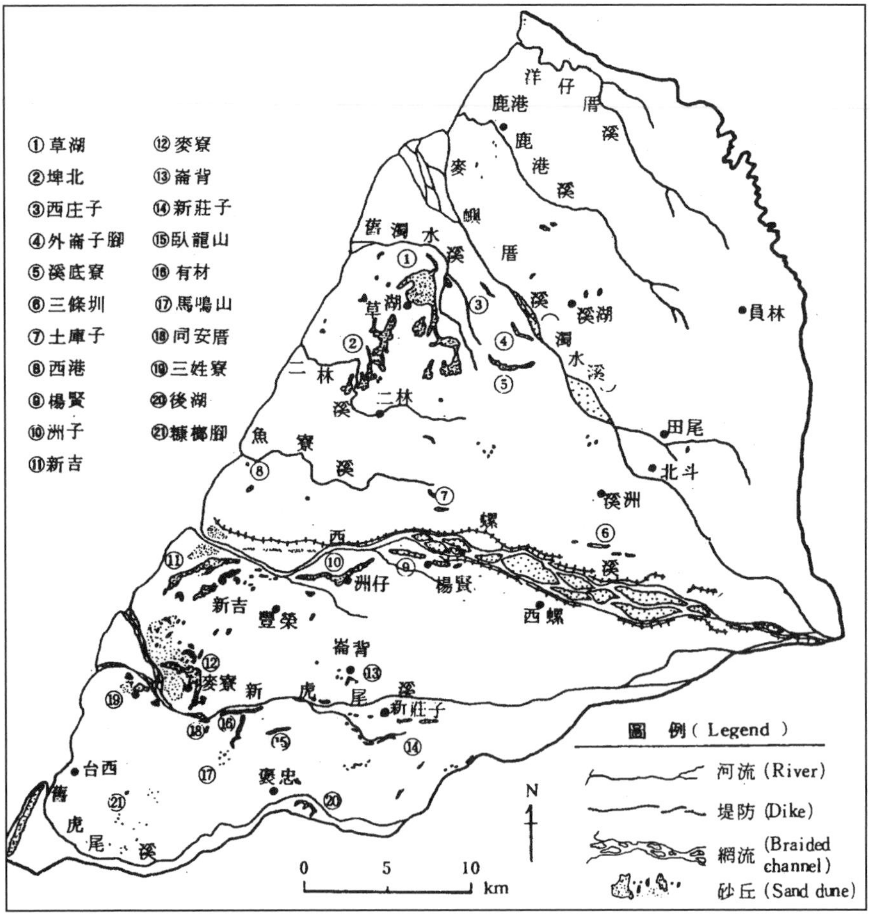

圖3-6濁水溪下游的砂丘分布（1926）

資料來源：張瑞津，〈濁水溪平原的地勢分析與地形變遷〉，頁217。

說明：因東北季風強烈，飛砂地主要分布在舊濁水溪、西螺溪南岸。

是臺灣西部各廳原野比例最高者。[20]這些難以從事農耕的荒地，卻提供了資本家經營農場或興建工廠所需的大量土地。

從明治三十五年（一九〇二）辜顯榮在二林建立第一個私營農場開始，這也宣告彰化南區進入私人資本競爭的戰國時代。臺灣五大家族之中的鹿港辜家、霧峰林家、板橋林家都相競投入開發，霧峰林家所屬的七星產業、臺中吳家的吳鸞旂實業株式會社、臺中廳三角仔庄呂家的年豐會社都曾在此區從事土地投資。[21]

辜顯榮從明治末年到大正初年，大規模向總督府預約開墾濁水溪新生地，面積高達七七九甲多。[22]明治三十五年到大正九年（一九二〇），活躍在這塊土地上的資本家，除了愛久澤直哉的源成農場[23]、北斗一帶的榊原農場、山田農場為日資以外[24]，其餘的辜顯榮農場、大排沙製糖會社、耕雲拓殖株氏會社、大豐拓殖會社等，皆為本地資本。由《土地臺帳》資料分析，發現本地小地主和資本家的土地先被臺灣大家族如鹿港辜家、霧峰林家、板橋林家全部併購或僅存一小部分。辜顯榮族系從明治四十四年（一九一一）又一一接手二林實業人士所經營的陳梓成大排沙製糖、耕雲拓殖、大豐拓殖，與源成農場並峙。[25]

19. 臺灣總督府殖產局，《臺灣保安林調查報告（特ニ飛砂防備林ニ就テ》，頁20-21。
20. 臺灣總督府殖產局，《臺灣林野調查事業報告》，頁20-21。
21. 參考二林地政事務所，《土地臺帳》，二林鎮（57冊）、大城鄉（43冊）、竹塘鄉（25冊）、芳苑鄉（33冊）。
22. 臺灣總督府檔案，〈辜顯榮豫約開墾地賣渡願許可ノ文件〉，1917年3月1日，2605冊1號。
23. 源成農場除了二林地區的兩千多甲土地以外，在今天北斗新生里一帶也有一八七甲，地號分別為北斗庄366、385、414、489、490、494等，開墾完成的期限為明治四十三年底（一九一〇）。
24. 榊原農場田園共約二百六十餘甲，北斗街的部分一百六十甲，山田農場只有十餘甲。都在北斗、溪州交界處的河川地。
25. 參考二林地政事務所，《土地臺帳》二林部分。

圖 3-7 源成農場事務所（洪寶昆，《北斗郡大觀》）

圖 3-8 鹽水港製糖會社載運甘蔗的五分車，經過北斗一帶農田。約一九三八年拍攝。
（草野豐一提供）

儘管辜家與殖民政府的關係非比尋常，但是在總督府企圖以日資壟斷臺灣製糖業的政策下，辜顯榮的大和製糖與農場也在大正九年（一九二〇）被明治製糖（明糖）與鹽水港製糖（鹽糖）兼併。

從《土地臺帳》也可以觀察到同一塊土地轉移頻繁的狀況相當普遍，真正原因尚未得知，推測當時開發荒地可獲得勸業銀行（今日的土地銀行）低利貸款，投資者再將這些資金靈活運用，或是開墾之後便能以更高的價格賣出而獲利，可說是土地投資的操作手段，並非真正以土地開墾、從事農作為目的。

表3-2 二林地區土地增值情形

地目變更	地號	面積（甲）	地租增值（圓）	轉移時間	所有人
原野→旱田	70-2	1.4845	0～7.04	1917～1944	國庫→辜顯榮（1917） →大豐拓殖（1922） →蓬萊不動產（1932） →鹽水港會社（1937）
原野→旱田	5-1	1.2100 1.1885	0～11.53	1917～1937	國庫→辜顯榮（1917） →大豐拓殖（1926） →蓬萊不動產（1932） →鹽水港會社（1937）
旱田	73	3.6200	5.79～39.30	1912～1944	洪〇〇（1912） →洪＊＊ →林本源（1917） →鹽水港（1927）
原野→旱田	74	2.0285	0～20.21	1908～1944	洪〇（1908） →林本源（1917） →鹽水港（1927）
旱田	110	1.2195	1.95～13.16	1904～1934	共業→洪〇〇（1904） →李〇〇（1925） →鹽水港（1934）
原野→旱田	120	1.4035	0～27.88	1905～1943	洪〇〇（1905） →陳〇〇 →鹽水港（1943）

資料來源：整理自二林地政事務所，《土地臺帳》，共57冊。
說明：1.本表為抽樣統計。2.個人之土地僅寫出其姓不寫名。

表3-3 二林中西地段地號5-1土地增值情形

地目	甲數	地租	事由	轉移時間	業主
原野	1.63950	0	保存	—	國庫
9則旱田	1.21000	1.94	業主權轉移	1917.4.20	辜顯榮
15則旱田	1.21000	1.82	業主權轉移	1922.3.30	大豐拓殖會社
15則旱田	1.8850	1.78	所有權轉移	1932.8.2	蓬萊不動產會社
7則旱田	1.8850	11.53	所有權轉移	1937.12.30	鹽水港製糖會社

資料來源：二林地政事務所，《土地臺帳》。

從表3-2《土地臺帳》上的資料顯示，原本無地租的原野開墾成旱田後，幾經轉手，最後土地落入製糖會社時，租金上漲的幅度非常可觀。以地號5-1來觀察：

地號5-1的土地原為保安林解除地，辜顯榮在明治三十七年（一九〇四）向官方預約開墾，至大正六年（一九一七）開墾成功而取得業主權（土地所有權），大正十一年（一九二二）業主權再轉移至辜家所屬的大豐拓殖株式會社，但是以地目土地等則來看，並沒有積極開發，地租都在兩圓以下，最後所有權移轉到鹽

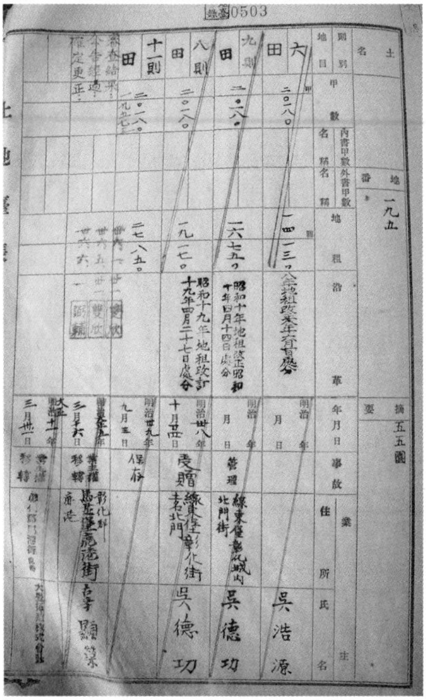

圖3-9 大正十一年，辜家有多筆土地都移轉到旗下的大豐拓殖株式會社。

表3-4 北斗郡士紳經歷背景分析表

總人數	原料委員人（占總數比）	街庄長	土地開發農場經營	醫生	土地整理委員	水利工程	其他
106	38（35.8%）	15（14.2%）	11（10.4%）	10（9.4%）	9（8.5%）	2（1.9%）	36（34%）

資料來源：根據附錄一做成

説明：士紳背景經歷非單一屬性，大都有多重身分，因此各項人數加總不等於總人數。

水港製糖會社時，地租驟升至一甲一一．五三圓。以地號七四的土地為例，業主權由林本源製糖轉移到鹽水港製糖時，地租（一五則旱田）由三．一三圓提高到二〇．二二圓（七則旱田）。[26]土地等則[27]和地租的提高，看似日資會社對土地的經營較具企圖心，事實上這可能是殖民政府有意牽制本土企業，對日資製糖會社積極扶持的結果。

濁水溪邊際土地經濟利益的提高，無形中造就了一批農村菁英。

第四節　農村菁英的崛起

由於濁水溪邊際土地廣闊，二十世紀初以來的開發熱潮，為過去農村經濟相對落後的彰化南區，創造許多商機與土地利益。出身小地主的階層，若能善用機會與人脈，在一九一〇年代以後，不但財富快速累積，其身分地位也向上流動。將日治時期北斗郡列入人士鑑者加以分析，可發現具有製糖會社原料委員身分者最多，共三十八人，街庄長十五人，從事土地開發、農場經營者十一名、醫生十人（見表3-4）。原料委員當中，曾任街庄長六人，兼貸地業六人，兼農場經營

26. 參考二林地政事務所，《土地臺帳》（編號0028）。
27. 土地的等則是各種地目土地單位面積（以公頃計）全年的收益或是地價的高低所區分的等級，做為田賦徵收的參考依據，土地愈優良，等則級數愈小。也就是說等則是土地生產能力高低的等級，等則愈低者，生產力愈高，相對應納之田賦也就愈高。應注意的是，一般農民說土地等則很高時，其實是指級數低的肥沃土地。

表3-5 彰化南區庄（鄉）長與濁水溪邊際土地開發有關者一覽表

姓名	街庄長別	重要背景經歷
謝　彪	沙山庄長	鹽糖原料委員、農場經營
莊　日	竹塘庄長	鹽糖原料委員、貸地業
張清風	埤頭庄長	鹽糖原料委員、貸地業
鄭添益	溪州庄長	貸地業
謝在祺	二水庄長	濁水溪河川地開發
張其深	二水庄長	大日本製糖原料委員
蔡天開	二水鄉長	河川工程
洪　福	二林庄長	明糖原料委員
林　爐	二林庄長	地主、辜顯榮農場大佃農、鹽糖大佃農
陳建上	沙山庄長	明糖原料委員、貸地業、辜顯榮農場大佃農、鹽糖大佃農

資料來源：根據附錄一做成

者五人，無擔任醫生者，二林庄的陳勳則身兼原料委員、庄長、貸地業、農場經營四種身分。（參考附錄一「北斗郡士紳一覽表」）

附錄一北斗郡士紳一覽表當中，有十五人任街庄長或後來的鄉鎮長，其中和濁水溪邊際土地開發有關的十人，他們兼有原料委員的身分或從事土地經營、河川工程等（見表3-5）。日治時期因濁水溪邊際土地開發而孕育出的一批農村菁英，不同於受到新思想洗禮，出身新知識分子的社會運動者；他們的出身有小地主、小資本家、實業界或農業經營，最重要的共同背景大都與濁水溪邊際土地開發有直接、間接的關係。

所謂的「直接關係」有土地拓墾、經營者、土木工程業者（尤其河川堤防工程），「間接關係」主要為製糖會社的原料委員，亦有兼具多種身分者，以下分別敘述之。

一、土地拓墾、經營者

一九二〇年代鹿港辜家、板橋林家、霧峰林家、臺中吳家、呂家等「不在地」地主，在彰化南區的拓墾地被日方資本兼併者有之，土地轉移售出者有之[28]，其力量逐漸褪去。但是一些北斗郡與員林郡、二水庄等在地地主或土地拓墾者，卻因在濁水溪的邊際土地上經營有成，經濟力大為提高而晉升為不同層次的社會菁英。例如二林庄謝蚶目（土地租佃業、農場經營）、陳梓成（土地開墾、農場）、陳建上（土地開墾、土地租佃業）、陳勳（土地租佃業、農場經營）、羅池（土地開墾）、吳新鏡（土地開墾），北斗街林生財（土地開墾、農場經營）、卓金水（土地開墾）、黃深泉（農場經營）、葉文軒（土地租佃業、農場），沙山庄（今芳苑鄉）謝彪（土地租佃業），竹塘庄（今竹塘鄉）莊日（土地租佃業）、曾深河（土地租佃業）、廖發明（農場經營），埤頭庄吳仁才（土地租佃業），溪州庄鄭四蚶（農場經營）、鄭添益（土地租佃業），大城庄吳輝龍（農場經營），二水庄謝在祺等（土地開墾）。

由於二林為彰化西南區的中心，可供開發的土地廣，又不像臨海的沙山庄一般風強砂多，所以二十世紀初二林地區的大家族幾乎都投入土地開發行列。除了獨資經營以外，合股集資的「二林振業株式會社」更網羅各資產家及地方大家族，包括翁廷泉、謝蚶目、林爐、蔡淵騰、陳建上等，以土地經營所得，再多角投資發展。

28. 有關臺灣大家族在二林地區拓墾勢力被日方資本取代的情形，詳見張素玢，《歷史視野中的地方發展與變遷——濁水溪畔的二水．北斗．二林》，頁261-265。

至於溪州鄭四蚶與北斗林生財都曾擔任鹽糖的原料委員，而促成兩人共同投資經營位於北斗、溪州交界之濁水溪河川地大拓農場。林生財還經營下壩農場（今溪州鄉下壩）地號四二八，為彰化東南區最大的農場，廣達千甲。[29]由於林生財經營土地有方，成為北斗郡首屈一指的鉅富，戰後政治舞臺更為寬廣，突破了北斗的區域性，先後擔任第一屆彰化縣議員、彰化縣農會理事長與第一、二、三屆臨時省議會議員，並因過去開墾土地、興修水利的經歷，出任彰化農田水利會會長、中區合會（今中小企業銀行）董事長等，在中部政界也扮演重要的角色。

北斗街的羅池、吳新鏡又是另一類的土地開墾者。羅氏與吳氏都是客家人，出身並非富有，本來只是「贌頭」或佃農的身分，卻在濁水溪河川地上闖出一片天地。羅池來自臺中州豐原，為日本退職官員榊原四三生的農場招募工人開墾。[30]榊原氏在臺中大屯郡、北斗郡、新高郡、臺南曾文郡等區經營農場，北斗郡的農場主要交由羅池負責，羅池招募有成，入墾者日多，日治後期此地增設第十七保，羅池任保正，戰後被選為鎮民代表、農會理事長等職。吳新鏡為苗栗

圖3-10 林生財

圖3-11 一九五〇年代的吳新鏡（吳文通提供）

29. 臺灣新民報社，《臺灣人士鑑》（臺北：編者，1934），頁230。

30. 臺灣新聞社，《臺中市史》（臺北：編者，1934），頁45-451。

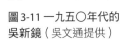

客家人，被引介至北斗街的濁水溪新生地贌耕官有地（今北斗街新生里），後來舉家遷至北斗，因族人克勤克儉終於開墾有成，陸續收購不少土地，成為新生里最大家族，戰後曾擔任北斗鎮民代表會主席、縣農會理事、省農會代表。

二水的謝在祺（謝東閔之父）出身富裕之家，原從事米穀油糖買賣，也是地主。不料昭和二年（一九二七）烏糖生意失敗，不但欠下大筆債務，還官司纏身傾家盪產。謝在祺為生計之故，決心到田中庄四塊厝溪底從事河川地開墾。當時人們並不看好，認為溪埔貧瘠石頭累累，費力多而收成少，但是謝在祺利用濁水溪濃厚沉積淤泥的特性，在河床上選擇一塊荒地，用大石頭排置界邊，圍成「口」字型，清除大小石塊挖除砂層，挑高處當護岸，再灌注濁水溪水，經一日夜後，溪水之含砂便沉澱下來，變成砂土。待沉積之砂土，達到一尺多深，即能種植甘藷，花生等雜糧，經過一兩年後，界內累積一層厚實的灰黑壤土，便成一方良田。謝在祺以這種土地改良的方法，不但農業經營成就斐然，後來二水人亦仿照其法，將濁水溪埔闢為良田，直到今日。[31]

圖3-12 謝東閔之父謝在祺（遠藤寫真館，《人文薈萃》，1921，頁279）

彰化南區資產家財富的累積除了經營會社、商號以外，另一項鉅額的收入來自租佃關係的土地經營，亦即大佃農的身分。開發濁水溪邊際土地的資本家，不管本土或日資，對二林、北斗地區的小地

31. 蔡炎城編著，〈濁水溪埔的開發〉，收於《二水軼聞》（臺北：編者，1983），頁29-30。又黃繁光，〈經濟篇〉，收於周宗賢總纂，《二水鄉志》，頁407-408。

主皆仰賴至深。在地地主有其土地和人脈淵源，所以能掌握人力資源和土地動態，必要時還扮演折衝妥協的角色。鹿港辜家、板橋林家、霧峰林家、臺中吳家等不在地業主的土地，多由在地地主做為大佃農承租，再分別讓小佃人贌耕。臺灣資本家的勢力逐漸被日資製糖會社取代之時，大佃農在農村的力量和利益卻不隨之轉移，反有水漲船高的態勢。

臺灣社會政治運動蓬勃發展之時，農村小地主的態度就看何者符合其利益。例如大正十二年至十三年（一九二三—一九二四）的林本源製糖會社爭議，他們代表蔗農向製糖會社爭取「臨時補給金」。昭和二年（一九二七）與昭和五年（一九三〇）辜顯榮農場爭議發生時，因土地所有權轉到鹽水港製糖，佃農未被告知，恐權益受損[32]，辜家希望大佃戶林爐和陳建上放棄收自小佃農一千餘石的租穀，林、陳皆不願。[33]辜顯榮在鹽水港製糖會社區域內約有三百甲的土地，經林爐等人出面承墾再出贌他人，一九三〇年，承租區內地上物的一切權利，以每甲價值約十八萬斤的收穫物計算，林爐等轉手以每甲二十萬斤的權利金賣給會社，坐收二萬斤純益[34]，大佃農雖沒有土地所有權，但獲利之情形可見一斑。

日治時期北斗郡由源成、鹽水港、明治等三大會社的勢力所瓜分，除了林爐、陳建上因農民爭議而浮上檯面以外，三個會社原料區內的小地主，幾乎都是製糖會社的大佃農，他們一方面收取土地中間利益，一方面以之從事多角經營，尤其和土地有關的農場經營、貸地業更是得心應手。[35]日資會社或私營農場的大佃農（或稱「贌頭」），很難根據土地臺帳或土

32. 佃農向鹽糖提出的條件為：1.以前蓬萊種的租穀實額改為九折的在來種。2.本季未繳交之租金概不追討。3.前年積欠之負債一筆勾銷。4.保證種蔗每甲有二八〇圓以上的獲利金。5.照農家所需食物播稻，水稻與甘蔗輪作。

33.〈二林農民贌耕交涉決裂〉，《臺灣民報》，1927年11月27日。

34.〈農民は貧困と窮迫〉，《臺灣民報》，1930年3月1日，11版。

35. 日資會社土地最廣的二林地區，小地主、資產家從事貸地業的有謝蚶目、陳建上、陳勳等，三者同時也都是原料委員。

地登記簿統計其擁有的土地面積，資產也無法以具體數據統計，但這種身分所得之利益卻應特別注意。他們在日治中期以後建立起的政商關係，成為戰後往政界發展的紮實基礎。

二、河川水利工程業者

濁水溪因水文不穩定，即使大規模的治水與護岸工事已先後在一九二〇年代完成，一遇夏季暴雨或颱風，原有的堤防也常遭破壞，所以不論固定的維修與水災造成的補救工事，都要有成熟的土木工程人員和人力負責。濁水溪出山口與八堡圳採用一種臨時性的攔水結構物，俗稱「笱」（音同「苟」）。「笱」除了堵水護堤之外，溪水流過石笱縫隙時，有過濾水中泥砂的作用，可減緩圳道的沉積阻塞。以石笱做為堰堤機動性高，搶修容易。但是製作

圖3-13 一九五〇年代編製石笱的景象（二水鄭源捷提供）

技術特殊，下筍之時也要有獨特的訣竅；下筍後由工人挑石頭倒入筍內，石縫空隙則用稻禾裝填，以免漏水。筍的安放過程緊張又忙碌，師傅和工匠們在水裡載浮載沉，潛下操作、浮上換氣，又因濁水溪含砂量大，水流充斥浮砂，潛水師傅既閉氣又閉眼，全靠經驗在水底摸索操作，其困難度及危險性可想而知。

這種就地取材編成的「石筍」，它的製作技術與攔水作業都由師傅代代相傳下來，而「石筍」的運用也歷經了二百多年之久，下筍工程和修補工作，在組織分工上，有包商、工頭、綁筍師傅、下筍師傅、挑石工人、挖溝工人等等多層多樣，二水、溪州、林內人世代與濁水溪共生共存，這些工作從清代以來，幾乎都由他們擔任，即使到日治

圖3-14 一九五〇年代八堡圳安放石筍的情形（二水鄭源捷提供）

時期新的工程技術引進，仍無法取代舊有的堰堤製作之法。[36]

圖3-15 蔡天開（黃金泉，《臺灣省中部匯觀》，1953）

出身二水的蔡天開便以土木工程，尤其河川堤防、水利工事的特長闖出一片天。除了工程專業者以外，護岸砌石也需要大量技術熟練的工人，正好二水靠八卦臺地山腳的居民，因山溝之中石頭極多，一向用來砌石築屋，練就堆疊石頭的好功夫，於是蔡天開便帶領一群技術了得的築堤工人，在工程界闖出名號，也因此大大增加鄉里的工作機會而受到鄉民敬重，並於日治時期擔任保正、庄協議員，戰後更歷任臺中縣參議員、鄉長、彰化縣議員、鄉代會主席等。[37]另外出身二水庄，臺北工業學校畢業的陳貫世也崛起於水利工程，舉凡橋梁、堤防、水壩工事都十分擅長，曾任庄協、保正、教化委員、部落振興會會長等。[38]溪州的詹到，從上一代便承包濁水溪護岸及莿仔埤圳工程，也因此在地方上具有相當的地位和力量，詹家在西畔庄一共擔任七十二年的保正，下一代移居至北斗，並在北斗、彰化政壇有其一席之地。[39]

三、製糖會社原料委員

二林是臺灣第一個成立「蔗農組合」的地方，「二林蔗農事件」也是農民運動的里程

36. 參考陳慶芳訪問紀錄，〈石笱的滄桑〉，收入彰化縣立文化中心，《彰化縣口述歷史》第一輯（彰化：編者，1995），頁89-116。又黃繁光，〈彰化二水地區的人地發展關係——生存於山水之間的歷史智慧〉，《淡江史學》14（2003.12），頁26。
37. 趙水溝，《員林郡大觀》，頁373-374。又張素玢，〈歷史篇〉，收於周宗賢總纂，《二水鄉志》，頁229。
38. 趙水溝，《員林郡大觀》，頁375。
39. 詹石藏（1920年生，詹到之子，曾任三屆彰化縣議員）報導，2005.7.2採訪。

碑，所以二林地區在臺灣的農民運動史上有其指標性的地位。過去筆者曾對北斗、二林地區的社會政治運動[40]有過分析，學界對臺灣社會運動的領導階層也做過不少研究[41]，本節不再贅述；這裡想要特別提出討論的是，一群出身於製糖會社原料委員的農村菁英。

隨著一次世界大戰後國際糖價看好，日方資本的企圖心愈來愈強，到一九二〇年代，辜顯榮、林本源家族的產業大都被日系資本兼併，北斗郡以源成農場、明治製糖、鹽水港製糖面積最廣，臺灣拓殖株式會社則以「國策會社」姿態急起直追。這些私人會社在短短二十年間，居然能在彰化南區發展出「糖業帝國」，主要是因為收歸官有的河川新生地、保安林解除地，釋出了大量的生產空間。

北斗郡內私人會社的數量與面積，又以二林最多、最廣。昭和十二年（一九三七），二林面積八八·六八四平方公里，耕地已達七五四四甲[42]，其中一半以上為私營農場及製糖會社所有，以原料甘蔗栽種為主，並配合稻米、雜糧之輪作。昭和十五年（一九四〇）北斗郡下日人耕地面積共六一二五甲，在二林的耕地面積為三三二九甲，占二林全部耕地面積的四七·四％[43]，若是加上本島企業，則超過二林一半以上的土地。（參見表3-6）從製糖會社土地占有率之高，可知會社對當地經濟、社會影響之大。

40. 詳見張素玢，〈從二林蔗農事件到葡農事件——地域與社會力的形成〉，《臺灣史料研究》16（2000.12），頁2-21，又張素玢，《歷史視野中的地方發展與變遷——濁水溪畔的二水．北斗．二林》，頁207-221。

41. 有關社會領導階層的研究以吳文星，《日據時期臺灣社會領導階層之研究》（臺北：學生書局，1992）最具代表性。

42. 耕地率為八四．九％，水田率四一．六％，旱田率五八．四％，根據北斗郡役所，《北斗郡管內概況》，1937年度，頁2、36算出。

43. 臺灣總督府殖產局，《農業基本調查書第41耕地所有竝經營狀況調查書》（1941），頁36。

表3-6日治時期各會社在二林所有土地與地租一覽表

株式會社	面積（甲）	地租（圓）	備註
源成農場	1,857.62	16,988.61	日資
鹽水港製糖	1,814.28	6,934.76	日資
明治製糖	850.33	2,910.83	日資
大豐拓殖	236.52	1,252.01	鹿港辜家
臺灣拓殖	209.46	2,275.17	國策會社
蓬萊不動產	140.05	1,091.14	日資
林本源製糖	29.13	279.91	板橋林家
耕雲	21.30	172.00	二林林爐家族為主
臺灣土地	17.82	165.36	臺資（合股集資）
大東信託	15.61	337.64	陳炘為董事長
朝日	7.25	78.66	日資
臺灣煉瓦	5.56	81.97	臺資（合股集資）
二林振業	5.45	71.75	二林地區大族合資
合資會社	3.73	46.82	日資
禎祥拓殖	0.54	8.55	霧峰林家
中部拓殖	0.49	6.18	臺資（合股集資）
小計	5,215.14	32,701.36	

資料來源：統計自二林地政事務所，《土地臺帳》二林鎮部分，共57冊。

圖3-16 製糖會社收購蔗農甘蔗情形

總督府為了確保製糖原料來源，設立「原料採取區」制，各製糖會社要達成年度生產目標，必須透過「原料委員」招攬農民，生產足夠的原料甘蔗以供製造蔗糖。[44]原料委員乃因會社需推廣蔗作而設立，有如特約包商。負責的業務為推廣蔗作面積、承辦原料甘蔗之採收、搬運，負責會社與蔗農之間的聯繫協調。[45]由於製糖會社壟斷原料，壓低價格，農民不一定有意願栽培製糖甘蔗，這時原料委員就必須以其人脈、手腕和「群眾基礎」，達到會社交付的目標，所以會社對「原料委員」的雇用相當慎重，通常他們有相當的經濟能力，孚人望、人脈廣、口才好，雖非製糖會社編制內人員也非公職，在農村卻代表一定的社會地位。

44. 凡製糖會社原料採取區內，蔗作面積在四十甲以上者，便任用「原料委員」一名，每位原料委員負責的面積依其各人狀況而有不同，任期沒有一定年限。

45. 顧德森、錢秉才編，《臺糖四十年》（臺北：臺灣糖業有限公司，1986），頁46。

原料委員協助蔗農與會社訂約種蔗，甘蔗成熟後，需統協採收工作，因為是承包制，所以通常有採收班底，以獲較高利潤。原料委員除了招募農民種植甘蔗，更因地緣和工作性質的關係，對「管區」內的土地異動買賣與官有地、會社地出贌狀況，都能在第一時間掌握，而成為最能洞悉土地利益、創造利潤的一群，因此從事「貸地業」者不在少數。例如二林庄的謝蚶目（鹽糖）、陳建上（明糖）、陳勳（明糖）、沙山庄謝彪（鹽糖）、竹塘庄莊日（鹽糖）、埤頭庄張清風（鹽糖）。有的原料委員還身兼農場經營、土地開拓，例如二林庄的陳建上、陳勳、陳春喜（明糖）、北斗街林生財（鹽糖）經營大拓與下壩農場，沙山庄謝宗（鹽糖）經營路上厝農場，竹塘庄廖發明（鹽糖）、溪州庄鄭四蚶（鹽糖）經營大拓農場，大城庄吳輝龍（鹽糖）經營吳合訓農場，至於跨實業界亦屬常見。（參考附錄一）

地方上有一定力量的人士，擔任原料委員以後，更能多角化經營事業，並累積雄厚政治、社會資本，主要原因有下列幾點：

1. 具特定人脈：其負責區域內的農民為其基本的支持者。
2. 提供技術：能直接或間接提供作物栽培的知識和技術。
3. 提供融資：農村小額資金周轉或做為實業經營的融資。
4. 提供工作機會：製糖會社除了原料需求以外，會社內大大小小的臨時工作機會甚多，使農村能以其過剩勞力改善家庭經濟。

由於上述原因，原料委員在地方自治相當活躍，例如擔任庄協議員、保甲聯合會會長、方面委員、部落振興會會長、教化委員等等。

一九一〇年代以後，因濁水溪邊際土地開發，而財富、社會地位日漸累積的農村資產家，在大正九年（一九二〇）臺灣開始實行「地方制度」改革，頒布「臺灣州制」、「臺灣市制」及「臺灣街庄制」等規則以後，由於身段靈活、政商關係良好，從資產界逐漸晉升為領導階層，即使擔任官職的人數仍相當有限，卻已經為來日的發展厚植實力。

一九四五年日本殖民結束，臺灣政權轉換。一九五〇年，臺灣開始實施全面地方自治，人民問政空間大增。原本就活躍於地方的農村菁英，或因背景出身，或因求學經歷，結合為不同的「政治集團」。大致說來，實業、工程技術、土地經營或原料委員出身者，由於本身的實務經歷和專長，在農會、水利系統占優勢；出身大家族受過良好教育者，在政府公職上表現較為傑出。這一群在地方經營有成的農村菁英，於戰後的政治經濟舞臺上扮演一定的角色，和出身新知識分子的社會菁英互相較量。46

46. 本文只討論農村菁英的崛起，至於戰後出身農村的菁英和出身傳統世家或新知識分子所形成的不同「政治集團」之間的政治角力，詳見張素玢，《歷史視野中的地方發展與變遷——濁水溪畔的二水．北斗．二林》，頁224-231。

附錄一

北斗郡士紳一覽表

姓名	地區	職位	重要經歷背景	資料來源	備註
翁廷泉	二林庄	二林實業協會副會長、信用利用組合監事、二林振業株式會社取締役、庄協議會員、保正、臺中州方面委員、保護委員、社會教化委員、北斗郡興農倡合會評議委員	商界、金融業、三和運送店	1. 頁16-17 13. 頁492-493	出生彰化
*謝蚶目	二林庄	二林庄協議會員、耕雲株式會社取締役、二林實業協會監事、寶樹農場、寶樹材木商會主、方面委員、信組監事、社會教化委員、臺中州方面委員聯盟會代議員、火燒厝部落振興會長、二林振業株式會社監查役、二林信用組合監事	大日本、林本源、東洋、鹽水港製糖會社任職、鹽糖原料委員、貸地業	1. 頁84 2. 頁144、158 3. 頁170	
蕭玉衡	二林庄	醫師、二林庄協議會員、二林實業協會幹事、信用組合理事	臺北醫學專門學校、開業醫	1. 頁90 13. 頁487	出生社頭
*陳梓成	二林庄	大排沙製糖、製油、保正、保甲聯合會長、二林庄協議會員	米穀商、土地開墾	13. 頁492	
陳大福	二林庄	醫師、二林庄協議會員、二林實業協會幹事、二林林西部落振興會會長、鎮民代表會主席	臺北醫學專門學校、赤十字醫院、開業醫	1. 頁134 13. 頁493	
林爐	二林庄	二林庄長、二林信用組合長、二林振業株式會社長、二林實業協會顧問、二林農業組合長（二林林派政治領導人）	漢學教育、二林區書記、實業界、煙草販賣、耕雲株式會社取締役	1. 頁233 2 . 頁136 4. 頁81	
洪挑	二林庄	醫師、二林信用組合理事、兩屆縣議員、國大代表	臺灣總督府醫學校、開業醫	1. 頁68 13. 頁484	出生沙山
李應章	二林庄	二林保安醫院創設人、「蔗農組合」組合長	臺北醫學專門學校、赤十字醫院醫生	13. 頁489-490	
蔡淵騰	二林庄	二林振業株式會社長、司法代書事務所筆生、保正、區總代、庄協議會員、保甲聯合會長	「蔗農組合」理事	13. 頁490	

*陳建上	二林庄	耕雲株式會社社長、二林實業協會長、二林信用組合理事、二林振業株式會社專務取締役、二林振業株式會社社長、二林實業協會長、北斗與田中米穀商協會長、沙山鄉鄉長（二林陳派政治領導人）	漢學教育、土地開發、明糖原料委員、貸地業	1. 頁124 2. 頁132、147、158 5. 頁122-123	出生沙山
*陳勳	二林庄	二林庄協議會員、丈八斗保甲聯合會長、二林信用組合理事、二林庄協會員、二林庄助役、落花生製油、大排沙部落振興會長、保正、保甲聯合會長、臺中縣參議員、臺灣省農會代表、北斗水利委員會委員、彰化縣農會代表、三屆縣議員	貸地業、明糖原料委員、工場經營、農場經營	2. 頁132、147 3. 頁251 7. 頁139 13. 頁483	
*柯大樹	二林庄	專賣品小賣人組合長、壯丁團長、臺中州專賣品聯合會理事、二林實業協會幹事、芳釀株式會社臺中出張所通譯	林本源製糖會社原料委員	3. 頁50	
*洪志蟾	二林庄	保正	鹽糖原料委員	2. 頁171	
洪歪頭	二林庄	二林庄協議會員、保正	地方有力者	4頁81	
洪允棨	二林庄	二林信用組合幹事、自家阿片煙膏販賣		4. 頁78-79	
李增塹	二林庄	二林庄協議會員、二林區總代	實業家	4. 頁66	
*吳輝龍	二林庄	北斗水利組合評議員囑託、漢藥種商、二林庄協議會員、吳合訓農場經營	鹽水港製糖株式會社、實業家、林本源製糖所原料委員	2. 頁170 4. 頁67、376	
翁廷瑞	二林庄	公醫、二林醫院長		4. 頁69	
洪維章	二林庄	沙山漁業組合長、沙山庄協議會員、沙山埤圳公司長、臺中水產會議員		4. 頁71	
洪和尚（爾尚）	二林庄	農業組合長、信用組合理事、保甲聯合會長、街庄協議員、保甲聯合會會長	實業家、地方有力人士	4. 頁71-72 13. 頁486	
*葉清河	二林庄	王功保甲聯合會壯丁團長、臺灣中部帽蓆同業組合會代議員、王功保甲聯合會長、沙山庄協議員	明治製糖株式會社原料委員、（戰後）原料委員	5. 頁119	

許秦	二林庄	二林庄協議員、沙山庄協議會員、二林信用組合理事、沙山漁業組合監事，與二林翁廷泉、竹塘許學三人在二林聯合經營診所	臺北醫學專門學校、二林、沙山、竹塘開業醫	5. 頁124	與翁廷泉、許學結為金蘭、親家，合創詩社「香草吟社」
*陳春喜	二林庄大排砂	蔗作研究、二林庄第二十五保正	明治製糖溪湖工場原料委員農場經營	7. 頁144	
*洪福	二林庄	司法代書、二林庄助役、保正、沙山庄協議會員、二林信用組合監事、二林鎮鎮長、二林鎮農會監事	明糖原料委員	5. 頁131	
許百鑄	北斗街	北斗街協議會員、社會教化委員、北斗街方面委員	臺灣總督府國語學校師範部、公學校訓導	1. 頁40	
卓金水	北斗街	臺灣民眾黨北斗支部主席、鎮民代表、信用組合理事、八堡圳水利代表、農業評議會主席、北斗鎮鎮長	公學校畢、漢學研究、大地主	1. 頁105 12. 頁757	
張廷桓	北斗街	北斗郡役所任職	臺中商業學校	1. 頁115	
*林生財	北斗街	北斗街協議會員、保正、聯合壯丁團團長、北斗產業組合長、田尾產業組合長、區總代、彰化縣議員、彰化縣農會理事長、中區合會董事長、三屆省議員、北斗「老派」政治領袖	臺灣總督府農業試驗場、林本源製糖會社農事課、鹽糖原料委員	1. 頁230 3. 頁453 12. 頁759-760	出生田尾
林伯殳	北斗街	臺中青果同業組合評議員、社會教化委員、大城庄長、沙山庄長、臺北市煤氣公司總經理	東京獨逸協會中學、東京專修大學、製腦會社	1. 頁226 12. 頁758	
林伯廷	北斗街	文化協會理事、臺灣議會期成同盟會理事、民眾黨創黨中央委員、北斗總工友會顧問	漢學、公學校	1. 頁226 12. 頁754	
林伯餘	北斗街	臺中州協議會員、社會教化委員、北斗街實業協會長、醫師、北斗區署長、臺灣省政府參議、三屆縣議員	臺灣總督府醫學專門學校、開業醫、北斗街長、北斗區署長	1. 頁226 12. 頁758-759	
*黃深泉	北斗街	北斗信用組合長、北港郡元長庄長	裕源農場	3. 頁130	
葉文軒	北斗街	保正、肥料商、葉勝利自動車商會主、勝和公司經營者	貸地業	3. 頁375 4. 頁67	
楊萬上	北斗街	北斗實業協會副會長、北斗街協議會員、勝和公司代表者、北斗鎮長	實業家	4. 頁79	

*吳文只	北斗街	埤頭庄協議會員、學務委員、埤圳評議員、埤圳浚渫委員、埤頭信用組合評定委員、埤頭庄第三區總代	明治製糖會社原料委員	4. 頁79-80	
黃鄂	北斗街	北斗街協議會員、醫生		4. 頁68	
許丁綿	北斗街	鄉紳、保正、學務委員街協議會員	實業家	4. 頁72	
林家成	北斗街	成輪商會主、北斗實業協會幹事		4. 頁73-74	
*羅池	北斗街	保正、新生里里長、鎮民代表、北斗農會理事長	榊原農場開墾、河川地開發	12. 頁757	為日人榊原四三生募農開墾農場
*吳新鏡	北斗街	鎮民代表會主席、彰化縣農會理事、臺灣省農會代表	官有地贌耕、河川地開發	12. 頁763-764	出生於苗栗頭份
*謝彪	沙山庄	沙山庄長、沙山農業組合長	鹽糖原料委員、貸地業	2. 頁130、144	
*謝宗	沙山庄	庄協議會員、大農場主、沙山庄協議會員、大城庄會計役、沙山庄助役	鹽糖原料委員、路上厝農場經營	3. 頁172	
洪海九	沙山庄	沙山漁業組合理事		4. 頁67-68	
*洪瓶	沙山庄	沙山庄協議會員	鹽糖原料委員	4. 頁69-70	
*洪秀	沙山庄	沙山庄協議會員、沙山庄第三保正、沙山區總代	實業家、製糖會社原料委員	4. 頁72-73	
*葉清河	沙山庄	沙山庄協議會員、王功保甲聯合會壯丁團長、臺灣中部帽蓆同業組合代議員、王功保甲聯合會長	明治製糖株式會社原料委員	7. 頁161	
洪學堯	沙山庄	二林信用組合監事、保正、彰化區長、番挖區庄長、日本赤十字社彰化委員、彰化農會番挖區地方委員囑、二林公學校學務委員、公共埤圳聯合會埤圳事務囑託	實業家	4. 頁74	
*陳焜村	沙山庄	沙山庄社會教化委員、五屆彰化縣議員、芳苑鄉農會總幹事、護林協會理事長	臺糖原料委員	5. 頁138	
*陳鴻謙	沙山庄	臺糖二林舊趙甲農場甘蔗採收委員、村長、芳苑鄉鄉民代表、代表會主席	溪湖糖廠南草湖、北草湖原料委員	5. 頁141	陳建上長子
許學	竹塘庄	竹塘庄協議委員、二林振業株式會社專務取締役、臺中州社會教化委員、二林庄公醫	臺灣總督府醫學校畢、臺北醫院、二林庄太岳醫院執業、竹塘庄開業醫	1. 頁36	出生鹿港 許秦兄弟

*莊日	竹塘庄	竹塘庄長、竹塘農業組合長、竹塘信用組合理事、社會教化委員、二林振業株式會社監查役、源成農場委員、信用組合長、公共埤圳永基巡視員	鹽糖原料委員、貸地業	2. 頁130、145 3. 頁205	
曾深河	竹塘庄	竹塘信用組合長	貸地業	2. 頁130 4. 頁74-75	
*廖發明	竹塘庄	竹塘庄協議會員、社會教化委員、竹塘信組監事、大和製糖株式會社、林本源製糖株式會社、九塊厝駐在所員、社會教化委員、部落振興會長、興農倡和會、竹塘支部評議員、區總代	鹽糖原料委員九塊厝原料委員、農場經營 土地整理委員	2. 頁159 3. 頁433	
林丁財	竹塘庄	竹塘庄協議會員、保正、農業組合評議員、興農倡和會評議員、部落振興會長		3. 頁459	
*黃龍	竹塘庄	信用組合監事	篤農家、溪州製糖所原料委員	4. 頁68	
*詹福	竹塘庄	保甲聯合會長、區總代、竹塘庄協議會員、社會教化委員、保正	鹽糖原料委員	7. 頁133	
曾深河	竹塘庄	竹塘信用組合長	貸地業	2. 頁130	
*張清風	埤頭庄	埤頭庄長、埤頭農業組合長	鹽糖原料委員、貸地業	2. 頁131	
吳在琨	埤頭庄	埤頭信用組合長、庄協議會員、埤頭信販購利組合長		3. 頁102	
吳廷發	埤頭庄	埤頭庄協議會員、北斗水利組合評議員		3. 頁104	
吳良銀	埤頭庄	埤頭信用組合長	前埤頭庄長	3. 頁106	
蔡有	埤頭庄	庄協議會員、全島各製糖會社講師	農業改良	3. 頁155	
陳添	埤頭庄	埤頭庄協議會員、埤頭信用組合評議員、專賣品組合評議員	實業家	4. 頁69	
吳金鐘	埤頭庄	埤頭庄協議會員、埤頭信用組合評議員		4. 頁72	
吳在甲	埤頭庄	埤頭庄協議會員、埤頭庄區委員、埤頭農會評議員、十三甲保正、埤頭庄興農倡和會支部總代		4. 頁75	
許猷	埤頭庄	埤頭庄協議會員	篤農家	4. 頁75	

*吳文只	埤頭庄	學務委員、埤圳評議員、埤圳浚渫委員、埤頭信用組合評定委員、埤頭庄第三區總代、埤頭庄第三保保正、埤頭庄協議會員	明治製糖會社原料委員	6. 頁119	
*吳仁才	埤頭庄	協議會員、社會教化委員、埤頭信用組合長	貸地業	2. 頁128	
*許執	埤頭庄	埤頭庄協議會員、保正、區委員、水利組合評議員、埤頭庄協議會員、埤頭信用組合理事、民選庄協議會員立候補	明治製糖原料委員	7. 頁112	
*陳羅漢	田尾庄	田尾信用組合監事、區委員、八堡圳水利組合評議員、教化委員、田尾庄協議會員	鹽糖原料委員、田尾信用組合監事、區委員	2. 頁132、174	
邱烏棕	田尾庄	保正、部落振興會副會長、第五區委員、教化委員、組合評議員、農業、保甲聯合會長		2. 頁170 3. 頁287	
彭如勳	田尾庄	庄協議會員、興農倡和會支部評議員、調停委員、北斗郡興農倡和會總代、方面委員、八堡圳評議員	部落振興會副會長	3. 頁337	
陳炳靈	田尾庄	警察本署衛生課防疫事務	好生醫院長	4. 頁81	
薛達	田尾庄	田尾庄協議會員、田尾信用組合監事、田尾區總代		4. 頁73	
邱漢水	田尾庄	田尾信用組合長、青果組合評議員、田尾區總代、水利組合評議員		4. 頁73	
*陳七	田尾庄	田尾信用組合理事、第十四保正	鹽糖原料委員	7. 頁141	
*鄭四蚶	溪州庄	庄協議會員、部落振興會長、保正、第十一保區委員、水利組合評議員、下霸農業組合長	鹽糖原料委員 大拓農場經營	2. 頁132	
*鄭添益	溪州庄	溪州庄長、北斗信用組合理事、溪州農業組合長、溪州商工協會長、溪州信用組合長、臺中州會議員	貸地業	2. 頁132 3. 頁289 4. 頁66-67	
陳丁福	溪州庄	保正、區委員、圳寮部落振興會長、社會教化委員、北斗興產公司理事		2. 頁147	
*鄭樹籃	溪州庄		鹽糖原料委員	2. 頁148	
劉逢來	溪州庄	保正	鹽糖會社員	2. 頁159	

*陳山	溪州庄	保正、溪州庄第三區委員、北斗水利組合評議員、臺中州社會教化委員	鹽水港製糖會社原料委員	2. 頁 174	
陳伯壎（勸文）	溪州庄	溪州信組監事、自動車業、溪州商工會副會長、方面委員	宜昌物產合資會社代表者	3. 頁 274	
*陳文	溪州庄	溪州信組理事、保正	鹽糖原料委員	3. 頁 275	
*廖樹生	溪州庄	保甲聯合會長、信組理事、溪州庄協議會員、潮洋厝保甲聯合會長、溪州庄第十四區總代、北斗郡水利組合評議員、武德會臺灣支部臺中支部武道獎勵委員	土地調查員、土地整理委員帝糖原料委員、實業家	3. 頁 430 4. 頁 70-71	
鄭水傳	溪州庄	溪州庄助役、北斗信用組合監事、下霸區長、埤圳莿仔埤圳建設總代、下霸保甲聯合會長	土地整理委員	4. 頁 80	
葉啟明	溪州庄	臺中廳北斗支廳舊眉區書記、溪州庄協議會員		4. 頁 80-81	
*陳能達	溪州庄	臺灣運輸會社溪州出張所長、鹽水港製糖株式會社溪州製糖所請負人	鹽糖原料委員	7. 頁 145	
詹到	溪州庄	溪州庄協議會員、區委員	土地整理委員	4. 頁 66	
*劉西江	溪州庄	總督府臺北師範學校訓導、總督府臺北師範學校教鞭、青年團長、保甲聯合會長、臺中州農會蕃殖田經營、北斗支會會員	鹽水港製糖會社原料委員	4. 頁 522	
吳瀛士	大城庄	二林信用組合理事		3. 頁 97	
劉崧甫	大城庄	部落振興會副會長、日本紅療專門學院臺灣支部長、日米醫學協會地方支部長兼代理部主任、醫學閣臺灣支部長	土地整理委員	3. 頁 422	弟劉崧袖為大城庄長
*劉六畜	大城庄	農業、大農場	鹽糖原料委員	3. 頁 427	
許水柳	大城庄	大城庄協議會員、農會長、名望家	土地整理委員	4. 頁 79	
洪專	大城庄	彰化基督教醫院、臺南廳阿公店私立建安醫院助手	大衛醫院長	4. 頁 70	
*謝在祺	二水庄	二水庄長、實業界、「益美號」經營者	土地開發（濁水溪河川地）	9. 頁 22-23	謝東閔之父
鄭王	二水庄	鼻仔頭保甲聯合會長、	漢學教育	8. 頁 369	
*謝波	二水庄	名望家、員林郡興農倡和會二水支部總代、保正、庄協議會員	農村開拓、農事改良	8. 頁 372	

陳如	二水庄	官選協議會員、公醫、總督府打狗醫院、庄協議會員、信用組合理事、總督府交通局醫務囑託、二水開業醫	臺灣總督府醫學專門學校、二水製材株式會社監查役	8. 頁374	
鄭鼎	二水庄	二水信用組合長、醫師、官選協議會員	臺灣總督府醫學專門學校	8. 頁376	
陳鐘英	二水庄	實業家、公學校教諭、二水信用組合評定委員、二水聯合壯丁團長、協議會員、二水鄉鄉長、二水鄉農會理事、兩屆縣議員	林內自動車會社取締役	8. 頁377 10. 頁832	
*張其深	二水庄	公學校教師、訓導、二水信用利用購買組合理事、庄長	大日本製糖會社原料委員	11. 頁389	
蔡天開	二水庄	二水保甲聯合會長、二水信用利用購買組合總代、保正、教化委員、臺中州農會代議員、官選協議會員二水鄉鄉長、臺中縣參議員、彰化縣議員、鄉民代表會主席	二水製材株式會社監查役、土木（河川堤防）工程	8. 頁373-374 9. 頁297-300	
*陳貫世	二水庄	臺北公立工業學校建築科畢、臺中州社會教化委員會、大丘園部落振興會長、保正、二水庄協議會員	實業家、土木建築（河川堤防）	8. 頁375	

資料來源：

1. 臺灣新民報社，《臺灣人士鑑》（臺北：編者，1934）。
2. 臺灣新聞社編，《臺灣實業名鑑》第一輯（臺北：編者，1934）。
3. 臺灣新民報社，《臺灣人名辭典》（東京：日本圖書，1989）。
4. 林進發，《臺灣官紳年鑑》（臺北：民眾公論社，1932）。
5. 魏金絨撰，〈歷史篇〉，收於王良行總編纂，《芳苑鄉志》（彰化：芳苑鄉公所，1997）。
6. 原幹洲著，《自治制度改正十週年紀念人物志》（臺北：勤勞と富源社，1931）。
7. 洪寶昆，《北斗郡大觀》（北斗：北斗郡大觀刊行會，1937）。
8. 趙水溝，《員林郡大觀》（臺北：臺灣新民報社，1936）。
9. 蔡炎城，《二水軼聞》（臺北：編者，1983）。
10. 周宗賢總纂，《二水鄉志——人物篇》（二水：二水鄉公所，2002）。
11. 原幹洲，《南進日本之第一線に起つ——新臺灣之人物》（臺北：拓務評論社臺灣支社，1936）。
12. 張素玢、古文君，〈人物篇〉，收於張哲郎總編纂，《北斗鎮志》（彰化：北斗鎮公所，2000修訂版）。
13. 林文龍，〈人物篇〉，收於洪麗完總纂，《二林鎮志》（彰化：二林鎮公所，2000）。

說明：名字前有*者，表示該人物與濁水溪土地經營開發有關。

第四章 濁水溪出代誌——經濟環境變遷下的社會運動

濁水溪已經出代誌　大量的溪水來送到麥寮工業區去用
濁水溪已經出代誌　未來科學園區的毒水聽說也要排落去
濁水溪已經出代誌　出海口說要建工廠溪流的沙要流兜位去
濁水溪已經出代誌　乾乾的溪流看無水態態吹起一陣風飛沙

濁水溪已經出代誌　濁水溪咧生氣
濁水溪咧破病　濁水溪要報冤仇

節錄自——〈濁水溪出代誌〉[1]
詞／曲阿達（江育達）

1. 農村武裝青年，《還我土地》專輯，2009。

第一節　河流與社會

濁水溪是一條孕育臺灣農業的河流，其下游南北兩岸的彰化縣、雲林縣，為今日臺灣最重要的農業區。在這塊土地上，從清代農業拓墾時期開始，人們因爭水爭地而產生的摩擦時而有之。如第三章所述，日治時期在勞力、資本、土地交錯影響之下，臺灣人與日本人、資本企業與農民，輕則產生族群摩擦，重則造成衝突事件；全臺第一個蔗農組合、掀起臺灣農民運動序幕的「二林蔗農事件」都發生在濁水溪下游地區。除了二林蔗農事件（一九二五－一九二七），濁水溪北岸還發生過源成農場強購土地（一九〇七－一九〇八）、林本源製糖會社蔗農爭議（一九二三－一九二四）、辜顯榮農場紛爭（一九二七、一九三〇）、溪湖糖廠撤佃糾紛案（一九四七），濁水溪下游南岸的雲林崙背、沙崙、興化厝也曾力抗退職官僚，反對官有地被強購（一九二五）。一九二三年到一九三〇年是臺灣史上農民運動的重要階段，短短七年之間，臺灣一共發生了三十二次重要的農民運動事件[2]，其中發生在濁水溪下游南北兩岸的就有五次，為全島之冠，而且皆有代表性或指標作用。

一九八〇年代，臺灣解嚴之後社會運動蓬勃發展，農民運動也因政府開放美國農產品進口激起洶濤，一九八七年五月二十日，以中南部為主的農民，在濁水溪南岸「雲林縣農民權益促進會」領導之下，發動全國性的抗爭。濁水溪北岸以二林地區為主的葡農，則因公賣局收購釀酒葡

2. 整理自臺灣總督府警察局編、吳密察解題，《臺灣社會運動史》（1913-1936農民運動部分）（臺北：南天書局，1995，1939年原刊）。

萄問題，在一九八七至一九九七年展開近十年的抗爭。[3]

一九九〇年代以後，另一波農民運動隱然浮現，農民爭議的焦點由土地、農作轉移到水資源。大型石化工業、科學園區不約而同進駐濁水溪下游，並標舉國家經濟發展政策與國家競爭力的大纛，高姿態地從農業搶走工業所需的供水與土地，嚴重擠壓農業與生態環境，造成濁水溪畔衝撞不斷，濁水溪的「代誌」更成為全臺灣關心的焦點。

日治時期的二林蔗農事件、蔗農爭議，學界已有相當豐富的研究成果[4]，學界多以農業政策面來分析農民運動，筆者在接受這些看法之餘[5]，更注意到常常被忽略的地域因素與農民運動之因果關係。戰後的五二〇農民運動、反六輕、反國光石化、反中科四期等社會運動，更是社會學、政治學界的重要議題。[6]學者或從「社會力」，或從「公民社會」、「民主轉型」討論上述農民事件、社會運動；筆者不從這些面向堆疊歷史事件，而將探究濁水溪下游為何是社會運動的重要場域？為何一九二〇年代的蔗農事件、一九八〇

3. 有關彰化地區的農民運動詳見：張素玢，〈從二林蔗農事件到葡農事件——地域與社會力的形成〉，頁2-21。
4. 農民事件的相關研究有：何鳳嬌，〈日據時代臺灣的糖業經營與農民爭議〉（國立政治大學歷史學研究所碩士論文，1991）；簡慧樺，〈國家權力與農民抗爭——以一八九五至一九八〇年代臺灣農民運動為例〉（國立臺灣大學政治學研究所碩士論文，1998）；江亮演，〈日據時代臺灣農民與勞工的社會運動〉，《國立空中大學社會科學學報》5（1997.05），頁127-140；洪長源、魏金絨，《二林蔗農事件》（彰化：彰化縣文化局，2001），頁72-115。
5. 例如謝國斌，〈臺灣農業政策與農民權力〉（國立臺灣大學政治學研究所碩士論文，1998）；許嘉猷，〈臺灣農民階層剖析〉，收於《解剖臺灣經濟——威權體制下的壟斷與剝削》（臺北：前衛出版社，1992）；吳旻蒼，〈臺灣農民運動的形成與發展（一九四五—一九九〇）〉（國立臺灣大學農業推廣研究所碩士論文，1991）。
6. 社會學界對戰後農民運動的討論有：廖正宏、黃俊傑、蕭新煌著，《光復後臺灣農業政策的演變：歷史與社會的分析》（臺北：中央研究院民族學研究所，1986）；徐正光、宋文里編，《臺灣新興的社會運動》（臺北：巨流出版社，1989）；蕭新煌，《社會力：臺灣向前看》（臺北：自立晚報社，1989）；蕭新煌，〈一九八〇年代末期臺灣的農民運動：事實與解釋〉，《中央研究院民族學研究所集刊》70（1991. 3），頁67-94；張茂桂，《社會運動與政治轉化》（臺北：業強出版社，1994）。

圖 4-1 樂團合輯《鯤島起義 II：濁水溪出代誌》

圖 4-2 二〇一一年七月十七日農民在凱道上曬穀，要求盡速修訂土地徵收條例，讓農民免於遭受經濟發展的壓迫。（鐘聖雄攝）

年代的農民運動，或今日仍沸沸揚揚的反石化、反中科四期等社會運動都膠著於濁水溪流域？從一九二三年到二〇一一年，臺灣經濟環境已劇烈改變，農業之河濁水溪卻始終無法與社會運動脫鉤，這是偶然或是必然？今日濁水溪到底遭逢什麼困境？濁水溪的「代誌」反應了怎樣的社會、經濟問題？筆者試圖以濁水溪為切入點，對近百年來的社會運動加以觀察論述。

本章首先從濁水溪的水文與其農業環境談起，繼而一一剖析歷史過程中臺灣重要的社會運動與濁水溪的「緣故」關係，文中對農民抗爭或社會運動分期，不循過去研究成果的觀點[7]，而是以濁水溪下游地區為空間主體的區分方式。至於標題指稱的「社會運動」主要以農民抗爭事件為研究對象，但是一九八〇年代以後的抗爭已由農民延伸到各階層群眾，故以「社會運動」統括。

7. 臺灣社會運動的分期有的以農民運動形成和發展而分為初始階段、興盛期、衰微期。吳旻倉，〈臺灣農民運動的形成與發展（一九四五—一九九〇）〉。

第二節　濁水溪下游的自然環境與農業發展

濁水溪就像對角線，劃開了喇叭型的沖積扇平原，也成為現在彰化縣和雲林縣兩行政區的自然邊界。沖積扇北翼屬彰化縣，常和彰化隆起海岸平原、和美沖積扇併稱彰化平原；南翼屬雲林縣，常和嘉南隆起海岸平原併稱嘉南平原。由於濁水溪沖積物的來源為板岩風化物，坋粒含量較高，其堆積生成之土壤帶灰黑色，呈微鹼性至中鹼性，非常肥沃，提供農業發展良好基礎。[8]

濁水溪沖積扇的氣候，在溫度方面一年之中約有八個月平均氣溫皆達攝氏二十度以上，可謂「長夏無冬」，適合大部分的農作物生長。雨量主要集中在五到九月，十月到翌年四月雨量稀少，大致為夏雨冬乾的氣候區。農業發展必須依賴大量灌溉用水，因此本區秋冬土壤水分的不足，是農業發展的一大限制。[9]

水利設施是農業發展的重要因素，彰化地區引濁水溪灌溉的施厝圳（即日後所稱的八堡圳）興築於康熙四十八年（一七〇九），歷經十年才完成，此一大型工程使彰化平原水田化迅速，成為臺灣最重要的稻作區，彰化南區與雲林北區的濁水溪沖積扇平原，則因濁水溪屢次氾濫，河流不斷大幅擺動，河道屢次改變，造成水利設施興建或維護都相當不易，農業以旱作為主。

日治時期有兩項措施大幅改變濁水溪農業環境，一為河川整治，一為防砂造林，對農業環境

8. 楊萬全，〈濁水溪平原的水文地質研究〉，《地理學研究》13（1989.12），頁61。一般土壤是由砂粒、坋粒及粘粒組成，小於0.002mm稱為粘粒，0.002~0.05mm之間的是坋粒，大於0.05mm則是砂粒，粘粒一般超過三五％以上的話就是粘土，砂粒多於五成以上的就是偏砂土，砇粒是比較居中，屬壤土。
9. 張瑞津，〈濁水溪平原的地勢分析與地形變遷〉，頁201。

改善產生很大的成效。在官方政策性的鼓勵下，本島與日方資本紛紛進入彰化南區拓墾興利，廣大的邊際土地遂成為臺灣最重要的新墾區，也是資本家角逐勢力的場域。

日治初期，殖民政府扶植日方資本，建立機械化新式糖廠，改良製糖方法，明治三十八年（一九〇五）六月發布的「製糖場取締規則」制定「原料採收區域制度」，實施原料蔗採收區域制度以後，臺灣糖業經濟才進入資本主義化。從一九一〇年代以後，臺灣蔗糖成為農業生產主力，面積不斷擴大。到一九二〇年代中葉，臺灣的新式製糖會社已有四十五間，蔗糖年產量則約達三十五萬公噸。彰化南區和雲林縣北區由荒地成為官有地區域，正好為糖業資本提供了寬廣而「單純」的土地來源，使其成為臺灣生產蔗糖的主要地區。這地區分別成為明治、鹽水港、源成農場、大日本製糖的原料採取區，以原料甘蔗栽種為主，並配合稻米、雜糧之輪作。

臺灣總督府同時也提供日本糖業資本家各項援助和保護，排除臺灣人經營的傳統製糖業，所以新式製糖業大多由日本人所掌控。農民在生產過程中受到嚴重剝削，故日治中期的農民運動以蔗農抗議最早。蔗農長期受壓榨之下，大正十四年（一九二五）爆發二林事件，蔗農抗議林本源製糖會社的剝削，事實上從大正十二年（一九二三）起，臺灣的農民運動就風起雲湧，蔗農爭議迭起。[10] 除了蔗農爭議，大正十三年（一九二四）開始，總督府放領土地給退職官員也引發不少糾紛。

10. 蔗農爭議在一九二三年有四件，參加農民七十四人；一九二四年五件，參加人數一六三三人；一九二五年十二件，五二九〇人。

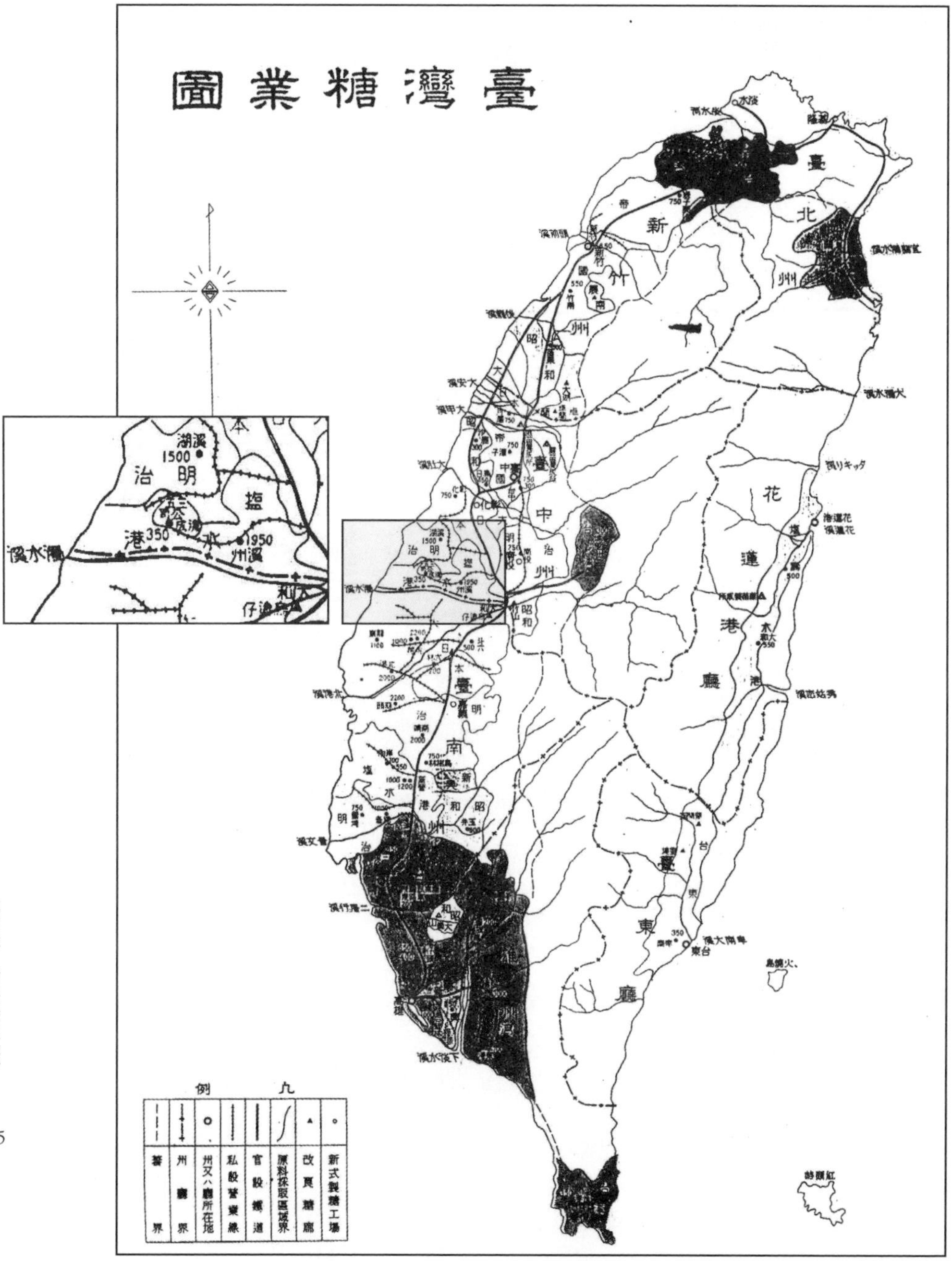

圖4-3 臺灣糖業圖（1934）

第三節　一九〇七—一九四七的農民抗議事件

由於濁水溪的堤防和防砂工事使河川南北兩岸產生許多新生地，這些貧瘠的邊際土地在糖業經濟發展之時，提供可資利用的廣大土地，但是搶奪土地之戰也一一展開。臺灣、日本資本家在二十世紀初陸續進入濁水溪南北兩岸從事農業墾殖，「製糖會社」更在這片土地上產生「群聚現象」。私人企業的投資固然提高了土地利用價值，但是生於斯長於斯的農民，其土地所有權、耕作權，甚至生存權都受到擠壓。濁水溪下游最早登場的農民抗議事件——源成農場買收土地案，便因日資農場搶奪土地而爆發。

一、源成農場強購土地（一九〇七—一九〇八）

日治初期，臺灣總督府因財政考量，將移民政策寄託在私人資本企業上，允許大資本預約開墾，官方協助取得土地，條件是資方所需勞力必須招募日本農民前來開墾，位於今日彰化縣二林鎮的三五公司源成農場，便是臺灣早期經營私營日本移民的企業。三五公司由退休內閣大臣愛久澤直哉所經營，實際管理者為農場主任小林正之介，為取得所需土地，農場從明治四十年（一九〇七）開始，已經展開強徵土地的作業，在警察協助下，強行買收土地。這種強制收購土地的行為，使二林及接鄰的竹塘、埤頭地區的一些農民，世代相傳的土地一夕之間喪失。《臺灣民報》

也記載，明治四十一年（一九〇八）該區民眾往往在睡夢中被叫起，連同眷屬帶到二林支廳，儘管民眾百般不願，官廳卻已經請好刻印師，土地登記所人員也備妥資料，在官府協助下強行徵購土地近三千七百餘甲[11]，許多農民淪為佃農。

圖 4-4 三五公司源成農場製糖所

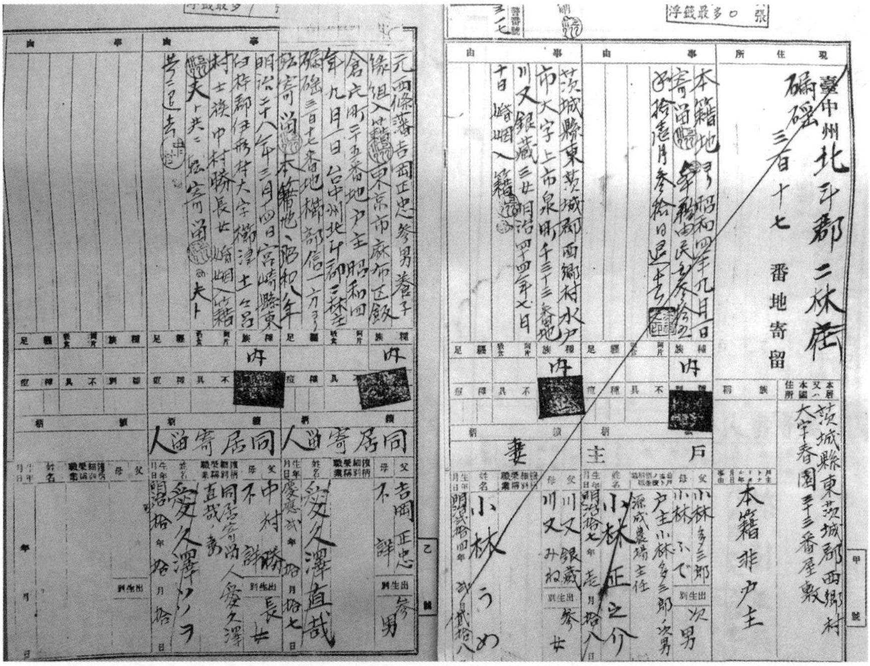

圖 4-5 二林戶政事務所的寄留簿還存有愛久澤直哉與小林正之介的戶籍資料

11. 見〈爭議中の源成農場の罪惡史〉，《臺灣民報》，1928年7月8日，10版。根據臺灣總督府，《臺灣總督府官營移民事業報告書》（臺北：編者，1919），源成農場有許可地四五七甲、買收民有地一五六九甲，面積一共二〇二六甲，後來在北斗郡又零星購入土地，如埤頭、北斗等地。最初的土地面積應尚未達到《臺灣民報》所說的三千七百多甲。比較《蔡氏族譜》與《臺灣民報》的記載，源成農場買收土地的行動可能從一九〇七年就開始，因價格過低，民眾反彈強烈，隔年的收購價略微提高。

二、林本源製糖會社蔗農爭議（一九二三—一九二四）

日治中期，臺中州二林庄分別為明治、林本源與源成農場三個製糖會社的原料採取區所分割，使農民對蔗糖原料收購價特別容易比較。三個會社當中，林本源製糖的原料收購價比接鄰的明治製糖溪湖廠為低，肥料價卻比後者高。大正十二年（一九二三）二林、大城兩庄庄長林爐、吳萬益領銜，由二林、沙山、大城、竹塘四庄蔗農兩千餘人連署，向臺中州、總督府殖產局提出請願書，要求會社支付臨時補發金。隔年十二月，會社決定每甲增加五圓做為「臨時補給金」，這是蔗農集體請願第一次成功的紀錄，此一事件刺激了全臺蔗農，紛紛對製糖公司要求提高蔗價。[12]

圖4-6 林爐

圖4-7 吳萬益

三、二林蔗農事件（一九二五—一九二七）

林本源製糖會社蔗農爭議，是蔗農集體請願第一次成功的紀錄，對蔗農起了示範作用。地方的領導階層深深體會到，農民爭取權益必須透過一個有力量的組織。大正十四年（一九二五）六

12. 臺灣總督府警務局，《臺灣總督府警察沿革誌 第二篇（中卷）》（臺北：臺灣總督府，1939），頁1027。其他仿效林本源製糖會社蔗農爭議的有明治製糖會社溪湖工廠之蔗農、鹽水港製糖的岸內工廠（新營鹽水街）、虎尾街大日本製糖、鳳山大寮庄新興製糖等。

月二十八日由文化協會理事李應章領導的「二林蔗農組合」為臺灣第一個設立的農民組合，文化協會會員詹奕侯、蔡淵騰、劉崧甫、陳萬勤等人也積極舉辦農村講座。「二林蔗農組合」要求林本源製糖提高甘蔗收購價無效，轉而向北斗郡、臺中州、總督府請願仍無結果。於是「二林蔗農組合」於同年九月召開大會，決議製糖會社必須在收成前公布收購價，十月，組合幹部與會社交涉，然而會社卻不理睬，逕派原料員及工人收割甘蔗，蔗農阻止會社之行動，再加上警察偏袒會社，引起農民極度不滿，最後發生會社工人監督、警察和蔗農的武力衝突。共有九十三人被捕，其中四十七人送法院審判，二十五人被判有罪。日本左翼政黨的布施辰治、麻生久兩位律師，特地前來為被告辯護。此事件史稱「二林蔗農事件」，也被視為臺灣農民運動的肇始。[13]

圖4-8 麻生久

圖4-9 一九二六年八月二十日，二林蔗農事件第一審公判後，麻生久與其辯護當事人合影。

13. 參考葉榮鐘、吳三連等著，《臺灣民族運動史》（臺北：自立晚報社，1987），頁509-512。

圖4-10 布施辰治

圖4-11 一九二七年三月二十五日，二林蔗農事件第二審公判後合影。(《蔡式穀行跡錄》，1998)
前排：李應章(左三)、劉崧甫(左四)。二排：詹奕侯(右二)
末排：簡吉(左二)、布施辰治(左四)、矢內原忠雄(左六)、蔡式穀(左七)

四、退職官員土地糾紛事件（一九二五）

大正十三年（一九二四）第十任臺灣總督伊澤多喜男放領土地給退職後想久住臺灣的官員，以保障其生活使之繼續為臺灣服務。[14]放領給退職官員的國有地，多為河川溪埔、沙洲等浮復地，這些土地已經有臺灣農民開墾，依照臺灣舊慣，原來在溪埔、沙洲耕作者，應有土地所有權，但總督府在土地調查時，一概視之為「濫墾地」（無斷開墾）而強制徵收，將濁水溪南岸的臺南州虎尾郡崙背庄沙崙後（今雲林縣麥寮鄉崙後村）、麥寮（今雲林縣麥寮鄉）、興化厝（今雲林縣麥寮鄉麥豐村）的「預約許可地」面積一共三二五・三三八八甲，撥給三十六位退職官員，這關係到一一七位農民。[15]

這種與舊慣相違的做法，使失去土地的農民組織、農民組合向官方請願或抗爭，反對日人壓榨，從大正十四年（一九二五）起各地糾紛不斷，尤以臺中州大肚庄、臺南州崙背、高雄州大寮庄的警民衝突最劇烈。

五、辜顯榮農場紛爭（一九二七、一九三〇）

辜家在二林庄承接大豐拓殖株式會社的土地約有地二九二甲[16]，最初都是不毛之地，經農民

圖4-12 伊澤多喜男

14. 參考劉淑玲，〈臺灣總督府的土地放領政策——以日籍退職官員事件為例〉（臺北縣：常春樹，2007），頁27-30。
15. 臺灣總督府警務局，《臺灣總督府警察沿革誌 第二篇（中卷）》，頁1034-1035。
16. 辜顯榮族系在二林經營的山寮農場，從目前臺糖公司所存資料統計其面積為二八三・三三公頃，即二九二甲，《臺灣民報》稱為六、七百甲，應是辜家在二林所屬各農場面積總和。

開墾後逐漸成為良田。當辜家將土地賣給鹽水港製糖會社時，沒有告知佃農，佃農事後得知怕被剝削，不肯承認鹽糖為地主，拒繳昭和三年（一九二八）的春季租穀，並向鹽糖提出五項條件。

辜氏與佃農協議六百多甲地不必繳早稻，另外一百多甲仍懸疑未決。鹽糖在事情沒有定數之前，請官方查封農民之晚稻，引起農民抗議。昭和二年（一九二七）十一月五日包圍鹿港辜宅[17]，辜氏雖有意讓步，卻將責任推給中間佃戶林爐和陳建上，要他們放棄收自小佃農一千餘石的租穀，林、陳皆不願，農民仍舊處於被雙重剝削的狀況。[18]

辜顯榮在鹽水港製糖會社區域內約有三百甲的土地，經林爐等人成立耕雲拓殖株式會社農場，出面承墾再出贌他人，承租會社地上物的一切權利，以每甲價值約十八萬斤的收穫物為計算，林爐等轉手以每甲二十萬斤的權利金賣給會社，坐收兩萬斤純益，農民則喪失耕作權，成為製糖會社的雇工。[19]

六、溪湖糖廠撤佃糾紛案（一九四七）[20]

一九四七年溪湖糖廠的糾紛雖發生在戰後，卻也是日治時期製糖會社問題的延續。原屬明治製糖會社的所有地，戰後轉移給臺糖公司，二林一帶的會社土地歸溪湖糖廠。當時許多日方資產與土地收歸國有，「公有地放租法」已經公布卻還沒實施，土地的權利未必歸屬糖廠。[21]

17. 〈農民包圍辜宅〉，《臺灣民報》，1927年11月13日。
18. 〈二林農民贌耕交涉決裂〉，《臺灣民報》，1927年11月27日。
19. 〈耕地を奪はれた 農民は貧困と窮迫 御用紳商は肥る 會社は原しい〉，《臺灣民報》第302號，1930年3月1日，11版。
20. 本事件雖發生於一九四七年，卻是日治時期製糖會社產權的過渡期，因此仍歸入日治時期的農民抗議事件。
21. 侯坤宏編，《土地改革史料（下篇）》（臺北：國史館，1988），頁422。

圖4-13大排沙農場屬溪湖糖廠（張素玢攝，1996）

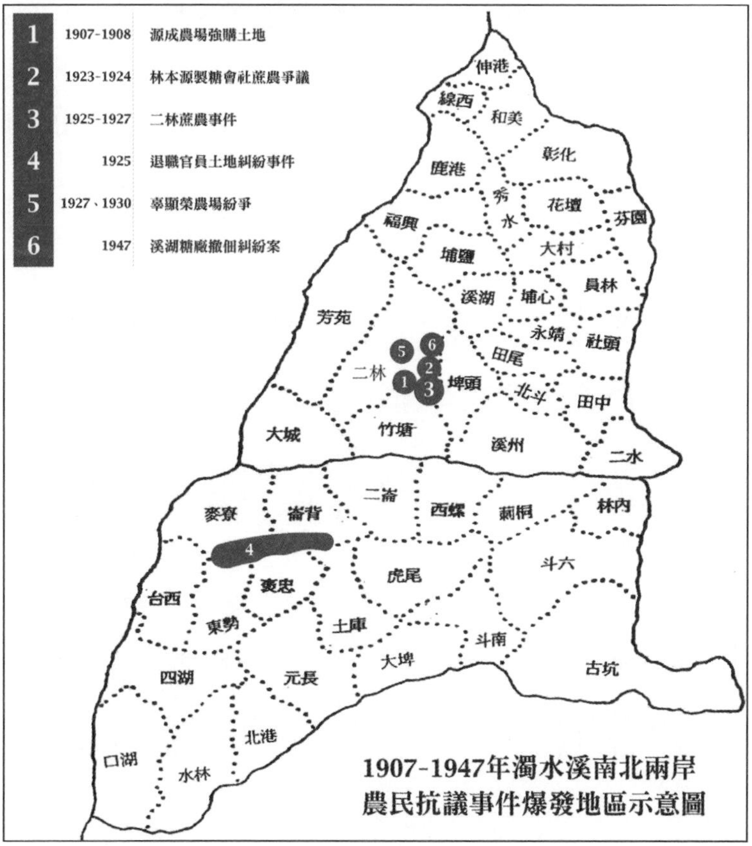

1	1907-1908	源成農場強購土地
2	1923-1924	林本源製糖會社蔗農爭議
3	1925-1927	二林蔗農事件
4	1925	退職官員土地糾紛事件
5	1927、1930	辜顯榮農場紛爭
6	1947	溪湖糖廠撤佃糾紛案

圖4-14濁水溪南北農民抗議事件爆發地示意圖（張素玢製作　朱丰中繪圖）

一九四七年糖廠假設廠方擁有土地所有權，臺糖公司溪湖糖廠企圖將公有地（原糖廠地）轉為自作農場，調動該廠關係員工脅迫農民放棄現耕地，造成糖廠與承耕農民認知不同的糾紛。[22]

一九二三到一九三〇年（大正十二到昭和五年）是臺灣史上農民運動的重要階段，短短七年之間，臺灣一共發生了三十二次重要的農民運動事件[23]，其中發生在二林的就有四次，為全島之冠，而且皆有代表性指標作用。一九二三至一九二四年的林本源製糖會社蔗農爭議，是蔗農集體請願第一次成功的紀錄，對蔗農起了示範作用。一九二五年二林成立全島第一個蔗農組合，同年的二林蔗農事件為臺灣農民運動掀開序幕，並且被視為里程碑。

濁水溪下游沖積扇地區，成為日治時期農民運動的橋頭堡絕非偶然，農民運動特別容易在這地區發酵的原因有：

（一）廣大邊際土地成為資本家勢力的角逐場域

大正十四年（一九二五）以後，循著濁水溪舊河道至濱海地區，帶狀分布著日本移民村與區塊狀的日本製糖會社、私營農場、臺灣拓殖株式會社，以及零星的臺灣本地資本會社土地。本島與日方資本紛紛進入彰化南區拓墾興利，廣大的邊際土地遂成為臺灣最重要的新墾區，也是資本家角逐勢力的場域，或是官員退職後的立身之地。官方、本土企業、日資企業、地主士紳、農民的利益互相糾葛衝突之下，此區特別容易擦槍走火。

22. 有關溪湖糖廠撤佃糾紛案參考侯坤宏編，《土地改革史料（下篇）》，頁418-425。
23. 整理自臺灣總督府警察局編、吳密察解題，《臺灣社會運動史》（1913-1936）第四冊農民運動。

圖4-15 農民運動要角簡吉（左）與李應章（右）一九二七年四月二十日至二林農林演講被拘留，此時二林蔗農審判剛落幕，李應章剛出獄不久。李應章後來逃亡上海。以鳳山為基地成立臺灣農民組合的簡吉，後來在一九二九年二月也被逮捕。

圖4-16 辜顯榮（中）與林熊徵（左），是日治時期的臺籍資本家代表，皆以不在地的地主身分，到中部成立製糖會社，也與當地士紳、農民產生衝突。曾為臺灣首富的林熊徵，是林本源製糖會社的創辦人。

（二）製糖會社相鄰而立原料價格易於比較

濁水溪新生地提供了可供官方「規劃」的廣大荒地，可容納多家大型會社；以日治時期的二林庄來說，有一半以上的土地為私營農場及製糖會社所瓜分，並且進行著糖業版圖的擴張與兼併。依附在土地上的農民，不但未蒙其利，許多人更飽受喪失祖業的痛苦。再則總督府為了確保製糖原料來源，訂立「原料採取區」制，這種壟斷原料收購又片面決定價格的制度，導致蔗農與製糖會社的衝突，成為日治時期農民運動的焦點之一。總督府在全島實施原料採取區制，但是像

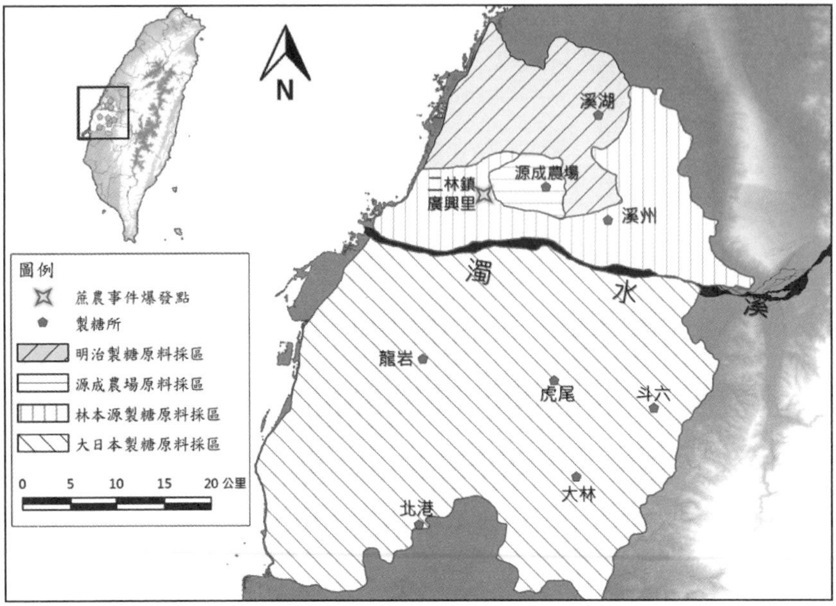

圖 4-17 日治時期濁水溪兩岸製糖會社分布圖（張素玢製作　陳威潭製圖）
說明：濁水溪北岸的製糖會社原料採取區是全臺最「短兵相接」的地區

二林同一庄內卻被明治、林本源與源成農場三個製糖會社分割的情況少之又少。反之，濁水溪南岸地區幾乎為單一的大日本製糖會社原料區，就沒有北岸的比價情形。

從二林事件發生現場觀察，三個製糖會社原料區相隔不過幾條田埂小徑，地質、蔗作生產狀況類似，會社給農民的原料價格卻相去甚多。明顯的收購價差，導致二林地區蔗農抗爭最為頻繁，二林做為蔗農抗議的爆發點，著實與製糖會社原料採取區有密不可分的關係，這是即便臺灣有眾多從事蔗作的農民，二林蔗農卻最早揭竿而起的原因。[24]

24. 張素玢，〈從二林蔗農事件到葡農事件——地域與社會力的形成〉，頁2-21。

（三）作物商品化

雖然從荷蘭時期開始，臺灣的蔗糖生產已商品化，不過要到日治時期，臺灣糖業經濟才進入資本主義化。[25]從一九一〇年代以後，臺灣蔗糖已經成為農業生產主力，面積不斷擴大。大致在濁水溪沖積扇的彰化南區和雲林縣北區，為中部生產蔗糖的主要地區，這地區分別成為明治、鹽水港、源成農場、大日本製糖的原料採取區，以原料甘蔗栽種為主，並配合稻米、雜糧輪作。蔗作雖受重視，蔗農卻飽受剝削成為「第一憨」的人。

傳統社會種植糧食作物的農民，將農業視為一種維生方式，對農業的經營採取保守作風。栽培經濟作物的農民則以追求報酬為目標，勇於為自身的利益冒險，農民性格與意識的轉變，在二林地區蔗農身上可以看到最鮮明的呈現。

二林蔗農事件發生隔年，臺灣蔗作面積銳減，農民以拒種甘蔗做為消極抵抗，改種糧食作物。在米糖輪作普遍化以後，農民對作物的選擇彈性更大，經濟作物農或糧食作物農不再涇渭分明。農民屬性模糊以後，原本做為經濟作物農的強烈性格淡化，如果抗爭並未帶來實質改變，政府的控制反而加強，農民倒不如自尋出路，喧嚷一時的蔗農爭議也就沉寂了。因此二林蔗農事件雖然掀起軒然大波，為農民運動跨出了一大步，若論及整體的糖業政策與措施改變的訴求，則被殖民政府以政治力量壓制下來。

濁水溪兩岸的人群，為了作物、土地而與資本家抗爭。戰後，濁水溪仍是社會運動頻繁的地

25. 吳田泉，《臺灣農業史》（臺北：自立晚報社，1993），頁360。

方，但性質有所不同。

第四節　一九八〇——一九九〇年代的農民抗爭

日治時期製糖會社以殖民政府為後盾，施行原料採取區和米糖比價法。官方為了保護製糖會社，使會社收購甘蔗原料的價格不隨世界的糖價波動，而以價格停滯的米價為參考值，將蔗農的耕作利潤擠壓到最低，使會社不受世界經濟景氣波動影響，在綿密的國家控制下，蔗農不論以理性陳情或肢體抗爭，對抗的空間仍有限。等國民政府來臺以後，因二二八事件社會進入長期的「白色恐怖」，直到一九八〇年代。

臺灣的執政黨隨著國內外局勢丕變而調整箝制過甚的統治方式；存在多年的反對勢力得以成立政黨，接著一九八七年臺灣解除戒嚴，由下而生的民間力量快速發酵，社會運動蜂起，農民運動亦同。

激發此階段農民運動產生的原因，主要是臺灣對美貿易順差持續升高。從一九七〇年代開始，臺灣外銷出口暢旺，經濟大幅成長，主要出口國的美國內部引發保護主義聲浪；一九八四年美國總統大選在即，造成美國當局政府的強大壓力。美國政府認為，要維護美國之自由貿易政策，日本、南韓及臺灣等享有對美貿易順差的國家，均應開放其本國市場。因此，我國與美國展開一連串貿易談判，一九八六年起美國更以「三〇一條款」強迫外國政府加速開放市場。臺灣為了顧及工商業的發展，同意開放美國農產品進口。這項措施對本土農業造成極大衝擊，此時期的政治氛圍，也使民眾抗爭成為可能，而有五二〇農民運動。

濁水溪南岸與北岸的農民，在這一時期的農民運動具有關鍵地位；南岸有雲林縣農民權益促進會（農權會）帶領的農民抗爭，北岸則有二林地區主導的葡萄農抗爭。

一、由雲林農權會主導的五二〇農民運動（一九八七—一九八八）

隨著臺灣經濟的發展，農業、農村、農民問題在一九六〇年代末期已顯現出來。在國家政策的措施中，農業相對於工商業已居於弱勢，農民的陳情事件也逐漸增加。一九八七年，由於政府決定開放外國水果進口，導致國內果價下滑，當年十二月三千名農民第一次聚集立法院，要求政府立刻採取行動補救。一九八八年，因政府決定擴大開放外國農產品進口的數量與種類，引起大多數農民的質疑和恐慌，該年元旦，學生也參與農權會在臺北舉行的街頭示威，支持農民運動。四月十四日，來自各農會的代表到立法院請願，要求政府正視農業問題。當中美貿易談判在臺北舉行之時，五百餘名農民駕駛農機具參與街頭示威，並致抗議書，而爆發五二〇事件。

一九八八年五月二十日，濁水溪南岸的雲林縣農權會總指揮林國華、副總指揮蕭裕珍，帶領雲林、嘉義等十個縣市農民數千人北上，以農業開放可能導致農民權利受損為抗議目標，並且提

圖4-18 一九八八年五月二十日農民請願，在立法院爆發嚴重的警民衝突。（邱萬興攝）

出全面農保、全面眷保、肥料自由買賣、增加稻米保證價格與收購面積、廢止農會總幹事遴選、廢止農田水利會會長遴選、成立農業部、農地自由買賣等七項要求，結果當天的遊行爆發民眾與軍警的衝突，許多農民、學生及路人被逮捕。從一九八七年底到一九八八年，共發生了五次大規模的全國性抗議事件。[26]

當全國農民運動如火如荼時，濁水溪北岸以二林地區為主的葡萄農，也在這股抗爭浪潮中將農民力量發揮到極致，進行著一場「葡萄戰爭」。

26. 有關五二〇農民運動可參考吳旻倉，〈臺灣農民運動的形成與發展（一九四五——九九〇）〉，頁68-74。

二、二林葡農抗爭（一九八七—一九九七）

臺灣在一九六〇年代以後，工商業急遽發展，農業衰退，但是彰化縣的二林鎮、竹塘、鹽埔、埤頭各鄉的耕地率和農業人口率，一直高居不下[27]，所以農業凋弊對這些地區影響很大。一九七九年歐洲市場取消臺灣蘆筍、洋菇等重要經濟作物的配額後，農民急需找尋高利潤、低風險的替代品，這時釀酒葡萄就成為最好的選擇。

二林地區在一九六五年開始種植釀酒葡萄，一九七九年公賣局才正式與二林地區的農民契作，以十年為期。由於公賣局以保證價收購，農民生產葡萄的質與量又都不斷突破，而有極好的利潤。以一九八〇年為例，金香葡萄一公頃賺款二〇萬二一六一元，黑后葡萄一九萬五二二九元，遠超過一期稻作的九四〇二元。[28]由於釀酒葡萄收益遠超過其他農產品，又可避免市場價格波動的風險，其種植面積以極大的幅度躍升。

由於果農對葡萄的收益仰賴已深，任何不利於葡萄生產的決策或措施，常引起果農激烈的抗議行動。一九八六年在美國貿易談判的壓力下，我國政府決定開放洋菸、洋酒進口，影響菸酒公賣局的國產菸酒銷售。因此，公賣局企圖降低收購價格、收購量，甚至終止和葡萄農的契作。在外貿導向的工商資本主義原則下，一九八七年美國葡萄以低價進口，葡萄農成立「釀酒葡萄自立救濟委員會」長期抗爭，契作葡萄農希望維持過去水平，延長契約期，兩者各有其考量而產生極

27. 一九七〇年全臺農業人口平均四一%，彰化縣六八%。二林鎮農業人口平均為七七%、竹塘鄉八五%、大城鄉八八%。彰化縣政府主計處編，《彰化縣統計年鑑》1970年度（彰化：彰化縣政府，1971）。
28. 臺灣省政府糧食局，《臺灣地區稻穀生產費調查報告》1980年度（臺北：編者，1981）；臺灣省政府糧食局，《臺灣農產品生產成本調查報告》1980年度（臺北：編者，1981）。

圖4-19 載滿葡萄，排隊進入南投酒廠的卡車。（二林農會提供）

大衝突，導致一九八七年以後葡萄農與公賣局產生長達十餘載的「葡萄戰爭」。[29]

葡萄農抗爭施壓的層次由二林農會、南投酒廠、公賣局到省政府，甚至針對省長宋楚瑜。此為省政府遷至中興新村合署辦公以來，首次發生農民圍堵省府，也是省長民選後首度遭逢群眾陳情的衝突事件。一九八七至一九九七這十年的二林葡農爭議，更是戰後單一作物專業農持續最久、農民得到最多實質利益的抗爭行動。

這階段農民抗爭的主要因素是，政府在貿易談判時，犧牲臺灣的農業而開放外國農產品進口，對中南部為主的農業縣衝擊甚大，尤其工商業發展相對遲緩的雲林縣和彰化縣南區。由雲林農權會帶領的五二〇農運雖曾激發出一時的火花，卻無法延續；葡農

29. 參考張素玢，〈憤怒的葡萄——二林葡農抗爭事件〉，《臺灣史蹟》36（2000.6），頁256-260。

抗爭十年，釀酒葡萄栽培在進口原料輸入以後，最後也只能以廢園換取補助。

在臺灣產業不斷升級，努力發展經濟的過程，「農業」逐漸成了落後、貧窮的象徵，因此彰化、雲林縣離農人口不斷增加，地方政府對所謂「農業大縣」的稱號，其實是百般不願又無可奈何，地方首長對擺脫農業大縣的努力從沒有停過，政府也設法扶植彰雲兩縣的工業發展，各鄉鎮更是以工業化為目標。

果然地方、中央與大型企業的共同努力下，六輕、八輕、中科四期先後落腳於雲林、彰化縣，向來被稱為「農業之河」的濁水溪，開始轉為「工業之河」，灌溉農田的水源也被「挪用」到工業區了。

圖4-20 一九九五年七月，為要求公賣局收購超產葡萄，葡農包圍省政府。（聯合報記者黃宏璣提供）

第五節　一九九七—二〇一一工農搶水之戰

一九八〇年代，臺灣工業汙染事件頻傳，造成嚴重的環境汙染，也引起民眾自力救濟圍堵工廠；民眾除了抗議工廠造成的毒害以外，對大型工業的設廠更提高警覺，一九八六年鹿港反杜邦事件便是社會力量捍衛環境的成功指標。其後宜蘭反六輕、後勁反五輕、反核四、反水庫等事件，已從一小群受害者的抗爭，擴大為社會共同關心的環境議題。在二十多年的工安與公害事件洗禮下，人們認識到一味追求經濟成長，將付出無窮的社會和環境代價。當初雲林縣縣長廖泉裕期待六輕與離島工業區讓雲林縣「脫胎換骨」，並可由臺灣最大的農業縣變成最大的工業縣。沒想到設廠以來，六輕的工安、汙染、對健康的威脅，讓麥寮居民與農漁民吃足苦頭，成為心頭最大的痛。於是，台塑六輕立足於雲林麥寮的十四年後，新籌設的大型石化廠和科技園區就面臨群眾更嚴格的檢視。

國光石化公司在二〇〇五年提出的大型投資計畫，多少要制衡台塑六輕的獨大，其落腳地也在濁水溪出海口，兩個巨型石化工業區，隔著濁水溪一南一北互別苗頭。正當國光石化緊鑼密鼓，環境影響評估、說明會、公聽會一一闖關時，六輕也頻頻有所「表現」，發生了前所未有的工安事件。二〇一〇年七月二十五日台塑麥寮輕油廠煉製二廠火災，火勢延燒到二十七日才撲滅。十月十九日六輕烯烴一廠（ＯＬ１）輕油裂解程序發生跳車事件。二〇一一年三月二十九日麥寮三廠輕油裂解二廠（ＯＬ２）發生火災，五月十二日六輕南亞塑膠公司公用管線起火，七月到九月又分別發生四次嚴重的火災、氣爆。[30]

六輕做為興建大型石化業的「前車之鑑」，使民眾始終無法化解對國光石化的疑慮；反國光（反八輕）、反中科四期的攻防戰，扣緊「濁水溪」一一展開，民眾的訴求包括工業調度農業用水、廢水排放問題、河川過度取水，並衍生到海岸濕地、白海豚生態威脅等。輿論認為雲林、彰化平原是臺灣重要的糧倉，濁水溪的汙染關係全國人民糧食安全的隱憂。另外，一南一北兩個填海造陸的大型離島工業區，會改變整個濁水溪河口的地形地貌，將使得這條以高含砂量而命名的「濁水溪」，在河口地帶被窄化成排砂不易的瓶頸流域。

以環境層面來說，國光石化會改變原本河口淤砂受海流南輸北送的漂散情形，環境的破壞將永劫不復。學者提出警訊，這樣的開發案會讓濁水溪口堵塞淤積，造成彰化、雲林兩縣濁水溪口沿線嚴重淹水，改變整個海岸沉積物的流動，也會影響到河口生態系的完整性。對動物生態來說，濁水溪口也是白海豚重要的覓食棲地，彰化環保聯盟理事長蔡嘉陽警告，填海造陸會影響白海豚族群獲得食物的來源，泥灘地的消失也讓水鳥棲地大面積消失，失去渡冬過境的能量補給站。[31]

從二〇〇六年國光石化進入工業局環境影響評估開始，環保團體與各界人士的抗議與活動就始終與之相共。二〇一〇年一月彰化縣環保聯盟發起「收復濕地、還我河口」，來搶救濁水溪彰

30. 雲林縣政府「六輕公安事件資訊網」，http://fpcc.yunlin.gov.tw/index.aspx，2011.10.30瀏覽。
31. 蔡嘉陽，〈臺灣白海豚的生態：臺灣西海岸的環境特性和面臨的危機〉，《臺灣濕地》78（2010.9），頁12-13。

圖4-21 二〇一一年一月二十七日反國光石化守夜，有各大學的學生前來聲援。（鐘聖雄攝）

圖4-22 為搶救白海豚，環保團體發起認股買溼地運動。

化海岸重要濕地網路連署，當年二月臺灣首宗環境信託行動「濁水溪口海埔地公益信託」正式啟動。[32]反國光運動如滾雪球，每次行動總能號召廣大群眾參加，甚至較少參加社會運動的高中生也自發連署，反對國光石化興建。反石化之火一經點起，熊熊烈

32.「濁水溪口海埔地公益信託」由彰化環保聯盟理事長蔡嘉陽倡議。

烈莫之能禦。二〇一一年四月二十二日馬英九總統親自宣布，政府不支持在大城濕地推動國光石化，此案暫告終止。

一九九七年六輕開始向濁水溪索取用水開始，農業與工業的「水仗」宣布開打。這場因濁水引燃的戰爭，逐漸由濁水溪南北兩岸的在地居民、受影響的農漁民，延伸到跨領域、全國性集結的群眾；爭議的問題也從工業搶水、農業護水的層面，提升到環境權、生態、永續發展等層次，成功地將濁水溪下游的地區性問題提升為全國矚目的焦點，各地人士以有效而具說服力的行動，「暫時」阻擋了石化大業。

至於中科四期，儘管抗爭沒有停過，徵收二林相思寮聚落[33]也引起「土地正義」的質疑，但是以「科學園區」為名，使地方政府或居民仍有所期待。環境影響評估終於有條件通過，二〇一〇年十一月二十二日，在民眾的抗議聲中，中科四期基地大排沙農場舉行破土典禮。弔詭的是，位於舊濁水溪浮復地的大排沙農場，百年前由農民起耕，在米糖經濟的時代，最先由在地資本家陳梓成設立大排沙製糖，後來轉讓給辜顯榮家族，再轉為明治製糖會社土地；戰後又由臺糖公司溪湖糖廠的蔗田轉型為畜殖場。在科技工業領航的今日，竟搖身一變為科學園區。

一九五〇年代後，臺灣基於經濟發展政策，使農業從扶植工業的角色變成工商發展、對外貿易的犧牲者；農業發展的遲滯與困境全臺灣皆然，為何濁水溪兩岸的彰化南區與雲林縣反應特別激烈？臺灣進入米糖經濟衰微期以後，濁水溪下游將面臨怎樣的農業盤整？下一章將接續討論。

33. 濁水溪改道之後舊河道上的砂丘慢慢形成灌叢疏林，約一百多年前先民陸續進入現在的二林萬合里與大排沙農場一帶開墾，並以相思樹搭建臨時居住的工寮，「相思寮」因而得名。

圖 4-23 相思寮的老農民世居於此，卻面臨科技園區的進駐。（郭志榮攝，2012）

圖 4-24 搶救相思寮的抗爭（郭志榮攝，2010）

圖 4-25 大排沙農場裡的原料甘蔗（張素玢攝，1996）

圖 4-26 相思寮處處可見被清理過後的空地（郭志榮攝，2012）

第五章

「後米糖」時代的農業盤整

臺灣農業史上最具代表性的作物為米與糖，米、糖問題也曾深深影響農民與農業生產，直到今日，米糖相剋、稻作、蔗作等相關議題仍廣為學者所討論，且有多篇深刻而有分量的著作，包括歷史學、地理學、政治學、社會學、經濟學等。日治時期根岸勉治已有完整的「米糖相剋」論述，他指出臺灣的米作、蔗作存在著競爭的現象，尤其以臺中州最顯著。[1] 柯志明也是「米糖相剋」研究的代表學者，論述米部門與糖部門在結構層面的衝突。[2] 甘蔗收購問題與引發的農民抗爭事件，則吸引了來自經濟、歷史、社會、政治等領域的學者。米作方面，日治時期臺灣總督府官方出版與學者論著不計其數，近年歷史學者李力庸致力於米穀與臺灣社會，已有顯著研究成果。[3] 本章不再膠著於日治時期或戰後盛期的米糖、米穀問題，而將探討焦點放在一九六〇年代，蔗作與稻作衰微之後的農業變遷，研究空間為濁水溪沖積扇平原，大致相當於行政區的彰化縣西南部與雲林縣西北部。

彰化縣與雲林縣是臺灣最主要的農業縣，也是甘蔗、稻米作物區。從一九六〇至二〇一〇年代，彰化、雲林縣仍為臺灣最重要的農糧生產地，作物內容與農業體質，卻已

1. 根岸勉治，〈臺灣農企業と米糖相剋關係〉，《南方農業問題》（東京：日本評論社，1942），頁3-52。又，〈臺灣輪作農業と稻蔗相剋統制〉，收於臺灣經濟年報刊行會編，《臺灣經濟年報》第3輯（東京：國際日本協會，1943），頁304-327。
2. 柯志明，〈米糖相剋問題與臺灣農民〉，收於《臺灣經驗（一）》（臺北：東大圖書公司，1993），頁235-251。又，〈所謂米糖相剋問題——日據臺灣殖民發展研究的再思考〉，《臺灣社會研究季刊》2：3、4（1989秋、冬季號），頁75-130。
3. 李力庸，《日治時期臺中地區的農會與米作（1902-1945）》（新北市：稻鄉出版社，2004）。又，《米穀流通與臺灣社會（1895-1945）》（新北市：稻鄉出版社，2009）。

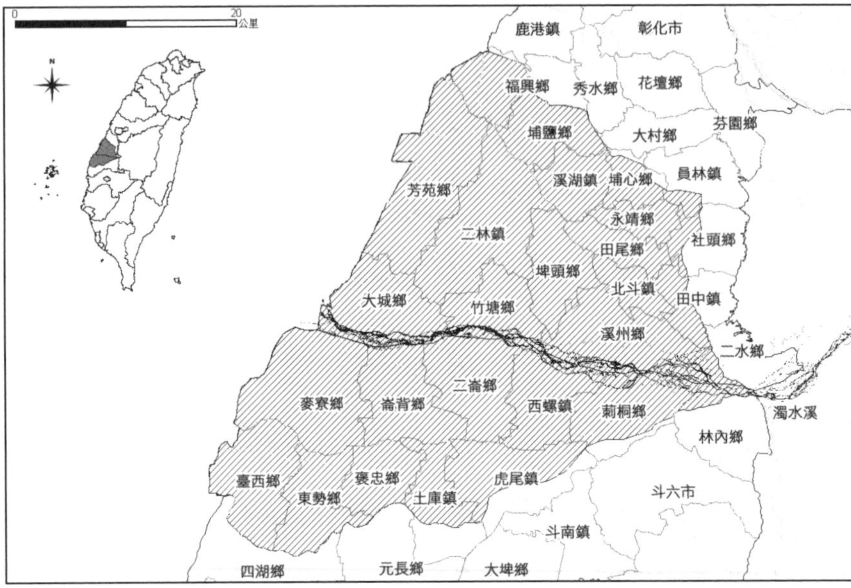

圖 5-1 濁水溪沖積扇平原（張素玢製作　陳威潭製圖）

經和米糖時代大不相同。儘管彰、雲兩縣的統計數據支持其農業大縣的屬性，但是兩縣的農業區其實分布在濁水溪南北兩岸的沖積扇平原，尤其彰化縣東北區和西南區從一九七〇年代以後、雲林縣的東南區與西北區在一九八〇年代以後，就存在著工業性格與農業性格的明顯差異，籠統以彰化、雲林縣的行政範圍含括內文之論述空間並不適切。因此本章以濁水溪沖積扇平原來指稱研究區，但統計數字則不免必須以行政區為計。

一九六〇年以前，臺灣最重要的作物——米與糖，因國際經濟與國內社會發展，在「不利農」的環境下受創至深。蔗作與稻作衰微以後的農業發展，筆者在此以「後米糖」時代稱之，時間斷限起自一九六〇至二〇一〇年的半世紀。一九六〇年代以後，臺灣農業並非線性發展，而是在政治、經濟、軍事、社會等因素交相影響下，「多空交戰」呈現「利空」，因此借用所謂的「盤整」（Correction）一詞，以凸顯農業在後米糖時代，如何在前景渾沌不明的困境中，走出一條生路的狀況。

一九六〇至二〇一〇年，臺灣的農業生產結構在盤旋中變動調適，到底米糖經濟瓦解以後，臺灣農業如何盤整？作物栽培如何由同質性朝向異質性發展？經濟政策如何影響農民的經營方式？除了世界經濟體系的依賴關係以外，農民又如何在國內產銷市場取得求生之道？濁水溪沖積扇平原的專業栽培作物，如何造就全臺首屈一指的農產拍賣市場？農業變遷過程中，又如何遭到工業的侵蝕與滲透？本文尚無法整體分析全臺灣在後米糖時代的農業變遷，只能策略性地選擇極具代表性的濁水溪沖積扇兩岸，以該區農業變遷做為臺灣農業發展的典型之一來探討。

第一節　經濟變遷下的蔗作與稻作

蔗糖與稻米為臺灣兩大傳統作物，前者具有強烈經濟作物性格，其產銷主要依賴國際市場，不論在日治時期或戰後，都由糖業部門所主宰。稻米則兼具糧食、經濟作物與「國策」作物的多重性格。一九五〇年代在國家力量運作下，建立政府主導經濟發展的基礎，一九五二年第一次四年經建計畫開始時，稻米與蔗糖兩項就占了全國外銷產品總值的七四%。稻米在一九六五年以後外銷逐年減少，到一九七五年以後幾乎只供給國內糧食所需。

臺灣在經濟不斷成長與創造經濟奇蹟的同時，實際上也是農業跌宕與衰落的一頁。經濟政策以農業培養工業，從農業擠壓出資本與勞力到工業。一九六〇年代末，農業已出現衰頽的跡象，情況逐年加重，一九六〇年農業產值占總生產值二八．五四%，一九九〇年只剩四．一八%。[4]農村勞力欠缺、老化，肥料價格居高不下，糧價低落，農民因運銷制度受剝削等現象一一出現。構成臺灣傳統農業兩大支柱的蔗作、米作，受環境變遷影響甚鉅，以下先就蔗作討論。

一、蔗作

從荷蘭時期開始，臺灣的蔗糖生產已經商品化，不過要到日治初期，殖民政府扶植日方資本、建立機械化新式糖廠、改良製糖方法、實施原料蔗採收區域制度，臺灣糖業經濟才進入資本主義化。[5]從一九一〇年代以後，臺灣的蔗糖已經成為農業生產主力，面積不斷擴大。彰化縣西南區和雲林縣西北區，亦即濁水溪沖積扇為中部生產蔗糖的主要地區，分別成為明治、鹽水港製糖會社、源成農場（以上為濁水溪北岸）、大日本製糖（濁水溪南岸）的原料採取區，以原料甘蔗栽種為主，並配合以稻米、雜糧之輪作。

由於戰後初期國際市場需求量極大，臺灣的農產品以蔗糖利潤最好，成為賺取外匯的主流，

4. 行政院主計處編，《中華民國統計年鑑》（臺北：編者，1996），頁171。
5. 吳田泉，《臺灣農業史》，頁360。

因此糖廠迅速復原，當時政府也積極推廣種蔗，臺灣最重要的經濟作物便是原料甘蔗。當時政府為了保障臺灣糖業股份有限公司（以下簡稱臺糖）的經營與利潤，蔗農與糖廠的生產關係採「分糖制」。「分糖制」是指蔗作農提供臺糖甘蔗原料，經由臺糖加工後所得的砂糖，依特定的分糖比率來分取其額度。一九四五到一九五九年初，糖廠與蔗農五五對分，蔗農可領取糖單或再將蔗糖賣給糖廠。當時蔗糖是賺取外匯的農產，被視為奢侈品，因此糖稅非常高（六〇％）；蔗農領糖時，扣除稅金後所剩餘額已不多，這種生產關係，蔗作農必須負擔自然災害、砂糖價格的漲跌等經營風險，臺糖將糖業經營風險負擔轉嫁給蔗農。[6]

政府為了賺取外匯以「農業培養工業」大量出口蔗糖，一九五一年收穫面積七萬九二四九公頃，一九六五年增加到一一萬〇六九四公頃，從一九五二到一九六四年蔗糖出口的金額都占出口總額的第一位。濁水溪北岸的臺糖溪湖糖廠和南岸的虎尾糖廠，各曾在不同時間點達到全臺最高產量。一九五四年臺糖彰化及溪州兩糖廠，因原料缺乏而停產，一起合併於溪湖，溪湖糖廠遂為彰化縣境內唯一之製糖廠，當時原料區遍及彰化縣二十六個鄉鎮，契作範圍遼闊，一九六〇年的蔗田面積達三六四〇公頃。[7]

一九六六年以後，國際糖價低迷，臺灣所產之蔗糖占全國出口總數漸低。由於糖價下降，農民種植意願不高，糖廠與蔗農的契約變為：蔗農分得五五％，糖廠四五％。以出口為導向的蔗糖價格主要受國際糖價制約，產量也隨價格波動；糖價上漲時，刺激種植面積擴張，十八個月後收

6. 劉進慶，《臺灣戰後經濟分析》（臺北：人間出版社，1994），頁150-151。
7. 參見臺灣糖業公司網頁，http://www.taisugar.com.tw/，2011.9.10瀏覽。

穫時，市場價格可能下跌，因此蔗作的生產充滿不確定性（見圖5-2）。大約在一九八〇年以後，製糖甘蔗的生產已無前景可期。

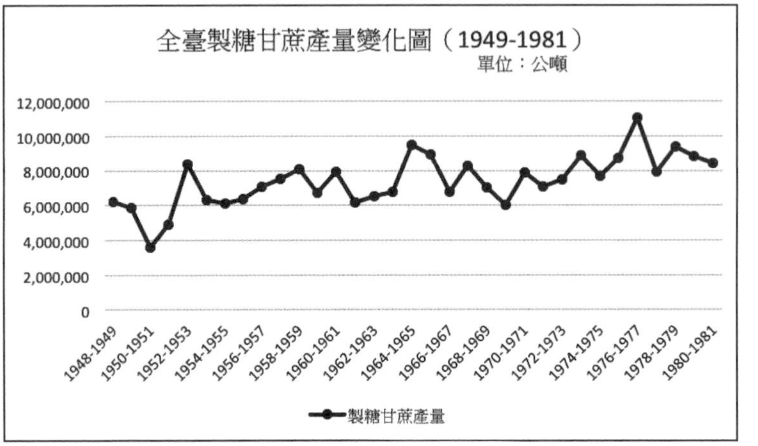

圖5-2 全臺製糖甘蔗產量變化圖（1949-1981）
資料來源：臺灣省農林廳統計室編，《臺灣農業年報》1950-1981年度。

由於臺糖的製糖成本逐漸提高，無法與開發中國家競爭，一九八五年開始裁員，關閉糖廠。由蔗農所契作的面積原本多於糖廠自營，後來則以臺糖糖廠自營農場為主從事蔗作；盛極一時的蔗作，不復獲得農民青睞。[8] 蔗作面積因而逐漸減少，一九六五年全臺種植面積一一萬一八九九公頃，一九七五年一〇萬〇一〇四公頃；一九七四年臺糖原料區減為十二個，一九七七年減為十個。[9] 一九九八年濁水溪以北只剩北斗、溪州、福興、萬興、二林、芳苑等六個原料區。二〇〇二年溪湖製糖工廠正式停止運轉，農務課裁撤，甘蔗原料區及農場撥歸虎尾糖廠管轄。[10]

濁水溪南岸的虎尾糖廠在一九五八至五九

8. 張素玢撰述，洪麗完總編纂，《二林鎮志（下冊）第六篇 農林漁牧》，頁31、42。
9. 臺灣糖業公司編，《臺糖五十年》（臺北：編者，1996），頁609-610。
10. 資料由臺糖溪湖糖廠提供。

年期間，曾是臺灣製糖量最高的廠，糖業式微以後縮小規模，目前成為臺灣仍在運作的三座糖廠之一（另兩家是善化與南靖），農場管轄虎尾原料課（包括大林、斗六、東勢、臺西原料區，虎尾、大有、馬光、龍岩、麻園、溝子壩農場）與溪湖原料課（包括溪湖原料區、大排沙、萬興、永安、二林農場），合計面積三三二七公頃。自營農場除生產原料甘蔗外，尚利用輪作休閒地與農民合營其他短期作物。

原先從事蔗作的農民，不得不另外開闢生路，紛紛轉為其他作物，如葡萄、柑橘、香蕉、番石榴等，砂質壤土地區則以瓜果類、甘薯、花生為多。耕期短的蔬菜也是農民轉作的重要選項，轉作其他獲利較高的作物，又使蔗田面積更低。一九七五年彰化縣蔗作面積六四〇八公頃，雲林縣一萬三四七四公頃，一九八五年彰化降到四七七一公頃、雲林八七六九公頃，一共減少了六三四二公頃。[11]（見表5-1）溪湖、

圖5-3 溪湖糖廠的農場今日已不再種植原料甘蔗（張素玢攝，1996）

圖5-4 虎尾糖廠正在進行製糖甘蔗採收作業（張素玢攝，2008）

11. 臺灣省農林廳統計室編，《臺灣農業年報》1975、1985年度。

虎尾兩大製糖廠釋放出來的自營農場和契作蔗園，影響了彰化、雲林農業的經濟變遷，也是溪湖、西螺果菜市場集貨圈有一定規模，蔬菜果品種植面積不斷擴張的重要因素。

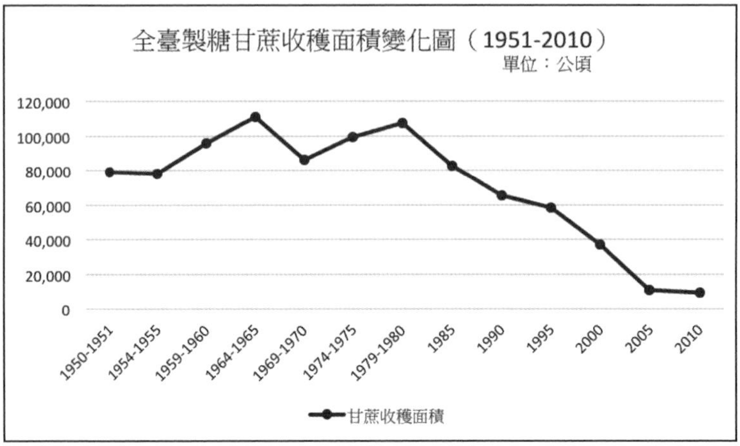

圖 5-5 全臺製糖甘蔗收穫面積變化圖（1951-2010）
資料來源：根據表 5-1 製圖

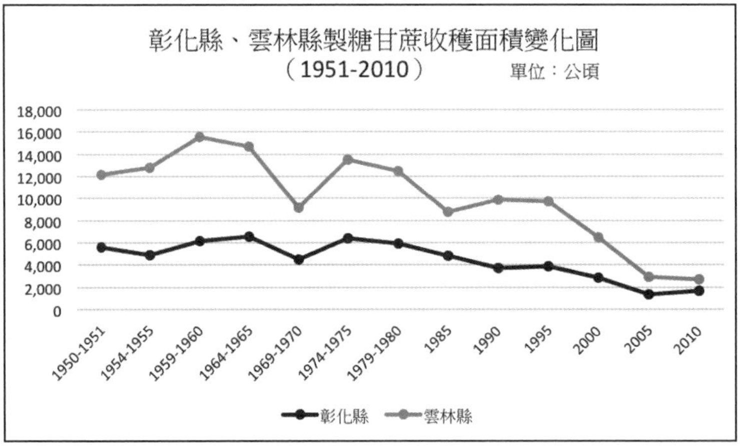

圖 5-6 彰化縣、雲林縣製糖甘蔗收穫面積變化圖（1951-2010）
資料來源：根據表 5-1 製圖

表5-1 彰化縣、雲林縣與全臺製糖甘蔗面積、產量表（1951-2010） 單位：公頃／公噸

地區	全臺		彰化縣				雲林縣			
年代	收穫面積	產量	收穫面積	占全臺百分比	產量	占全臺百分比	收穫面積	占全臺百分比	產量	占全臺百分比
1950-1951	79,249	3,584,997	5,595	7.06	236,181	6.59	12,124	15.30	597,669	16.67
1959-1960	95,543	6,736,236	6,137	6.42	428,409	6.36	15,519	16.24	1,174,439	17.43
1964-1965	110,694	9,489,770	6,511	5.88	543,085	5.72	14,647	13.23	1,278,834	13.48
1969-1970	86,247	5,990,729	4,462	5.17	297,390	4.96	9,124	10.58	621,301	10.37
1974-1975	99,206	7,687,217	6,408	6.46	489,607	6.37	13,474	13.58	1,026,574	13.35
1979-1980	107,200	8,851,347	5,905	5.51	505,017	5.71	12,456	11.62	1,072,560	12.12
1985	82,624	6,823,094	4,771	5.77	428,668	6.28	8,769	10.61	829,363	12.16
1990	65,455	5,580,953	3,718	5.68	342,098	6.13	9,862	15.07	984,480	17.64
1995	58,124	4,661,480	3,893	6.70	350,365	7.52	9,705	16.70	895,521	19.21
2000	36,958	2,893,762	2,856	7.73	245,952	8.50	6,491	17.56	503,419	17.40
2005	10,597	875,458	1,301	12.28	103,740	11.85	2,946	27.80	266,007	30.38
2010	9,228	665,359	1,660	17.99	121,984	18.33	2,654	28.76	200,541	30.14

備注：

1. 1950年度統計資料，因臺灣省行政區1950年8月後才將彰化縣從臺中縣、雲林縣從臺南縣析分出來，故本表採1951年度統計資料。
2. 1951-1980年甘蔗產量為1.5年統計一次。
3. 1985-2010年甘蔗產量為1年統計一次。

資料來源：

1. 臺灣省農林廳統計室編，《臺灣農業年報》1951、1960、1965、1970、1975、1980、1985、1990年度（臺北：編者）。
2. 臺灣省農林廳農業經濟科編，《臺灣農業年報》1995年度。
3. 行政院農業委員會編，《農業統計年報》2000、2005、2010年度。

二、稻作

臺灣的稻作栽培從十八世紀清代第一次水圳開發時期就漸次發達，水資源豐富、灌溉便利的彰化隆起平原，向來是臺灣的大米倉。從一八〇〇年左右直到今日，稻米一直是臺灣重要的作物，稻米價格長期成為物價波動的指標。一九五〇年代，稻作面積為七七萬〇二六二公頃，政府基於糧食、國家安全、社會需求等因素，而制定保護稻米政策；更正確地說，此為政府掌握稻米的政策，包括徵收、強制徵購、物物交換（肥料換穀）。[12]從一九五一至一九六五年，政府徵購了臺灣總產量約三〇％的米穀，稻米栽培面積與收穫量持續上升，一九七五年達到最高峰，面積七九萬〇二四八公頃，產量二四九萬四一八三公噸。

除此以外，政府為了廉價取得大量米穀必須控制糧價，於是採取低糧價政策，一方面以穩定供應軍、公糧食，另一方面也積極推廣農業技術。不過農業技術提升後，以國內市場為主的稻米生產過剩，價格低落，稻農生計反受影響，因此一九七六年以後，全臺種稻面積直直下降，米穀最主要的產地彰化、雲林縣也反應這樣的狀況。（見表5-2）

一九七三年政府開始施行「稻穀最低保證價格收購政策」，種植水稻似乎較有保障，但社會變遷下，民眾的飲食漸趨多元，米食減少，稻米單位產量卻不斷提高，導致稻米供過於求。有基於此，政府自一九八三年起改變農業政策，積極推動稻田休耕或鼓勵水田轉作高經濟作物，

12. 深受詬病的「肥料換穀」制度一直到一九七三年才廢止。

表5-2 彰化縣、雲林縣與全臺稻米產量表（1950-2010）　　單位：公頃／公噸

地區	全臺		彰化縣				雲林縣			
年代	面積	產量	面積	占全臺比例%	產量	占全臺比例	面積	占全臺比例%	產量	占全臺比例%
1950	770,262	1,421,486	97,793	12.70	207,203	14.58	51,886	6.74	99,553	7.00
1955	750,739	1,614,953	102,475	13.65	254,926	15.79	60,447	8.05	137,649	8.52
1960	766,409	1,912,018	103,807	13.54	292,164	15.28	57,127	7.45	169,277	8.85
1965	772,918	2,348,041	108,020	13.98	367,146	15.64	69,372	8.98	240,120	10.23
1970	776,139	2,462,643	105,102	13.54	365,306	14.83	70,657	9.10	244,230	9.92
1975	790,248	2,494,183	106,194	13.44	380,708	15.26	75,235	9.52	242,299	9.71
1980	637,437	2,353,590	79,402	12.46	345,682	14.69	72,816	11.42	296,906	12.62
1985	563,678	2,173,536	76,100	13.50	330,911	15.22	65,025	11.54	288,514	13.27
1990	454,266	1,806,596	70,401	15.50	310,042	17.16	57,768	12.72	249,919	13.83
1995	363,479	1,686,535	58,728	16.16	299,770	17.77	49,239	13.55	231,332	13.72
2000	339,601	1,540,122	55,166	16.24	267,422	17.36	48,667	14.33	233,627	15.17
2005	269,023	1,187,596	49,059	18.24	211,070	17.77	43,556	16.19	208,290	17.54
2010	243,862	1,167,972	47,162	19.34	233,783	20.02	43,735	17.93	240,185	20.56

備注：1950-1980以糙米為計算標準，1985-2010年之稻米產量以稻穀、糙米為計，後者才有持續性資料，因此本表採計糙米產量。

資料來源：

1. 臺灣省農林廳統計室編，《臺灣農業年報》1950、1960、1965、1970、1975、1980、1985、1990年度。
2. 臺灣省農林廳農業經濟科編，《臺灣農業年報》1995年度。
3. 行政院農業委員會編，《農業統計年報》2000、2005、2010年度。

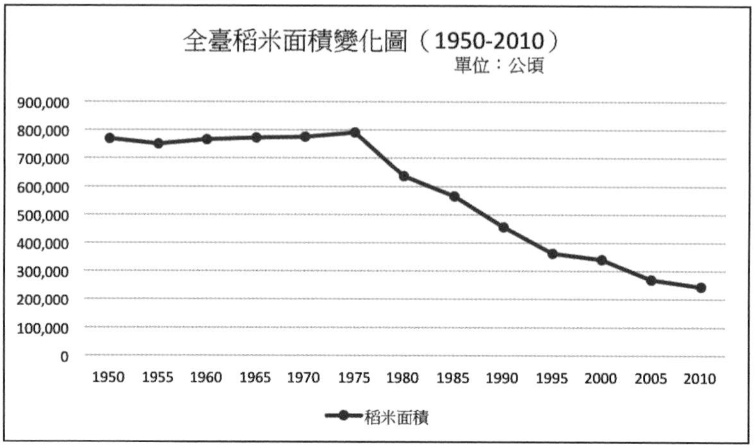

圖 5-7 臺灣稻米生產面積變化圖（1950-2010）
資料來源：根據表 5-2 製圖

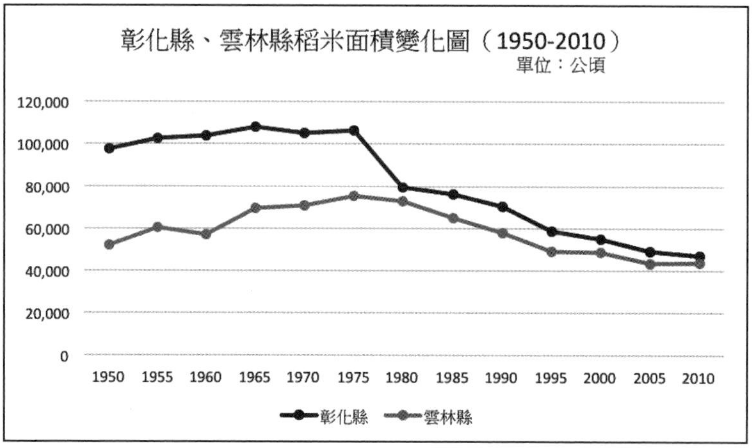

圖 5-8 彰化縣、雲林縣稻米面積變化圖（1950-2010）
資料來源：根據表 5-2 製圖

表5-3 全臺農業人口比例前五名縣市排序表（1950-2009）

排名		1		2		3		4		5	
年度	全臺農業人口比	縣別	農業人口比	縣別	農業人口比	縣別	農業人口比	縣別	農業人口比	縣別	農業人口比
1950	53%	雲林	70%	臺南	69%	彰化	67%	臺中	65%	屏東	64%
1960	50%	雲林	74%	臺南	72%	彰化	69%	屏東	62%	高雄	62%
1970	41%	雲林	69%	臺南	67%	彰化	65%	臺中	57%	屏東	55%
1980	30%	雲林	64%	彰化	55%	臺南	55%	屏東	47%	嘉義	45%
1990	21%	雲林	55%	嘉義	51%	彰化	46%	臺南	39%	屏東	39%
2000	17%	雲林	46%	嘉義	44%	彰化	38%	屏東	31%	臺南	30%
2009	13%	雲林	38%	嘉義	35%	彰化	29%	屏東	27%	臺南	26%

說明：2010年度《農業統計年報》縣市別改為五直轄市十五縣市，故本表採2009年度

也就是稻米的減產與轉作。[13]從此稻米種植面積與產量再也沒有爬升，二〇一〇年全臺只剩二四萬三八六二公頃，比一九七五年全盛時期減少四四萬六三八六公頃，只有當年的三一%，彰化縣減少五萬九〇三二公頃，雲林縣減少三萬一五〇〇公頃。儘管彰、雲兩縣稻作面積不斷降低，占臺灣之比例反而提高，也就是彰化、雲林稻作生產的相對跌幅不若全臺，兩縣稻米生產合計就占了臺灣的三分之一左右，仍為臺灣最重要的兩個稻米生產區（見表5-2），而雲林縣與彰化縣的農業人口比例也長期分居臺灣的第一、第三名（見表5-3），所以農業的興衰深深影響彰雲兩縣，更精確地說，應該是彰化西南區與雲林西北區的濁水溪沖積扇平原。

一九六〇年代的輕工業發展，使彰化、雲林縣的產業結構與經濟區位產生明顯的轉變。彰化縣東北區的製造業工廠，沿著臺十九及臺一省道蔓延，

13. 儘管政府在一九八〇以後鼓勵稻作休耕、轉作，彰化和雲林縣的耕種面積和產量也下降，但兩者占全臺生產比例反而逐漸上升，也就是說彰雲地區對米作的執著甚於其他縣市。彰化縣的農業人口比從一九六〇年的七三%下降到二〇一〇年的二八%，雲林從一九六〇年的七四%下降到二〇一〇年的三六%。臺灣省政府農林廳，《臺灣農業年報》1962年度；行政院農委會，《農業統計年報》2010、2011年度。

大約至溪湖及埔心一帶；一九七〇年代，雲林縣東南的斗六、虎尾地區製造業發展。彰化西南區與雲林西北區，非農就業機會少，造成大量人口外移及高度依賴農業生產的現象。米價既然長期低迷不振，倚賴農業維生的農民必須尋求自保與新出路。阡陌相連，一望無際的稻田或蔗田景觀，開始轉變成多樣的農作區塊，濁水溪北岸的變化速度與多樣性又高於南岸，例如蔬菜、園藝作物、柳丁、番石榴、葡萄、香蕉、椪柑等。大致上，北岸為稻作替代，南岸為蔗作替代，這些米糖替代的作物中，最突出的莫過於葡萄的生產。

圖5-9 雲彰兩縣始終是臺灣重要的稻米產區，從一九三〇年西螺街上(今延平街)協成碾米場堆置近三樓高的米糧，可見當時產量與銷量之大。(西螺鎮農會提供)

第二節　稻作替代——葡萄栽培

臺灣的兩大傳統作物甘蔗與稻米皆沒落以後，農民紛紛轉作蔬菜、果品，恰巧的是，濁水溪北岸水田區轉作最突出的作物都是葡萄，而葡萄又分為釀酒葡萄和鮮食葡萄。以二林為中心，發展出供應公賣局釀酒的金香、黑后葡萄，以大村為中心則擴散出巨峰葡萄種植圈。

一、水田轉作釀酒葡萄（一九六五—一九九六）

臺灣從一九五五年開始推廣釀酒葡萄，當時在新竹、苗栗、臺中及彰化等四縣，選出四戶農家做為示範農園，所有生產由公賣局收購供作釀酒原料，並請相關機關、學校指導技術，奠定釀酒葡萄生產及釀酒專業的基礎。為了配合「加速農村建設計畫」，農政單位又將釀酒葡萄推廣到山坡地，首先在臺中縣后里、外埔等地區契作。一九六五年，二林地區農民[14]突破自然環境的限制，在水田試種金香葡萄成功，這項技術的突破，使彰化南區和雲林縣北區的農業進入「釀酒葡萄時期」，投入的種植面積近三千公頃，直逼彰、雲兩縣臺糖農場面積。

平原水田的單位產量比山坡地大而且平穩，從此，釀酒葡萄的生產區由新竹、苗栗的山坡轉移至以彰化縣為主的各鄉鎮。一九六七到一九八六年，水田轉作的釀酒葡萄園由二林鎮向外擴散到彰化縣其他十一鄉鎮，包括溪湖鎮、田中鎮、福興鄉、秀水鄉、芬園鄉、大村鄉、埔鹽鄉、

14. 二林農民在來自永靖的種苗商邱深江指導下，在水田栽培釀酒葡萄成功。

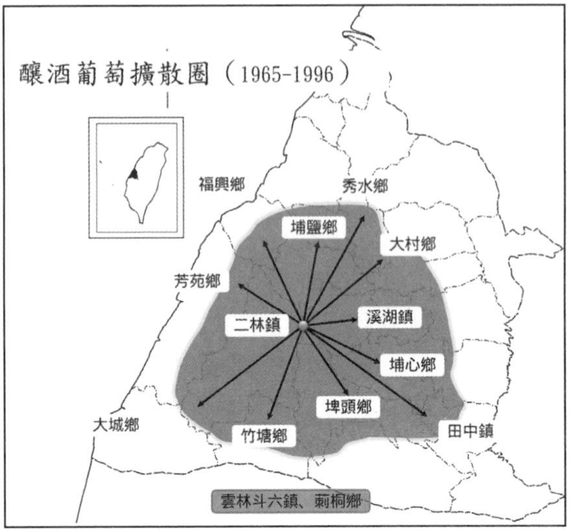

圖 5-10 釀酒葡萄擴散圈（1965-1996）
（張素玢製作 陳思賢繪圖）

埤頭鄉、芳苑鄉、大城鄉、竹塘鄉，及雲林縣斗六鎮、莿桐鄉。釀酒葡萄面積不斷增加，並迅速成為最耀眼的經濟作物。[15]

由於釀酒葡萄由公賣局「保價」收購，利潤遠遠大於稻作，收益也比其他經濟作物穩定又豐厚，使農民紛紛投入，彰化縣的稻作面積也在一九七五到一九八〇年之間，大幅下跌二萬六七九二公頃。公賣局每公頃原料收購二萬五千公斤，每公斤價格平均約二十五元；糖度愈高價格愈好，二林鎮種植面積最高時，竟超過一千公頃。二林鎮釀酒葡萄的交貨金額自一九九三年起便超過一億元，一九九四年更達到近八億，對果農、農會的收入都有很大的助益，農村許多別墅型的「葡萄厝」取代了過去的三合院平房。釀酒葡萄栽培過度擴張的結果，公賣局無法消化，且收購成本太高，果農和公賣局一再衝突，抗爭長達十年，最後一九九六年省府核定「公賣局契作釀酒葡萄廢園補助金額與辦法」，彰化縣總面積達二四二四・〇二公頃

15. 張素玢，〈從二林蔗農事件到葡農事件——地域與社會力的形成〉，頁2-21。

圖5-11 二林成功從水田轉作釀酒葡萄，曾創下近八億元產值，但契作政策結束後，盛況已不存。圖為金香與黑后葡萄。（張素玢攝，1995）

（一九九四年統計）的釀酒葡萄紛紛改種其他作物。[16]至此，彰化平原的農作版圖又大幅調整。

二、水田區轉作鮮食葡萄（一九六〇—）

一九六〇年代，大村鄉民以栽培管理釀酒葡萄的經驗，開發水田地區扦插巨峰葡萄的栽培法，奠下彰化平原鮮食葡萄產業蓬勃發展的先機。員林鎮、溪湖鎮及埔心鄉也相繼投入巨峰葡萄栽培。當時農民已意識到稻作之不利，渴求新的替代作物，於是新的栽培區串連為廣大的鮮食葡萄栽培區。[17]有「羊葡小鎮」之稱的溪湖，之所以成為目

16. 有關葡萄農長期抗爭的過程，詳見張素玢，〈憤怒的葡萄——二林葡農抗爭事件〉，頁251-262。
17. 施添福總編纂，《臺灣地名辭書卷十一 彰化縣（下）》（南投：國史館臺灣文獻館，2004），頁609-610。

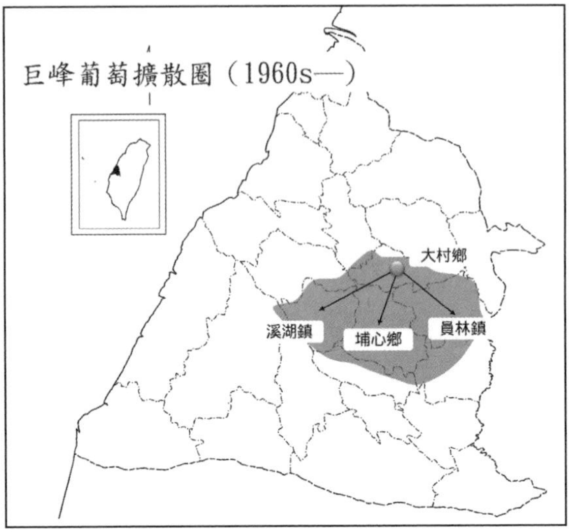

圖5-12 鮮食葡萄擴散圈（1965-1996）
説明：臺灣的鮮食葡萄以巨峰葡萄為主
（張素玢製作 陳思賢繪圖）

前種植葡萄面積最廣的地區，有以下原因。一九七〇年，溪湖鎮的椪柑感染黃龍病，病株砍除，改種植鮮食的巨峰葡萄，葡萄面積劇增四十幾公頃，並逐年增加。另一個因素是，溪湖用來醃製酸菜的大芥菜產業沒落，農民改種與公賣局契作的釀酒葡萄所致。一九八一到一九九六年之間，溪湖的葡萄栽培其實是釀酒葡萄居多。

一九九六年葡農與公賣局契作期滿後，果農有的廢園，改種蔬菜，有的改種巨峰葡萄，雖然葡萄品種不同，但是有栽培葡萄根底的溪湖農民，很快就轉換成巨峰葡萄，二〇一〇年種植面積達五一〇公頃，已超過發源地的大村鄉，成為溪湖的特色產業。溪湖地區生食葡萄栽培獲利率提高後，農民以專業方式進行田間管理，朝向高品質的果品生產，二〇〇〇年以後逐漸棄守蔬菜種植，由埔鹽鄉取代溪湖鎮，成為濁水溪北岸主要的蔬菜生產區。

當鮮食葡萄擴張，釀酒葡萄席捲彰化平原時，永靖、田尾走的卻是另一條自己的路徑。

第三節　另闢蹊徑的花卉園藝產業

當臺灣農業陷入「後」蔗作、「後」米作的焦慮和轉向，繼而面對「以農養工」的難堪時，彰化縣永靖、田尾一帶卻以日治時期即有的花卉、苗木栽培技術為基礎，善用技術，朝現代化經營，並結合休閒與園藝群聚產業，跟著工商業發達的步調，走出自己的康莊大道。

田尾、永靖園藝產業最早以走商的形式到臺灣各地批發、販售，久而久之，銷售網幾乎遍布全臺灣。永靖自日治時代即已從事果樹、甘蔗及兩期稻作的多角化經營，永靖栽培的果品、花苗、樹苗、果苗、荖花、荖葉是全臺最大產區，早在日治時期就設有荖葉市場，一九三三年集貨量一〇萬五三〇〇公斤，價格達到三萬九千餘圓，[18]此外，臺灣的果品生產技術指導及銷售管道，也都操在永靖人手裡。二林水田栽培釀酒葡萄成功，便是來自永靖種苗商邱深江的指導，這使得葡農有長達二十年以上的高收益，由此可知種苗栽培與技術的關鍵性影響。

永靖雖為農業之鄉，其產值不完全來自作物，反而是農民在種苗栽培的技術指導。嚴格說來，永靖的園藝產業技術發展比田尾還早，外表看來平凡的果農，其園藝的真功夫才是創收的本錢，所以早在日治時期，人口密度就達到每平方里二一四八人（一九三一年），當時田尾庄才只有一二三四人，溪湖也不過一三八七人。[19]

18. 趙水溝，《員林郡大觀》，頁24。
19. 《臺中州統計書》（臺中：編者，1931）。

若論到園藝栽培成為檯面上的產業，是在一九六〇年代以後。根據曹登輝的研究，當時臺灣經濟逐漸起飛，二、三級產業擡頭，許多私人企業和公家機關開始重視門面的綠化、美化，再加上一九六八年開始實施九年國民義務教育，每鄉鎮至少要有一所國民中學，新學校因而紛紛成立，校園造景所需的苗木、盆栽、花卉需求大增，為園藝栽培產業奠下基礎。[20]一九七〇年代政府正式將田尾、永靖兩鄉，面積約一百二十公頃的區域規劃為公路花園園藝特定區，形成今日的公路園藝區，一九七六年完工，當時稱為「公路公園」，過節或假日，常湧入大量遊客。因為人們通常稱之為「田尾公路花園」，導致田尾的「名氣」超過永靖。[21]

曹登輝分析田尾地區的自然條件良好，有濁水溪灌溉，土壤肥沃，泥土不太鬆也不太黏。耕者有其田的政策實施後，以往的佃農有自己的土地，再加上一九五四年以後政府實施「經濟建設計畫」，路網漸次完成，運輸速度提高也減少顛簸，提高二次栽種的存活率。在這樣先天與外在條件配合下，田尾地區的園藝產業規模逐漸擴大。[22]除了以上分析以外，吾人必須正視濁水溪的「土膏」對種苗植栽的關鍵性因素。濁水溪沖積物堆積生成的土壤為灰黑色，非常肥沃，而且QQ黏黏，對樹根的包覆黏著力佳，在道路狀況不佳的年代，長時間顛簸震動或搬運仍不會掉落，移植時苗木的存活率高，所以田尾、永靖的園藝作物栽培尤具自然條件的優勢。[23]

花卉園藝產業即使不算獨門生意，市場競爭也很少，農民創新栽培技術，利用夜間照明

20. 曹登輝，〈田尾鄉花卉園藝產業變遷與地方特色形塑之研究〉（私立中國文化大學地學研究所碩士論文，2005），頁61-63。
21.「公路公園」的名稱由當時的省主席謝東閔所命名，後來口語相傳成為今天較為順口的「公路花園」。
22. 曹登輝，〈田尾鄉花卉園藝產業變遷與地方特色形塑之研究〉，頁61。
23. 永靖人徐愛朱（1939年生）、詹啟章（1965年生），田尾人黃瑞昌報導（1961年生），2011.1.31訪問紀錄。

來加速植株生長，所以外銷日本的菊花行情正好時，充分反映在燈火通明的菊花田上。田尾以生產切花（指從植株上切下、沒有根部的花）為大宗，苗木、觀賞類植物其次，永靖長於栽培育苗、研發品種與盆景。菊花可論打計價，優秀的種苗、栽培技術的指導和近於藝術價值的盆景，則難以用「市場價格」來估計。臺灣景氣正好的一九七五到一九九〇年代，一個身上沾滿泥巴的農民，可能月入數千萬，使得與永靖田尾相鄰的北斗、田中、埔心、溪州都掀起園藝熱。[24]有的鄉鎮刻意與田尾菊花生產區隔，例如田中鎮的西南側沙崙里、大崙里等，則選擇玫瑰專作，產量也曾為全臺首位，占總產量五〇％左右。[25]

圖5-13 田尾的非洲菊（許震唐攝，2014）

24. 在園藝產業正好時，甚至許多公務人員下班就投入「盆栽造景」（盆景）。1996年北斗、田尾地區農村調查訪問。
25. 楊蕙禎撰述，施添福總編纂，《臺灣地名辭書卷十一 彰化縣（上）》（南投：國史館臺灣文獻館，2004），頁384。

表5-4 彰化縣與全臺花卉收穫面積一覽表（1980-2010）　　單位：公頃

地區	全臺			彰化縣					
年代	花卉總量	切花	苗圃	花卉總量	占全臺	切花	占全臺	苗圃	占全臺
1980	1,529	1,057	376	842	55.06%	619	58.51%	206	54.68%
1985	2,996	1,846	989	1,652	55.14%	985	53.36%	624	63.09%
1990	6,206	3,218	2,700	2,879	46.39%	1,346	41.83%	1,481	54.85%
1995	9,661	4,789	4,379	4,438	45.94%	2,040	42.60%	2,306	52.66%
2000	10,973	5,007	5,201	5,096	46.44%	2,153	43.00%	2,761	53.09%
2005	12,481	4,061	7,111	4,578	36.68%	1,460	35.95%	2,882	40.53%
2010	13,181	3,707	8,048	4,884	37.06%	1,258	33.95%	3,373	41.91%

資料來源：臺灣省農林廳統計室編，《臺灣農業年報》1980、1985、1990年度。
臺灣省農林廳農業經濟科編，《臺灣農業年報》1995年度。
行政院農業委員會編，《農業統計年報》2000、2005、2010年度。

由於農業營收良好，此區的耕地面積相對穩定，一九九五到二〇〇九年，四個鄉鎮減少的耕地面積都在二百公頃以下，但農業人口比率下降幅度甚多，一九九〇年永靖七二%、田尾七四%，二〇〇九年永靖則降到三三%、田尾四九%。許多農民基於土地與人工成本的考量，將菊花栽培技術移植至中國，以昆明、廣東順德、佛山為主，種植面積非常大，這些地方生產的菊花出口日本，反而取代了自己家鄉的出口量，青壯年離農或轉移陣地到中國。[26] 從統計數字更可清楚看到彰化縣花卉園藝產業的變化。一九八〇年彰化縣以田尾、永靖周邊為主的花卉生產總面積有八四二公頃，切花生產面積占全臺五九%，二〇〇〇年面積擴張到二一五三公頃，生產占全臺比率為四三%，到二〇一〇年則萎縮到一二五八公頃、占全臺三四%。（見表5-4）

26. 永靖農民徐愛朱（1939年生）報導，2011.1.31訪問紀錄。
27. 彰化縣花卉批發市場資料提供，2010.5.8參訪。

由於田尾地區的切花生產最高，鮮花又不耐運輸儲放，因此運銷流程相當重要。本來田尾地區的花卉都運送至臺北濱江花市拍賣，並購買冷藏設備進行花卉預冷措施。為促進花卉產業發展，開拓產銷管道，一九九四年「彰化縣花卉批發市場」成立，為國內首座仿荷蘭式的電腦拍賣系統。三線電腦拍賣作業，平均進貨量約三千五百至四千件左右，日平均交易金額為三百三十萬至四百萬元，其特色為產銷合一，為全臺第一的產地型市場、臺灣地區第二大花卉拍賣市場，僅次於臺北花卉產銷公司。[27]

表5-5 臺灣五大花卉拍賣市場一覽表　　資料來源：2006年臺灣地區農產品批發市場年報

地區	臺北	臺中	彰化	臺南	高雄
名稱	臺北花卉產銷股份有限公司	保證責任臺灣區花卉運銷合作社	保證責任彰化縣花卉生產合作社	臺南市綜合農產品批發市場（兼花卉）	高雄國際花卉市場
成立時間	1988年	1995年	1994年4月	1990年9月	2002年
供應地區	北部地區為主	臺中、南投為主	中部地區	臺南地區為主	高雄地區為主

圖5-14 位於田尾的彰化縣花卉批發市場是臺灣首座仿荷蘭式的電腦拍賣系統（柯鴻基攝，2014）

近年在臺中縣、南投縣高級花卉的夾攻下，田尾地區的花卉園藝產業已結合餐飲、遊憩，朝向服務業發展。但彰化縣花卉批發市場則因區位適中，仍為全臺切花交易產地型市場之首。

第四節　異軍突起的蔬菜栽培

一九六〇年代以後，蔗作開始式微，稻作利潤有限，政府以農養工的政策使農業產值愈來愈低，農業勞動力逐漸被擠壓到工業，不少農民由專業轉為兼業。[28]兼業農民可使用農藥、除草劑、化學肥料等，大大降低田間管理的時間與勞務；日漸老化的農業勞動人口藉由機械化管理或代工率（請人整地、播種、收割等）極高的稻作，以自我勞力剝削的方式勉強度日；仍維持以農為專業者，則需尋找既能維生，又能替代米、糖的作物。

這時另一波的經濟作物興起，此階段所謂的經濟作物是指政府鼓勵農民種植，或公營機構與農民訂立契約的作物，如金香葡萄；此外由政府提供技術、資訊或輔導開發國內、國外市場的作物，如蘆筍、洋菇、柳丁、楊桃、蕎麥、薏苡等，其生產所需的勞力多半取自自家勞動力，規模趨向小農制。一九六〇至一九七〇年代，許多蔗作區興起以出口導向的蔬菜栽培——蘆筍與洋菇，使得濁水溪沖積扇扇緣最貧瘠、最缺乏灌溉的地區，卻創造出國際蘆筍及洋菇市場上最大的供應來源。

28. 彰化縣的專業農戶一九七〇年為三三・六六33.66%，一九八〇年降到一〇・〇四%，內政部，《人口統計要覽》1970、1980年度。

一、洋菇與蘆筍

洋菇的商品化栽培約在一九六一年左右，其後濁水溪沖積扇砂質壤土區種植面積的擴充十分迅速。臺灣洋菇的生產量，於一九六六年達到世界第三位，並且與蘆筍取代了過去米、糖在出口農產品的重要性，其生產在提供洋菇罐頭外銷，輸出地主要為歐洲、美國、日本等。洋菇在一九七七年前後，外銷量達七萬公噸，金額超過一億美元，臺灣成為世界上洋菇出口量最多的國家，彰化西南區的芳苑、二林、竹塘、大城、埤頭等，皆為主要產地，竹塘鄉產量更居全臺灣第一。一九七九年起，歐洲共同市場取消臺灣洋菇配額，轉配給中國大陸後，對臺灣洋菇罐頭外銷影響極大，每年出口量逐漸下降。[29]

圖5-15 竹塘的洋菇場（許震唐攝，2014）

29. 張素玢撰述，洪麗完總編纂，《二林鎮志，第六篇 農林漁牧》（下冊），頁46-49。

一九六〇年代另一新興經濟作物為蘆筍。一九五六年農林廳臺北區農業改良場在彰化伸港鄉試種，由食品加工廠試製罐頭，外銷香港和東南亞。試銷結果大受歡迎，且供不應求，於是在中部沿海地區推廣。大量栽培蘆筍始於一九六三年，一是因食品罐頭發展迅速，二是臺灣部分自然環境適於蘆筍栽培，土壤不需十分肥沃，灌溉良好的砂質壤土最適合；三則蘆筍收穫季（四至五月）剛好是鳳梨、洋菇罐頭生產空檔期，可利用製造洋菇罐頭之生產設備以降低成本。

臺灣試銷蘆筍罐頭至丹麥、西德、新加坡、馬來西亞等地，價格看好，於是政府積極輔導農工合作，栽培面積與產量均迅速增加，一九六四年蘆筍一躍與洋菇、鳳梨鼎足而立，占臺灣外銷產品重要地位。蘆筍種植使農民在經濟上有很大的改善，政府「為適應國家特別需要」，制定「香蕉洋菇蘆筍外銷臨時捐徵收條例」，自一九六八年七月一日開始，按出口結匯折合新臺幣金額，徵收百分之五的臨時捐。30

蘆筍罐頭的外銷暢旺，產量曾居世界牛耳，使農民爭相投入種植，也賺進了大筆外匯，約在一九七五年栽培面積達到高峰，彰化縣二林鎮、芳苑鄉種植面積最廣。後來新臺幣大幅升值，臺灣人工成本又日益升高，外銷幾乎沒有利潤，於是產業日漸萎縮。31 一九八〇年代蘆筍罐頭外銷大量減少後，種植面積也隨之減少，加上挖掘蘆筍仰賴人工，而且在豔陽下工作非常辛苦，農村人力老化後，年老農民體力無法負荷，過去種蘆筍的利潤使農家能裝設抽水機，自行灌溉，許多蘆筍農因此改種其他作物。32

30. 總統令〈制定香蕉洋菇蘆筍外銷臨時捐徵收條例〉，《總統府公報》第1969號，1968年6月22日。
31. 除了臺幣升值、工資上漲以外，少數農戶為提高蘆筍等級，以竹籤銜接增加蘆筍長度，被進口國家驗出後，嚴重打擊信譽，也影響到出口量。一九九八至一九九九年筆者在芳苑、二林農村調查所得。
32. 張素玢撰述，洪麗完總編纂，《二林鎮志，第六篇 農林漁牧》（下冊），頁50-51。

二、葉菜栽培

洋菇、蘆筍栽培主要供應外銷罐頭製造，而非進入一般市場交易，一旦停止外銷，其生產動力隨之消失，這時，以供應國內市場為主的蔬菜栽培逐漸擴大。生產期甚短的葉菜類，有如農產品的期貨，農民多由前一期利潤的高低來決定生產的作物，並採取短期投機的策略，搶種搶收而造成價格暴起暴跌。另外，臺灣農業的產銷過去一直存在市場價格不透明，銷售過程被盤商剝削的狀況，蔬菜價格高漲時，中間商才是最大的獲利者。

原本只是裹作（兩期稻作間的短期作物）度小月的蔬菜種植，何以開始「有利可圖」？其原因有下列幾點：

1. 果菜市場的設立：一九五〇年代後期，臺灣普設農產交易市場，運銷不再完全控制於盤商手中，中間剝削減少，使蔬菜在農業中也逐漸扮演了重要角色。

2. 人口集中城市：一九七〇年代以後人口愈來愈集中都市，臺灣各大都會區與其衛星城市，糧食大量仰賴農業生產區，加上國民所得提高，果品（農業統計列為蔬菜類）生產大幅提高。

3. 交通建設改善：縱貫公路與高速公路的修築，使得運輸農產品的能力增強，臺灣農產品消費市場結構逐漸分化為產地市場與消費市場，產地市場集貨圈的蔬菜、水果種植面積擴張。

4. 地下水的開發：蔬菜種植需要足夠的灌溉水，一九六〇年代以後，地下水資源大量開發，地下水抽取工時短，施工又簡易，濁水溪沖積扇有臺灣最豐沛的地下水資源，使原本水利建設遙遙落後濁水溪北岸的南岸，蔬菜種植能順利展開。

這些因素直接、間接地使濁水溪沖積扇農業區的蔬菜種植面積大增，農民逐漸改變其土地利用的方式；勞務多、風險大、利潤高的蔬菜栽培面積逐年增加，成為農作重要收入來源，當菜價走俏，稻作面積就減少；菜價低迷，稻作面積則增加，蔬菜與稻米遂成連結性作物。一九八〇年代後，稻米的連結利益更低，農民採取稻作、雜糧、蔬菜輪作時，稻作的角色往往只在維持地力，而非利潤的追求。33

米糖時代，濁水溪沖積扇北岸米作優勢，南岸蔗作居首；「後米糖」時代，作物栽培的內容也不相同。北岸的彰化縣西南區，先後有洋菇、蘆筍、釀酒葡萄、鮮食葡萄、蔬菜種植等，蔬菜以溪湖、埔鹽為大宗的生產區。南岸的雲林縣北區，旱作趨向專業化的過程中，蔬菜栽培扮演了最主要的角色，尤其莿桐、崙背、西螺、二崙、東勢等鄉鎮。一九七〇年代，雲林縣二崙鄉瓜類生產極為重要，該地生產的無籽西瓜外銷暢旺，美濃瓜的產量與品質在一九九〇年以前也首屈一指。一九五七年，雲林縣蔬菜栽培面積占總旱作栽培面積才三．六二%，到一九九八年以後突破五〇%，取代瓜類成為雲林北區最重要的作物。從一九九〇年開始，該區蔬菜生產量占全臺二〇%以上，並逐年增加，為臺灣最主要的蔬菜生產區。（見表5-6）

33. 農民表示，二甲水田無法扶養一個小孩，二分地的蔬菜收益卻綽綽有餘。空心菜生長期約十六到二十六天，一年不斷有收成，儘管菜金菜土，一次的「菜金」，往往就足以彌補長期的「菜土」；種菜有如領月薪，種稻的半年薪只相當一個月的菜薪。二〇一〇至二〇一三年筆者在彰化縣南區與雲林縣北區的農業調查。

表5-6 彰化縣、雲林縣與全臺蔬菜產量表（1970-2010）　單位：公頃／公噸

地區	全臺		彰化縣				雲林縣			
年代	種植面積	產量	種植面積	占全臺比例	產量	占全臺比例	種植面積	占全臺比例	產量	占全臺比例
1970	141,540	1,685,191	18,941	13.38%	210,701	12.50%	14,983	10.59%	200,623	11.91%
1975	187,381	2,226,308	22,131	11.81%	222,154	9.98%	26,038	13.90%	277,668	12.47%
1980	233,941	3,260,921	30,264	12.94%	359,255	11.02%	37,574	16.06%	552,514	16.94%
1985	226,443	3,243,364	29,472	13.02%	352,004	10.85%	45,381	20.04%	636,492	19.62%
1990	188,249	2,713,277	22,751	12.09%	298,726	11.01%	36,003	19.13%	569,263	20.98%
1995	173,048	2,853,486	19,618	11.34%	347,550	12.18%	38,622	22.32%	709,491	24.86%
2000	177,057	3,262,194	19,352	10.93%	497,142	15.24%	42,899	24.23%	901,245	27.63%
2005	160,337	2,654,613	15,434	9.63%	373,024	14.05%	42,791	26.69%	755,375	28.46%
2010	151,572	2,752,907	13,095	8.64%	381,745	13.87%	38,311	25.28%	769,033	27.94%

資料來源：

臺灣省農林廳統計室編，《臺灣農業年報》1970、1975、1980、1985、1990年度。

臺灣省農林廳農業經濟科編，《臺灣農業年報》1995年度。

行政院農業委員會編，《農業統計年報》2000、2005、2010年度。

圖5-16 西螺大橋下採收西瓜的農民（林嬌容攝，西螺鎮公所提供，2006）

濁水溪沖積扇平原的蔬菜生產，刺激彰化縣與雲林縣果菜市場的發展，果菜市場又帶動蔬菜種植面積的更形擴大，例如雲林二崙地區由瓜類生產轉成以蔬菜生產為大宗，便因鄰近西螺果菜市場的影響。

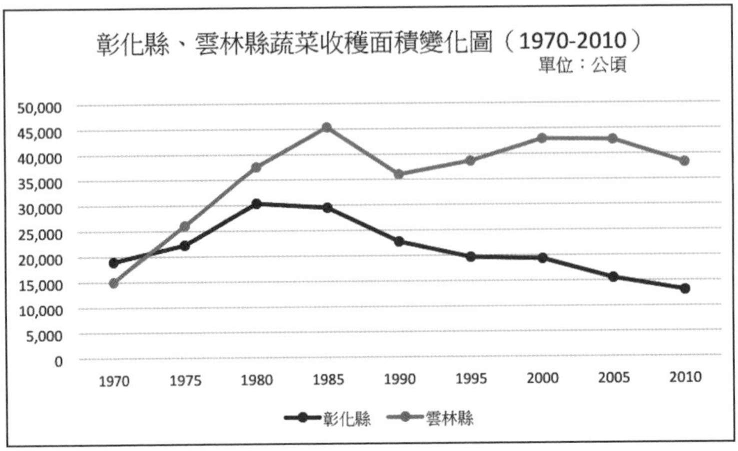

圖5-17 彰化縣、雲林縣蔬菜收穫面積變化圖（1970-2010）
資料來源：根據表5-6繪製

三、蔬菜栽培與果菜市場的發展

一九七〇年代以後，以供應國內市場所需的生產導向愈來愈明顯，農民生產策略的自主性格也益加強烈；市場公開交易使價格透明化，農民願意投入更多勞力與資本，追求可預期的利潤。經過半世紀的農業生產結構調整，濁水溪南北兩岸從蔗作、稻作釋放出來的土地，轉作蔬菜果品。溪湖、西螺分別因位於高速公路交流道附近，有其交通區位的條件，加上蔬菜生產腹地廣闊，先後成為全臺最重要的產地型果菜市場，以供應都會地區的需求為主，鄰近鄉鎮則成為果菜市場的集貨圈，種植蔬菜的面積逐年提高。

臺灣較重要的產地型果菜市場，因經濟環境的轉變有所消長；在一九六〇年代左右，臺灣主要的產地型果菜市場，分布在彰化南區的員林鎮、永靖鄉、溪湖鎮，雲林西螺仍未擠入重要果菜批發市場。一九五四年溪湖在農村復興委員會輔導下才成立果菜批發市場，一九五〇年代以前，果菜生產雖多，溪湖一帶的菜農及果農卻必須到員林果菜市場、永靖鄉竹仔腳私人市場或埔鹽鄉角樹腳私人豌豆市場交易，也有中盤商收購；售予中盤商利潤則較低，但可節省運送到員林或永靖交通的時間。

在高速公路未通車之前，員林、永靖為縱貫公路所經過，交通條件較優。一九七八年中山高速公路通車之後，溪湖與西螺果菜市場反因為與交流道距離近，交易量不斷成長，一九八〇年以後兩者分別晉升為一級市場。[34] 一九九〇到一九九五年以後，臺灣的蔬菜交易主場轉移到濁水溪南北兩岸的溪湖、西螺、永靖果菜市場，溪湖、西螺更先後竄升為全臺最大的果菜市場。從圖5-18與圖5-19可看出，一九九六年以後西螺果菜市場不論在交易量和交易值的表現都遙遙領先，取代溪湖成為臺灣最大的產地型交易市場。

溪湖與西螺果菜市場為何在臺灣蔬菜生產與交易占有重要地位？以自然環境分析，兩市場的主要集貨區來自彰化縣南區和雲林縣北區，兩者不論在溫度、日照、土壤方面都十分適合種植蔬菜。儘管每年十一至四月雨量偏少，但自一九六〇年代起，彰雲地區積極開發臺灣地下水最豐富

34. 市場等級依行政院一九九〇年一月十九日「臺七十九農字第一一二〇號函」修正核定之「農產品批發市場辦法」第三條規定，以其年交易多寡，區分為六等。行政院農業委員會農糧署，《臺灣地區農產品批發市場年報》95年度，頁4。

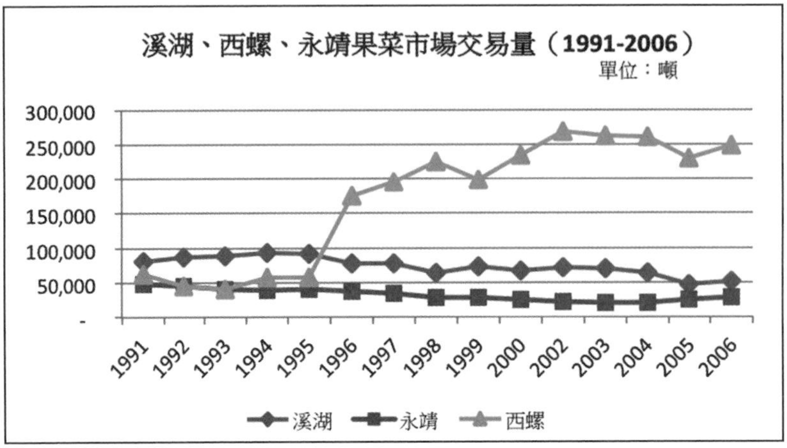

圖 5-18 溪湖、西螺、永靖果菜市場交易量比較圖

資料來源：《臺灣地區農產品批發市場年報》／說明：2001 年資料未出版

圖 5-19 溪湖、西螺、永靖果菜市場交易值比較圖

資料來源：《臺灣地區農產品批發市場年報》／說明：2001 年資料未出版

圖 5-20 西螺果菜市場的菜農（許震唐攝，2014）

的濁水溪沖積扇，正可補充灌溉水的需求。

若是彰化縣和雲林縣都適合蔬菜種植，為何西螺與溪湖獨占鰲頭？原來在彰、雲兩縣十四個果菜市場中，西螺和溪湖最接近中山高速公路交流道、省道和縣道，菜農或販運商供貨、出貨方便，有其交通區位的優越條件。既然溪湖、西螺交通條件相當，為何西螺進場交易量逐年擴大，造成市場空間不足而需一再擴建、遷建？溪湖果菜市場交易量則逐年萎縮？

溪湖果菜市場的交易值與交易量萎縮，代表溪湖果菜市場集貨圈的農作持續盤整。濁水溪沖積扇北翼平原從一九六〇年代以來，逐漸放棄蔗作，減少稻米栽培面積，朝向獲利更高的釀酒葡萄、鮮食（巨峰）葡萄、蔬菜種植發展。一九九六年公賣局結束與農民的釀酒葡萄契作後，濁水溪北翼平原種植巨峰葡萄技術已相當成熟，並進一步朝向溫室栽培，其他如寄接梨也在平原地區種植成功。農民追求利潤更高的果品作物，蔬菜種植面積慢慢減少，因而影響溪湖果菜市場的到貨量。西螺果菜市場則產生群聚效應，一九九五年以前，交易量都低於溪湖的西螺果菜市場，一九九七年，面積約十甲的新市場全部完工前，已成為各地蔬菜的轉運中心，一九九八年交易量更達二二萬五二四八公噸。從此一路超越溪湖果菜市場，目前更是臺灣最大的產地型果菜市場。[35] 市場周邊物流、人流多，帶動相關行業興起，例如冷凍倉儲、種籽行、農藥行、貨運等等。

濁水溪北翼平原追求更高產值的果品，南翼平原也朝向附加價值較高的網室蔬菜栽培。集約式的網室蔬菜栽培方式既可穩定收益，也可減少農藥用量，今日高速公路、高速鐵路雲林路段兩旁，便是一片網室蔬菜的景觀。雲林二崙鄉由瓜果轉向蔬菜種植，連土地肥沃，灌溉水源充足，多屬良田的西螺鎮，二〇〇〇年以後，三五七〇．三四公頃的耕地面積中，蔬菜就占了二九七五．六六公頃，農民為了維持地力，多採取與稻米輪作的方式，這也是在蔬菜種植區，稻作仍能維持一定生產面積的原因。

經過半世紀的農業盤整，在二〇〇〇年左右，位於濁水溪南北兩岸的臺灣糧食基地，農民又逐漸從兼業轉為專業，農作由粗放轉為精緻，一九九〇年代以後產業外移，工業釋放出的勞力適時補充了農村的部分需求，製造業空洞化，失業率提高，在城市難覓得就業機會的年輕人返鄉務農，為農業注入新血。儘管農民願意投入更多時間與資本從事農耕，並提高農

35. 西螺果菜市場資料提供，2013.1.5參訪。

產品附加利潤，返鄉子弟也帶來新思維，但是一九六〇年代以降，工廠進入農村與工業區闢建造成的問題，於今一一浮現。

第五節　工業對農業的「滲透」與「侵蝕」

戰後的臺灣一直致力於朝向工業發展，工業發展需要大量土地，一九六〇年代工業急速擴張後，侵占、競用農地。分布在鄉間的工廠若沒有適當規劃，動輒造成農田汙染，嚴重影響糧食生產。因此，促使政府從一九六〇年代即開始規劃編定各地的工業區[36]，公布實施「獎勵投資條例」。

彰化、雲林縣因農產品生產量高，常被冠以「農業大縣」之稱，事實上彰化縣的第二類工業區（即丁種建築用地）[37]一共四二四九．一八公頃，面積位居全臺第一。在各縣市總工業區面積方面，彰化縣也排名第二，占全臺總工業區面積的一〇．四三％。[38]雲林縣的工業區有四處，占地面積才二七九公頃。雲林的工業開發甚低，是因為其農田地力佳，在臺灣中部區域計畫中的區域機能，被界定為糧食生產基地，整體發展以農業為主。直到一九九一年，總面積高達一萬七二〇三公頃的離島式基礎工業區[39]規劃在濁水溪南岸出海口之後，雲林縣才一躍為臺灣工業區面積最高的縣市。

36. 褚明典，《臺灣地區現階段工業區開發之研究》（臺北：成文出版社，1981），頁43。
37. 非都市計畫區的土地共編定十八種用途，其中的丁種建築用地，就是提供工廠和有關工業設施建築使用的工地。
38. 葉爾建，〈縣名緣起與地區特色〉，收於施添福總編纂，《臺灣地名辭書卷十一 彰化縣（上）》，頁63。
39. 雲林離島式基礎工業區編定17,203公頃，填造地面積為11,562公頃，規劃為麥寮、新興、臺西及四湖等區，以及麥寮、四湖工業專用港。

圖 5-21 面積超過一萬公頃的六輕如匍匐在濁水溪出海口的巨獸（鐘聖雄攝，2012）

一九六〇年以來工業對農業的侵蝕，具體表現在土地、勞力與資本等面向；各種數據顯示工業對農業繼續滲透到土壤、水與空氣。彰、雲兩縣工業區面積分居第一、二位，不啻農工「雙料冠軍」，大有工農並進的發展潛力。工業區一一就位，再加上分布於農村的小型、家庭工廠，一齊為臺灣經濟打拼，但是外銷耀眼的成績也造成嚴重後果。彰、雲兩縣的工業區，以金屬製造、紡織、塑膠等產業為主，汙染程度很高，以排放大量廢水著稱，使土壤遭受莫大的損害。

行政院環保署從一九八六年開始，對全國一一六萬餘公頃農田土壤的重金屬含量展開調查，到二〇〇二年完成。所謂的重金屬包括砷、鋅、鉛、鎘，銅、汞、鎳、鉻等八種，結果顯示重金屬含量偏高，即分級標準達四級或五級以上的地區約三十萬公頃。金屬汙染共分為五級，各級指數含量標準如表5-7。

表5-7 臺灣地區土壤重金屬含量標準與等級區分表　　單位：μg/g

元素＼等級	1 缺	2 低	3 中	4 高	5 毒害
As（砷）[a]		<4	4-15	16-60	>60
Cd（鎘）[b]		<0.05	0.05-0.1	0.1-10	>10
Cr（鉻）[b]		<0.1	0.1-10	11-16	>16
Cu（銅）[b]	<1	1-11	12-20	21-100	>100
Hg（汞）[a]		<0.1	0.1-0.39	0.4-20	>20
Ni（鎳）[b]		<2	2-10	11-100	>100
Pb（鉛）[b]		<1	1-15	16-20	>120
Zn（鋅）[b]	<1.5	1.6-10	11-25	26-80	>80

資料來源：行政院環保署公布，〈土壤中重金屬含量標準與等級區分表〉。
說明：[a]砷與汞為總量；[b]以0.1M的HC1萃取。

農業生產量高，又致力於發展工業的雲林、彰化縣，重金屬汙染的狀況如何？

1. 砷汙染

主要來源為含砷農藥、油漆色料、硫酸、化學肥料、醫藥、玻璃等工業廢水。表土砷含量達第四級半數分布於雲林，其次為彰化縣的表土，但最高值出現在彰化縣。

2. 鋅汙染

主要來源為冶煉、鍍鋅、紡織等工業廢水，另外含鋅農藥、磷酸鹽肥料、橡膠、塗料等。表土鋅含量達第四級以上半數分布於彰化，且多處表土鋅含量達到第五級；其次為桃園（龜山及桃園）、雲林（虎尾）及高雄（楠梓）等地。

3. 鉛汙染

來源為顏料、冶煉及鉛蓄電池廠之廢水，車輛排出之廢氣及農藥，蓄鉛電池廠或用鉛工廠附近農田，常遭受嚴重鉛汙染。車輛排氣及工業鉛廢水是土壤汙染重要來源，雲林虎尾農田無論表土或底土，其鎘、鉻、鉛及鋅含量均高。[40]

4. 鎘汙染

鎘之主要汙染源為冶煉、電鍍、染料、塑膠等工業廢水，及肥料、潤滑油、輪胎等。表土列為第四級以上的面積約七四〇〇公頃，以彰化（彰化、秀水與和美交界處）分布面積約二三〇〇公頃最大，其次為雲林（虎尾達到第五級）、嘉義（太保）等地，彰化市西庄支線灌溉區電鍍綜

40. 韋煙灶、郭鴻裕，《臺灣全志土地志——土壤篇》（南投：國史館臺灣文獻館，2010），頁159。

合汙染區農田鎘含量也達 35mg / kg 左右（五級，毒害）。

5. **銅汙染**

主要來自冶煉、電鍍、銅製品工廠之廢水，及含銅農藥，甚至家畜糞尿堆肥也常檢測出銅。表土銅含量以彰化縣分布面積最大，分布在彰化市農會牛乳廠附近，與瓦窯里廟後農田及和美鎮、秀水鄉與彰化市交界處農田的表土。

6. **汞汙染**

主要來源為鹼氯工廠、汞化合物產業等之廢水，含汞農藥（目前含汞農藥已禁用）及金屬汞蒸汽等。表土含汞量達第四級的面積約三千八百公頃，其中臺北市（北投區西北部）、桃園（觀音與大園）、苗栗及彰化、臺南市（安南區東南隅）、高雄市（前鎮）等地略高。

7. **鎳汙染**

來源為冶煉、電鍍、煉油、染料等工業廢水。表土鎳含量達第五級的面積約八十五公頃，達第四級者約二千二百公頃，以彰化（彰化市、和美與秀水交界處）約九百五十公頃分布面積最大。

8. **鉻汙染**

來源為冶煉、電鍍、製革、油漆、染料等工業廢水。表土鉻含量達第五級的面積約一百七十公頃，達第四級者則有一百二十五公頃。主要分布於臺中（神岡）、彰化（和美與彰化市交界的農田表土達到第五級）、雲林（虎尾）等地。彰化地區部分農田的鋅、銅、鉻含量較為嚴重，與電鍍等工廠有關。

就整個臺灣的土地重金屬含量分布而言，工業及農業均發達的彰化縣最嚴重，其次是臺中縣及桃園縣，臺北縣次之，雲林縣、苗栗縣及新竹縣又次之；含量較高的重金屬則以鎘、鉻、鉛、鋅為主，銅及鎳次之。[41]

彰雲兩縣投向工業懷抱四十多年，被哺育了高量的毒素，使得臺灣最精華的農業區，卻成為全臺土壤重金屬汙染程度最嚴重的地區。儘管土壤汙染多在彰化東北區，農業彰化的西南區和農業雲林的西北區較輕微。但是不可諱言，農業長期使用化肥、農藥、除草劑，也種下汙染根源。

始料未及的，彰化縣和雲林縣土壤汙染的根源雖然是工業，但歷史上曾促成「綠色革命」的水利工程卻加速汙染的擴散，工廠廢水與都市的排水大多經由農田水路排放，重金屬在土壤中隨著水分四處擴散，擴大汙染面積，因此，對水圳分布密度頗高的彰化縣而言，土壤汙染的問題更顯嚴重。[42] 水渠受汙染導致農民不敢引水灌溉[43]，而抽取地下水灌溉作物則導致地層下陷。[44]

彰化、雲林縣民長期暴露在土地汙染，雲林縣濱海鄉鎮還籠罩在臺灣最龐大的離島工業區廢棄物排放範圍。這些汙染對民眾的健康與生命造成怎樣的威脅？

41. 本文有關土壤汙染的內容參考：韋煙灶、郭鴻裕，《臺灣全志土地志——土壤篇》，頁157-162。
42. 林正、呂正章、呂建華，〈土壤中重金屬擴散性分級評估初擬——以彰化縣為例〉，《中國環境工程學刊》5：4（1995.12），頁363。
43. 為何農民捨棄肥沃的濁水溪灌溉而寧願用地下水？溪湖農民施並鑫表示，種菜使用地下水是因為水溝汙染，工業汙染使圳水變黑，如果沒有穿鞋子皮膚會有問題，另外圳水的供應時間不敷所需也是原因。2011.9.7洪詩涵訪問記錄。
44. 根據經濟部水資源統一規劃委員會、中國農村復興聯合委員會，《臺中區地下水調查研究報告——沿海地區》表4-12的統計，溪湖鎮的水井數為512口，抽水量為2,443立方公分，井數次於二林的1,040口和鹿港的694口，但抽水量卻高於鹿港，為何溪湖地層下陷嚴重，未有定論。

從以下兩縣縣民的致癌率可看出一些端倪。彰化縣的癌症死亡率在臺灣二十一個縣市的排序大致在第十前後移動，雲林則從二〇〇一年就擠進前三名，二〇〇五年以後一直在癌症死亡率的前二名。（見表5-8）雲林接受「中華民國第六套輕油裂解廠」（由台塑企業投資建設，以下簡稱「六輕」）之初，縣政府有極為樂觀的看法，認為離島基礎式工業區將提供十二萬個直接就業機會，而衍生的就業人口預估將有六十萬人。六輕公用一廠第一套發電設備，在一九九七年十二月完工運轉，並逐年完成二、三廠與各項設備，產能不斷增加。但是雲林縣成為臺灣第一工業大縣以後，就業率沒有如預期般提高、人口外流沒有減少，反是癌症死亡率節節上升。

儘管土壤、水與空氣汙染「罪證確鑿」，工業對農業的侵蝕腳步仍未止息。彰雲地區所需的工業用地，除了與海爭地的彰濱工業區，填海造陸的離島工業區，臺糖便是最重要的土地提供者。蔗作沒落以後的臺糖，力求多角經營，除了農業轉作，也供應工業的大量土地需求，位於雲林斗六市北側的雲林科技工業區，基地總面積約五百九十公頃的土地來自臺糖大北勢、竹圍子、石榴班農場。[45]位於彰化縣二林鎮的中部科學園區第四期園區（二林園區），面積六三一公頃，土地由臺糖大排沙農場、萬興農場提供，儘管爭議、抗爭不斷，在二〇一二年所有工程都已完成。米作、蔗作雙元中心的農業發展解體以後，濁水溪沖積扇平原除了農業盤整、生產分化以外，工業對農業資源的侵奪和滲透也亦步亦趨，造成社會資本的龐大負擔，與國民健康的嚴重威脅。

45. 經濟部工業局雲林科技工業區官網，http://www.moeaidb.gov.tw/，2013.3.2瀏覽。

表5-8彰化、雲林縣癌症死亡率一覽表（1995-2010）

年度	彰化縣癌症死亡率	全臺各縣市排序	雲林縣癌症死亡率	全臺各縣市排序
1995	134（‰）	11	155（‰）	5
1996	145	10	170	4
1997	149	10	185	2
1998	133	16	175	4
1999	149	11	188	5
2000	162	11	201	4
2001	171	11	213	3
2002	168	13	227	2
2003	178	8	228	2
2004	174	12	237	3
2005	186	9	243	1
2006	184	13	247	2
2007	194	12	264	1
2008	179	14	239	2
2009	191	12	266	1
2010	199	11	260	2

資料來源：行政院衛生署，癌症統計資料（1995-2010年）
2010年癌症粗死亡率統計資料：行政院衛生署，死因統計（2010年版），http://www.doh.gov.tw/，2013.2.23下載。
備注：衛生署對2009年之後的癌症死亡率（Crude Death Rate）改稱（譯）為：粗死亡率。

「後米糖」時代的濁水溪沖積扇平原，除了農業盤整、生產分化以外，後米糖時代的農業變遷始終纏繞著工業發展的問題。臺灣的農業政策在汲取農業所得灌溉工業發展，工業發展卻將勞動力抽離農村；農產品量大值低，以農業為經濟主力的發展也開始轉向，農業的核心價值遂轉為培植工業的剩餘價值。濁水溪沖積扇平原的自然環境與農民的農業技術，創造了臺灣三個最重要的農產品市場與優質果品的生產，但是亮麗而突出的農業成就下，隱藏著政府長期以農養工，重工輕農的代價，這些隱藏性代價，從而成為社會、環境的外顯問題。臺灣最重要的農業區，面臨土壤、水與空氣的嚴重汙染，威脅著民眾的健康。

到底工業、農業能否並存？濁水溪能否同時扮演農業之河與工業之河的角色？濁水溪水資源開發至今已有三百年，這三百年來人們所稱的「母親之河」，面臨了多少的歷史難題？

第六章

濁水溪的歷史難題

溪河本無特殊屬性，各自東西流。人類以「利用厚生」的思維與人為造作，改變河流原來的面貌並賦予其服務人類的任務。臺灣河川水資源利用之極致，莫過於濁水溪；濁水溪的特殊水文在客觀環境上純屬自然質性，但是在人類需求之下，產生了環境與社會的種種問題。

從三百年前施世榜引濁水溪興築水圳後，這條河流就成為彰化平原的重要血脈，不斷供給農業與生活所需之水，也改變彰化地區的命運。清代全臺最大的水利設施，決定彰化地區的歷史發展；彰化平原成為臺灣最重要的穀倉，促成鹿港崛起為清代第二大街市，彰化城則成為兵家必爭之地。一九三〇年代以後，濁水溪的利用更從農業跨到工業，以濁水溪為動源的水力發電系統，在一九五三年以前，曾占臺灣總發電量的五五%，奠定臺灣發展工業所需電力的基礎。二〇〇一年完成的「集集共同引水」工程，以「流域管理」的觀念，建設臺灣最複雜、最巨大的引水、供水系統，確保六輕用水無虞，也期待一舉解決濁水溪南北兩岸分水、爭水，以及過度抽取地下水造成地層下陷的歷史難題。

灌溉彰化隆起平原的水利設施，造就臺灣最重要的農業區，卻也造成濁水溪南岸、北岸不均質的發展；這種南北不均質的發展，在歷史的進程中，對環境與區域社會產生深遠的影響，過去卻未被正視。至於濁水溪水資源開發的各種問題，雖有不同學科針對特定議題加以探討，但是這些議題卻不曾環環相扣，並以長時距來觀照其動態性發展。

本章回顧濁水溪開發三百年來各時期互相影響並延伸擴大的歷史難題，內容主要扣緊水資源利用的議題，剖析為人所誇耀稱羨的水利灌溉、水力發電、引水工程，如何造成區域發展不均質的現象，以及其所衍生的工農相剋問題，凸顯濁水溪做為農業與工業之河雙重屬性的困窘。

第一節　南岸或北岸？

施世榜從康熙四十八年（一七〇九）開始建造，至康熙五十八年（一七一九）完成的施厝圳（即後日所稱的八堡圳），是清代臺灣最大的水利工程，灌溉面積幾近一萬二千甲。康熙四十九年臺灣府耕地面積為三萬〇一一〇甲[1]，到了乾隆元年（一七三五）耕地增加為五萬〇五一七甲，在二十五年之間，耕地面積增加二萬〇四〇七甲，其中由原來諸羅縣分割出來的彰化縣（含括虎尾溪至大甲溪的範圍，約為今日雲林縣、彰化縣、臺中市）就占了一萬一六六五甲。值得注意的是，彰化縣水田面積三九八六甲，還比開墾已有數十年的鳳山縣（三五六六甲）、諸羅縣（一六三九甲）多。[2]乾隆九年（一七四四）彰化縣有一百一十莊，每莊平均九十九甲，遠

1. 高拱乾纂修、周元文增修，《臺灣府志》（臺北：行政院文化建設委員會，2004），頁236。
2. 劉良璧，《重修福建臺灣府志》（臺北：行政院文化建設委員會，2005），頁259、270、280。清代方志中的統計數字，不盡然能反映當時土地面積，若加上隱田的數字將更可觀。

超過臺灣縣的二十七個莊（四坊、二十里、一保、二莊）、諸羅縣的二十八個莊（四里、七保、十七莊）。[3] 道光十二年（一八三二），彰化縣繼續成長到九百八十三個街莊，每莊平均甲數則由乾隆二十九年（一七六四）的九十九甲降低到十九甲。[4] 一般而言，人口密度越高，街莊面積越小，可知水圳建設之後，彰化平原農墾迅速發展，灌溉區域的土地生產力大增，學者稱為「綠色革命」。[5] 到日治中期的一九三〇年代，彰化已成為全臺灣人口密度最高的地區，亦即土地贍養力最高之處。

八堡圳的水利灌溉使彰化地區成為臺灣穀倉，農業的發展更帶動彰化的政經地位。乾隆三十一年（一七六六）鹿港駐劄北路理番同知，乾隆五十年（一七八五）正式開港，為中部最重要的米穀轉運中心，彰化則於雍正十二年（一七三四）植竹為城。林爽文、戴潮春兩次重大事件，起事後皆旋即興兵攻下彰化城，也與彰化城為中部指標性政經中心，以及彰化平原為當時最重要的糧倉有關。

過去的研究都將八堡圳視為臺灣水田化的里程碑；水圳興築乃中部地區耕地大幅成長的首要因素，不論從方志街莊數的統計或田園面積的數字，似乎都能說明濁水溪水利開發對臺灣農業變革、中部區域發展的影響。[6] 弔詭的是，

3. 六十七、范咸纂輯，《重修臺灣府志》（臺北：行政院文化建設委員會，2005），頁156-157、159。
4. 溫振華，〈清代臺灣中部的開發與社會變遷〉，《歷史學報》11（1983.6），頁70。
5. Ramon H. Myers以及王世慶皆曾以「綠色革命」形容清初水圳完成後的水田化發展。
6. 例如森田明、王崧興、蔡志展、劉俊龍等人的論文，皆從水利建設的正面貢獻來討論，倒是施振民曾指出彰化縣南區的濁水溪沖積扇平原，因濁水溪屢次氾濫，為彰化平原聚落最稀疏的區域。參見：森田明，〈清代臺灣中部の水利開發について：「八堡圳」を中心として〉，《福岡大髂研究所報》18（1973.10），頁43-56；王崧興，〈八堡圳與臺灣中部的開發〉，《臺灣文獻》26: 4（1975.12）/ 27:1（1976.3），頁42-49；蔡志展，《清代臺灣水利開發研究》（臺中：昇朝出版社，1980）；劉俊龍，〈水圳建設與彰化平原的開發〉（國立成功大學歷史語言研究所碩士論文，1993）；施振民，〈祭祀圈與社會組織：彰化平原聚落發展模式的探討〉，《中央研究院民族學研究所集刊》36（1973.9），頁193。

數字並不代表全部事實，濁水溪下游的農業發展，就因八堡圳的水利系統，而使區域發展產生不均質的現象，這種不均質的現象又必須分別從濁水溪南、北兩岸，彰化平原南、北區來討論。

一、濁水溪南、北兩岸的差異發展

一七一九年引濁水溪灌溉的施厝圳完工之後，濁水溪南岸、北岸的景況從此漸行漸遠；北岸的彰化平原一躍成為臺灣最富庶的地區，南岸的雲林地區則長期發展停滯。為何當年施世榜選擇在濁水溪北岸修築水圳？工期長達十年、工本高達九十五萬兩的施厝圳，在中部草萊未開時，自然環境可能是圳路規劃的優先考慮因素。施世榜興築此大型水圳前，必定經過長時間的實地勘查，仔細分析濁水溪南北兩岸的河川、地形地勢，謹慎規劃。[7]施世榜何以擇定圳道流路，在一手史料中未說明原因，若以客觀的地理水文條件分析，北岸築圳條件優於南岸的因素有：

1. 濁水溪下游主流路的變遷，自康熙以來至光緒年間約二百年的時間，南岸因河床逐漸堆高，水往低處流，以築圳工程來考量，地勢較低的北岸優於地勢較高的南岸。（見圖6-1）

2. 濁水溪的河道與水文狀況，南岸水系與水圳交叉，施工不易。從康熙與雍正年間的臺灣古圖得知，康熙至雍正年間濁水溪兩個主要河道（當時稱虎尾溪、東螺溪），在今雲林縣以至彰化縣交界處擺動，境內分布著河道及網狀水系，河道南北並列，相互重疊，水圳必須與水系網脈多重交叉，增加工程的技術難度與成本。（見圖6-2）

7. 施世榜修築水圳工程的詳細內容，可參考黃富三，《臺灣水田化運動先驅：施世榜家族史》（南投：國史館臺灣文獻館，2006），頁58-66；顧雅文，〈八堡圳與彰化平原人文、自然環境變遷之互動歷程〉，頁43-44。

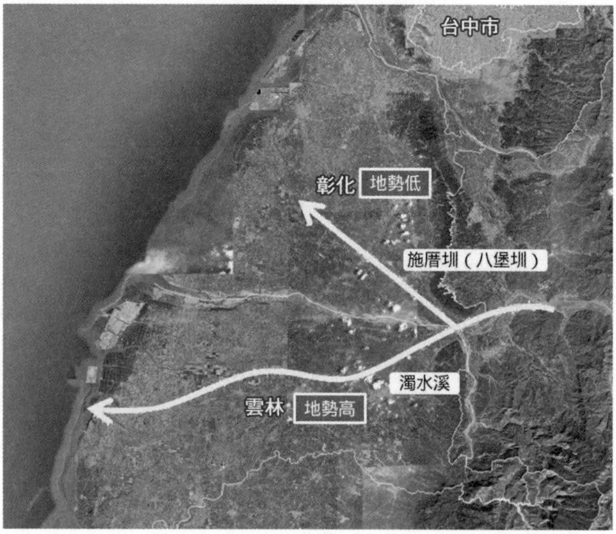

圖6-1 濁水溪南北兩岸地勢高低與水圳規劃之關係示意圖
（張素玢製作　陳思賢繪圖）

3. 南岸地面因砂丘堆積，凹凸起伏甚大，以致開圳築埤有實質的困難。（見圖6-2）

早期埤圳必須「因勢利導」，亦即以「重力流」輸送，在高低起伏的地表築圳，圳道若沿高丘繞行，不但修圳成本增加，也因距離拉長，蒸發滲漏，圳水效益降低。再則埤圳完成後，地面比埤圳高的田園，取水灌溉較為困難。[8] 因此，濁水溪南北兩岸平原都有相當的肥沃度，施世榜選擇北岸興築大型水圳，應有其理性的考量。

水圳完成後，彰化平原因水田化而迅速成為臺灣米倉，人口、街莊數成長亦居全臺之冠。反之，南岸的雲林地區在清朝中葉，水田化幾乎處於停滯狀態，田園大租權轉賣、轉典頻仍，意味「生利」功能薄弱，雖然歷經二百餘年的開拓，但截至清末日初之際，雲林縣的耕地率仍只有一五・七%，墾成土地的水田化程度，也只有三分之一左右。[9] 若論水利設施，嘉南大圳濁幹線

8. 陳國川，《清代雲林地區的農業墾殖與活動形式》（臺北：國立臺灣師範大學地理學系，2002），頁9-13。
9. 陳國川，《清代雲林地區的農業墾殖與活動形式》，頁64-68。

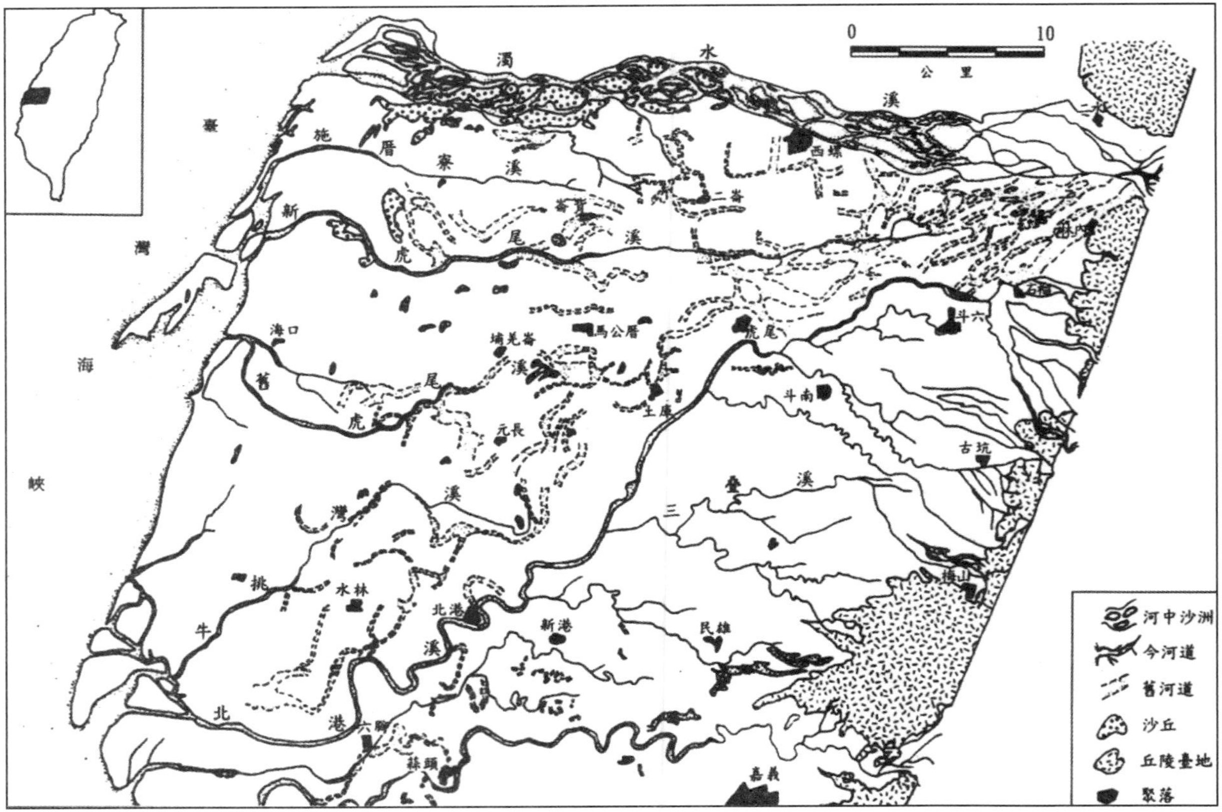

圖6-2 濁水溪南岸的地面水文系統

資料來源：陳國川，《清代雲林地區的農業墾殖與活動形式》，頁15。

説明：康熙年間濁水溪的主要河道在今雲林縣境，不利築圳。

大正十三年（一九二四）完成、斗六大圳更要到一九五五年以後，與北岸一七一九年完工的施厝圳相比，南岸的大規模水利建設足足落後二百年以上。二百年之間，濁水溪南岸、北岸也因大型水圳的有無，差異日漸彰顯。

二、彰化南區、北區的發展差異

大規模水圳施設的有無，不僅造成濁水溪南北兩岸的差異，進一步仔細觀察，今日彰化縣的南、北區也形成兩極化的發展；水圳流貫的彰化北區成為農墾的精華區，彰化南區的濁水溪沖積扇由於河道屢次改變、氾濫，水患與砂害區面積廣大，成為難以開發利用的邊際土地，流域區內的住民身家性命則受到嚴重威脅，造成人群遷移與聚落變遷。[10] 清代臺灣最大的水利工程是灌溉彰化平原一半以上面積的八堡圳，施世榜在進行此一水圳修築之時，可能已經謹慎考慮濁水溪水患的軸幅，避開洪水頻繁的區域。[11]

濁水溪向來被稱為「農業之河」、「母親的河」，引濁水溪的八堡圳水利設施使彰化平原一萬一九二三甲的農田受惠，寫下臺灣水利史劃時代的一頁，也帶動農業史上第一次「綠色革命」。但是，同屬濁水溪流域的南北兩岸，卻因人為的設施，自清代以來在農業發展上就產生極不均質的現象。這種現象長期被忽略的原因有：

1. 清代彰化縣行政區包括今日濁水溪兩岸的雲林縣、彰化縣和臺中市，清代方志中並沒有

10. 張素玢，〈濁水溪邊際土地的開發與農村菁英的崛起〉，收於陳慈玉主編，《地方菁英與臺灣農民運動》（臺北：中央研究院臺灣史研究所，2008），頁389-390。
11. 張素玢，〈洪患、聚落變遷與傳說信仰——以戊戌水災為中心〉，《濁水溪流域自然與人文研究論文集》（彰化：彰化縣文化局，2005），頁7。

呈現各保的單獨統計，以致學者根據清代方志統計出「彰化縣」的數據加以論述時，未區分濁水溪南北兩岸的情形。

2. 一般人常以今日彰化縣的行政區域來指認清代彰化縣，因此彰化平原的富庶與農業發展常被模糊統括了濁水溪南北兩岸。

3. 濁水溪南岸的雲林縣屬於中部或南部，不同時期有不同的認定，所謂的「中部」相關研究往往不包括今日的雲林縣。

4. 學者在濁水溪兩岸劃清界限，除了對濁水溪自然地理的研究兼及南北兩岸以外，論者各以北岸的彰化或南岸的雲林進行研究，「南水」不犯「北水」。

因此所謂的「農業之河」是否讓南北兩岸均得濁水之利？所謂的「綠色革命」對南岸北岸造成怎樣的不均質現象，過去學界缺乏比較性的討論，但是濁水溪南岸的農民一直為水資源的分配而困擾，南北分水的問題更是水利單位的歷史課題。

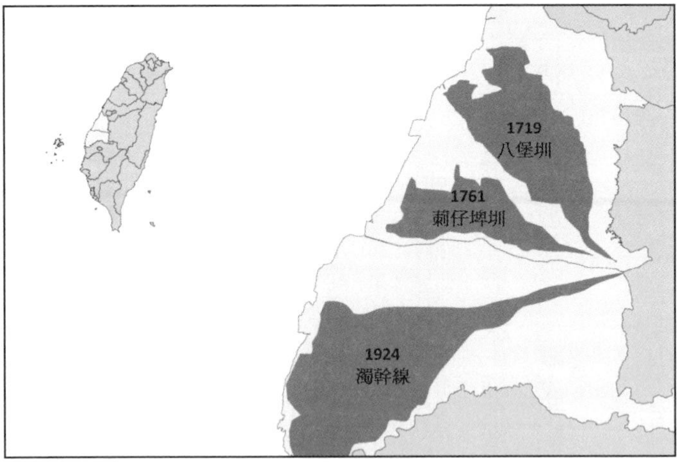

圖6-3 濁水溪主要水圳的灌溉區示意圖
（張素玢製作　陳威潭繪圖）

第二節　分水或爭水？

臺灣最長、流域極廣的河流濁水溪，背負著「利用厚生」的包袱，三百年來不斷被人們視為「資源」而加以開發，尤其在水利灌溉上。人工渠道導引河水至灌溉區，扭轉自然水文的流路，非灌溉區便有「吃水」不足的情形。分水與爭水的問題，一直與水利的開發相始終。

清代的大型水圳主要為私人修築，八堡圳為施世榜家族獨資，水圳系統為一事業體，引水人必須向圳主繳納水租。到了日治時期，臺灣總督府於明治三十四年（一九〇一）公布「臺灣公共埤圳規則」，由政府統籌管理水利組織與運作，以避免清代常見的爭水分、爭水權、爭水源及水圳過境等諸多問題。

濁水溪為中部最重要的灌溉水源，雖擁有廣大集水區域，卻受限於豐枯水量不均，每年自十月起至翌年三月間降雨量稀少，溪水流量減少，又適逢第一期稻作插秧期，各地爭水糾紛時起，尤其濁水溪灌溉區跨越臺中、臺南兩州，今日的彰化縣屬臺中州，雲林縣屬臺南州，每當枯水時期，若非政府執行分水調節，就無法消弭南岸與北岸的用水紛爭。濁水溪水資源的利用以農業灌溉為主，早期水資源由農田水利經營管理，為便於埤圳用水調配管理，濁水溪流域農田水利管理組織不斷合併與擴大，日治時期便有南投、彰化、八堡、竹山、北斗、嘉南等六個水利組合。[12]

12. 戰後水利組合改為農田水利協會（一九四五）、水利委員會（一九四八），至目前的農田水利會（一九五六年起），名稱不斷變更。濁水溪流域目前有關的農田水利會，為北岸的彰化農田水利會及南岸的雲林農田水利會，另有部分屬南投農田水利會。彰化水利會轄區，分布於彰化縣、南投縣的南投市及名間鄉，面積約四萬六四五四公頃，主要水源取自烏溪、濁水溪及貓羅溪等河川。雲林水利會的灌溉區跨雲林、嘉義、南投等三縣二十八鄉鎮市，濁水溪、清水溪及北港溪為灌溉水源，濁幹線由濁水溪引水灌溉，斗六大圳由清水溪及濁水溪引水灌溉，斗六地區其他埤圳由北港溪支流引水灌溉。

濁水溪分水協定始於大正元年（一九一二），當時北斗水利組合的莿仔埤圳、永基圳（以上屬臺中廳）與虎尾圳水利組合的鹿場課圳、引西圳（屬嘉義廳），成立臨時分水協議，但是對分水比率未做規定。到了大正五年（一九一六）爭執又起，才由臺灣總督府根據栽植面積規定雙方分水比率：北斗水利組合五四%（當時灌溉面積五六二七甲），虎尾郡水利組合四六%（面積四七四五甲），八堡圳各埤圳取水也有所限制。[13]

除了清代開鑿的八堡圳、莿仔埤圳引濁水溪灌溉，日治時期興建的巨型水圳系統嘉南大圳也來「分一杯羹」。大正九年（一九二〇），在地方人士奔走之下，濁水溪南岸開始興築了「濁幹線」。濁幹線為嘉南大圳工程的一部分，取濁水溪水源灌溉，於臺南州斗六街林內（今雲林縣林內鄉）的濁水溪畔設置三處進水口，主要灌溉範圍為濁水溪以南迄北港溪畔以北。濁幹線於大正十三年（一九二四）完成，同年開始取水。

當時濁水溪水量已明顯不足，枯水時期總流量更為減少，但濁幹線通水後必須增加灌溉水用量，總督府為因應此一困難，就由電力公司規劃開鑿隧道，從濁水溪上游武界引水貯蓄於日月潭，經發電後放流以供灌溉。發電工程未完成前，昭和二年（一九二七）六月二十二日，先由總督府總務長官行文通令臺中、臺南兩州知事，依分水率及分水方法，訂立南北岸於不同耕作季節的分水率。

枯水期臺中州「八堡圳」灌溉面積為二萬二九一〇甲、分水率為六二%，「永基第一圳」灌

13. 吳建民總編輯、王柏山等撰述，《臺灣地區水資源史：第四篇——日據時期之水資源開發利用》（南投：臺灣省文獻委員會，2000），頁478。

溉面積為一三五甲，分水率為一四．三％；臺南州「鹿場課圳」灌溉面積為六二二〇甲，分水率[14]為一五．二％。但是水稻栽培面積每年增加，濁水溪南、北兩岸作物栽培面積時有變動，一九二七年所定的分水率，反成為兩岸爭水的原因，若不重新調查，爭端難以平息。官方遂於昭和八年（一九三三）三月三十一日完成灌溉排水面積調查[15]，以該調查的灌溉面積為基礎，擬定分水率及分水方法，於昭和十二年（一九三七）實施，此即今日所謂的濁水溪、清水溪「二十六年分水協定書」。枯水期依據「二十六年分水協定書」召開濁水溪分水協調會，並成立分水隊，工作天一百五十日，以執行分水協定的相關事宜。[16]濁水溪南北兩岸儘管成立分水協定，也設立分水隊[17]，由於水源不夠，爭端也就一直沒有止休。

戰後臺灣省水利局（以下簡稱「水利局」）沿襲日治時期分水協定之法，也組織分水調解隊，一到枯水期就要下鄉調解農民分水糾紛。[18]一九六三年左右，濁幹線一圳便獨占濁水溪五四％的流量，嘉南農田水利會林內區管理處，甚至派有專人在濁水溪取水處——彰化縣二水鄉鼻仔頭，日夜監視各圳分水量，使各圳灌溉區都能依照分配獲得應有的水量。事實上，只要水源不足，不管如何分水，都無法滿足濁水溪南北兩岸的需求。一九六〇年代，水源的開發從地表水延伸到地下水，政府單位為了解決地表水不足的問題，開始往下鑽測。

14. 分水率除了耕種面積之外，還考量灌溉區為水田或旱田，因此灌溉面積不一定與分水率成正比。
15. 到一九三六年，臺灣總督府仍持續派技師實地勘查，以解決濁水溪南北兩岸的分水懸案。見〈臺南の分水問題〉，《臺灣日日新報》，1936年7月21日，4版。
16. 以上有關分水率資料，參考吳建民總編輯、王柏山等撰述，《臺灣地區水資源史：第四篇——日據時期之水資源開發利用》，頁479、483。
17. 臺灣省水利局於一九五六年成立後，為協調彰化、雲林兩水利會執行分水協定，設置「濁水溪分水隊」，由水利局派兼隊長，兩水利會各派兼副隊長及隊員，二〇〇七年「濁水溪分水隊」在集集共同引水正式營運後，為配合調配離島工業區供水需要，改編為「濁水溪集集共同引水配水隊」。
18. 〈水利局組分水隊 下鄉調解農民分水糾紛〉，《聯合報》，1953年2月11日，6版。

第三節　從地上到地下

戰後，臺灣人口急遽增加，農工業迅速發展，致使地面水的供應相當缺乏。但地表水源大部分已開發，其餘皆因工程浩大，費用過鉅、需時過久，很難建設。唯有地下水的開發遠比建設水庫容易，不僅工簡費省，而且需時很短，每口深井僅兩週至一個月即可完成；所以，有關機關便逐漸注意到地下水的開發。19

一、濁水溪流域地下水開發沿革

開發地下水用以灌溉大量農田，自臺灣糖業公司（以下簡稱「臺糖」）開其端。臺糖有四萬餘公頃的自營農場急待灌溉，便決定設法開鑿深井，利用地下水源灌溉蔗田；於一九四九年冬委託美國莊士敦公司（Johnston International）派員來臺勘查，並於一九五〇年七月至翌年六月，完成深水井一一七口。此後，該公司將其鑿井設備移交臺糖，於是臺糖利用該設備，先後又鑿成深井一二二口。

臺糖與水利局更在一九五五年十月間，合組一地下水勘測隊，由於濁水溪南岸需水殷切，所以先勘測雲林縣濁水溪以南、北港溪以北的扇形沖積平原，計面積一一〇八平方公里，並於

19.〈嘉南大圳林內進水口 調節水量的貢獻〉，《聯合報》，1963年8月11日，6版。

一九五六年九月完成。是年十月，繼續勘測彰化縣濁水溪以北、大甲溪以南的扇形沖積平原，計面積九五三平方公里，並於一九五七年十月完成。根據勘測結果，此兩地區的地下水，每年即可開發達九億八千萬立方公尺之多。一九五七年三月，水利局曾邀請各有關單位共同商議開發計畫，決議由水利局、雲林縣政府、臺糖農工處、嘉南農田水利會及斗六農田水利會等五個機構，聯合組織雲林縣地下水規劃開發小組，負責擬定開發計畫。[20]有鑑於地下水的重要，政府遂成立「臺灣省地下水開發委員會」及「臺灣省政府建設廳地下水工程處」兩機構，從事地下水的全面開發。由於濁水溪南岸的農業供水，從清代以來就遠遠不如北岸，所以一九五九年當局地下水開發計畫的第一個對象，就是雲林縣地區。[21]

除了政府單位，當時的臺灣省糧食局局長李連春也呼籲農友開發地下水，政府並擇定十七個區域，開水井四九〇口。[22]在政府倡導之下，農民在私有土地上個別鑿井灌溉田園，但與當地的灌溉系統不相聯繫，更無整體計畫可言。井與井間的距離，常過於密集，故抽水時難免發生相互干擾的現象而引起紛爭。臺糖深井之干擾民間水井，糾紛已持續多年。

圖6-4 李連春

一九七〇年代以後，濱海地區養殖漁業興起，政府為了養殖業的發展，進行一連串的發展計畫和建設，並在彰化、雲林、嘉義、臺南、高雄、屏東等縣規劃養殖區，一九七八年以後魚塭

20. 以上有關臺糖公司開發地下水資料，參考陳正祥，〈臺灣之水資源及其開發〉，收於臺灣銀行經濟研究室編，《臺灣之水資源》，臺灣研究叢刊第83種（臺北：編者，1966），頁76。
21. 鄧雲祥，〈臺灣水資源開發概論〉，收於臺灣銀行經濟研究室編，《臺灣之水資源》，頁4。
22. 〈李連春籲農友 開發地下水〉，《聯合報》，1966年5月16日，2版。

面積激增，也大量抽取地下水。[23]

農業、養殖業加上工業與民生用水的抽取，造成地下水水位持續下降，並引發嚴重的地層下陷災害，包括海水倒灌、土壤及地下水鹽化、建築物沉陷或棄置、排水設施及海堤喪失功能、海岸地區國土逐漸消失等，一九七〇年代末到一九八〇年代，政府已經發現地層下陷漸趨嚴重，考慮要管制地下水的抽取，卻因沒有替代方案而未施行。[24]

圖6-5 大城鄉臺西村海岸處處可見鹽化的土壤。（許震唐攝，2014）

圖6-6 大城鄉西港村魚寮溪出海口因地層下陷排水不良，淤積的河道成為白鷺鷥覓食的另類處所。（許震唐攝，2014）

23. 陳正祥，〈臺灣之水資源及其開發〉，頁77。
24. 譚義績、李堂毅〈失落的地平線〉，收於李貞儀、李嘉梅主編，《我們的濁水溪：集集共同引水工程紀念文集》（臺中：經濟部水利署，2002），頁49-50。

二、地層下陷問題

戰後五十年來，地下水未加管制的結果，已造成地下水位持續下降（每年平均下降〇．五公尺），以及沿海地區普遍性的地層下陷（臨海區最大沉陷量有達二公尺以上者），原防洪排水系統功能大受影響，造成環境嚴重問題，因為地下水超抽所造成的地層沉陷不可能再回復。經調查沖積扇十多萬口抽水井中，合法登記者不及一成（其中屬農田水利會、臺糖公司及自來水公司者計一一二八口，其抽水量約占總抽水量三分之一），其餘均為違法私設者，且不論私設或合法申設，使用均未能有效管制。[25]

集集攔河堰興建之初，宣稱完工後每年可以讓雲林地區減抽二億噸地下水，恰恰彌補地下水的超抽量，解決地層下陷的問題，但目前情形正好相反，濁水溪南北岸的彰化、雲林縣地層下陷程度已超過屏東縣，成為目前全臺下陷最嚴重的區域。然而雲林縣地層下陷受到嚴重關切，最主要的原因並非雲林縣民的安全問題，而是高鐵的行車安全問題。

濁水溪地下水開發六十年，國土淪陷一甲子，這又是濁水溪的另一道歷史難題。

表6-1 雲林高鐵沿線水井資料一覽

項目 類別	水井總口數	無法推估年抽水量之口數	無法推估年抽水量原因	
			電表廢棄、停用、電量為零者	水井無電號者
雲林高鐵沿線3公里水井資料	11,553	2,722	2,347	375
雲林高鐵沿線兩側各500公尺水井資料	3,869	819	637	182

資料來源：財團法人農業工程研究中心執行，《以農作調整觀點研析雲林高鐵沿線地層下陷防治策略》（臺北：經濟部水利署，2008），頁2-21。

25. 江明郎，〈集集共同引水工程與濁水溪水資源利用管理〉，收於李貞儀、李嘉梅主編，《我們的濁水溪：集集共同引水工程紀念文集》，頁176-177。

表6-2 臺灣歷年地層下陷最嚴重地區（1972-2009）

縣別	歷年累積下陷深度	目前持續下陷面積	最大年下陷速率	統計時間
彰化縣	2.51公尺	78.13平方公里	5.7公分／年（2009）	1985-2009
雲林縣	2.43公尺	413.86平方公里	7.4公分／年（2009）	1975-2009
屏東縣	3.28公尺	2.50平方公里	3.3公分／年（2009）	1972-2009

資料來源：

1. 歷年累積下陷深度，根據經濟部水利署，《各直轄市、縣市重要水利統計指標分析》，〈第六章：簡要分析——地層下陷概況〉與附表，2010.10.8瀏覽，網址：http://www. wra. gov.tw/。
2. 目前持續下陷面積、最大年下陷速率，參考經濟部水利署，地層下陷資料庫，「表三：臺灣歷年地層下陷最嚴重地區一覽表」，2010.10.8瀏覽，網址：http://www.subsidence. org.tw/。

說明：1.「持續下陷面積」指該地區年下降速率高於3公分以上的範圍。
2.「最大年下陷速率」指年度最大下陷量。

圖 6-7 彰化溪州高鐵旁，農民抽地下水的水井。雲彰一帶的地層下陷，被認為與地下水有關，也因恐影響高鐵行車安全，引起討論。（郭志榮攝，2011）

第四節　從農業之河到工業之河

濁水溪向來被稱羨為「農業之河」，從一七一九年施厝圳完成後，濁水溪的確不負使命，在長達三百年的歲月中，使彰化平原至今仍為臺灣農業精華區。但是濁水溪並非只有農業灌溉的功能，在日治時期開始被賦予「工業之河」的角色。

一、濁水溪的電力開發

一九一〇年代日人欲在既有的殖民基礎上發展輕工業，並多方利用水力資源以提供臺灣工商發展所需的電力。一九一九年四月，第七任臺灣總督明石元二郎命令籌組臺灣電力株式會社（臺電前身），同年八月間選定日月潭著手興建水力發電工程。後因第一次大戰及財務籌措困難，而延宕到一九三四年完工，並在臺灣西部建造貫通南北之輸電幹線。[26]一九四五年以前日月潭區電力系統的裝置容量十五．三萬瓩，曾經占全臺電力系統總裝置容量二七．五三萬瓩量的五五％以上，為日後臺灣的經濟發展奠定了基礎。二次大戰時，該發電系統受到嚴重轟炸，但一九四六年日月潭區電力系統的裝置容量為一四．三五萬瓩，仍占當時全臺電力系統總裝置容量的四五％[27]，是臺灣電力事

圖6-8 明石元二郎

26.〈日月潭興工式 訂廿五日在水社舉行〉，《臺灣日日新報》，1931年11月18日，8版。

27. 參見〈臺灣電力公司各廠發電能力〉（1946年10月底統計），收於臺灣省行政長官公署統計室編，《臺灣省五十一年來統計提要》（臺北：編者室，1946），頁828。

圖6-9 臺灣電力株式會社，此建築已在二戰時炸毀，原址今為國防部博愛大樓。（《臺灣心電圖》，2002）

業發展的里程碑，濁水溪也一躍成為全臺最重要水力發電的河川，奠立臺灣工業化的基礎。長久被定位為「農業之河」的濁水溪，至此又多了「工業之河」的榮耀。

濁水溪流域水力發電的開發持續進行，電廠由上游而下有萬大（一九四三）、霧社（一九五七，後併入萬大電廠）、大觀（日月潭第一發電所，俗稱日月潭水力發電廠，一九三四）、明潭（一九九五）、水里（一九九二）、鉅工（一九三七，日月潭第二發電所）及濁水（一九二三）[28]發電廠，合計裝置容量二八〇・五八萬瓩，年發電量五九・二億度。根據一九六〇年七月的資料，臺灣電力公司（以下簡稱「臺電」）的全部裝置容量為七〇・七八萬瓩，其中水力發電者計四四・六三

28. 濁水機組位於雲林縣林內鄉烏塗村，是濁水溪流域最早完工的發電廠。日治時期嘉南水利組合（嘉南農田水利會前身）為興建烏山頭水庫工程所需電源而開發興建之小型水力電廠，一九二三年竣工發電，一九二九年由臺灣電力株式會社收購經營。

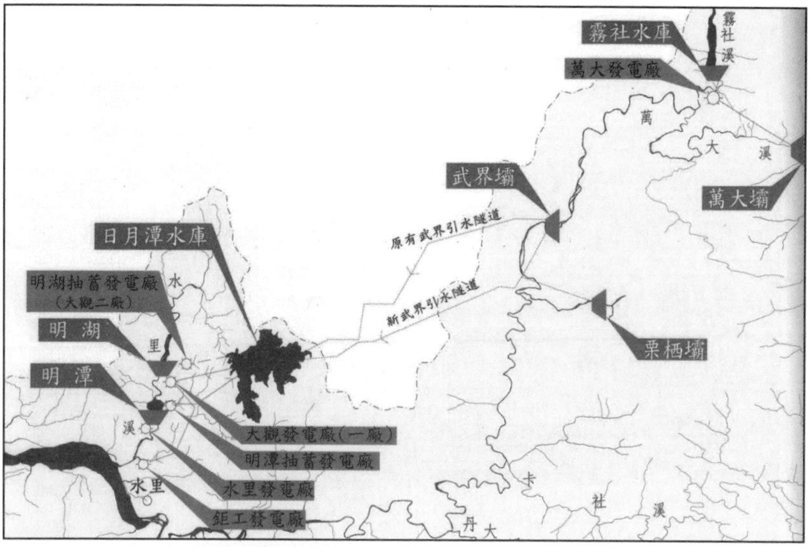

圖6-10 濁水溪水力發電設施分布圖

資料來源：林進村，〈濁水溪流域水力發電之開發過程與展望〉，《我們的濁水溪：集集共同引水工程紀念文集》，頁123。

萬瓩，占六三％；水力發電系統之中，以濁水溪為最主要，獨占四〇％。29

一九五三年以前水力發電占臺灣總電量九三・七％，火力發電占六・三％，隨著時代的發展，臺電不斷開發新能源，包括核能、風力、地熱、太陽光電等，水力發電只占總發電量五・九％（二〇〇五）30

圖6-11 日月潭第一發電所從一九一九年施工，歷時十五年才完成，為當時亞洲最大發電廠。（《臺灣心電圖》，2002，頁100）

29. 陳正祥，〈臺灣之水資源及其開發〉，頁87。

30. 臺灣電力公司網頁，2009.9.11瀏覽，http://www.taipower.com.tw/。

圖6-12 大觀發電廠原名門牌潭發電所，門牌潭俗名墓碑潭，正是因為這塊巨石；等一九三四年電廠竣工後，更名為日月潭第一發電所。

圖6-13 利用濁幹線發電的濁水發電廠，一九二三年完工已是近百年的歷史古蹟。（許震唐攝，2014）

，濁水溪流域諸多發電設施，今日只在尖峰用電時扮演「備位」的功能，[31]水力發電目前對總發電量微不足道。雖然電力公司宣稱水力是最無汙染的發電方式，但是濁水溪生態為此卻付出極大的代價，人們為這代價遭受愈來愈嚴重的威脅。

水力發電的設施除了發電機組以外，必須興築水庫以及攔砂壩沉澱泥砂，電廠發電的水源要先引到水壩集水，壩後有廣大水面供沉砂之用。濁水溪流域本屬容易風化的地質，河水懸浮物極高，非常容易淤積。水力發電最上游的萬大發電廠，水源在萬大南、北溪河流處，但是根據一九一九年「濁水溪上流地域治水森林調查」，萬大溪河流處上游有嚴重的大崩塌地[32]，武界堤在日治時期一年砂土堆積量就達二十萬立方公尺[33]，因此引濁水發電的各水庫和攔砂壩本來就難逃淤積的宿命。

雖然日治時期開始修建的工事相當嚴謹，但臺電公司鑑於舊武界引水隧道使用超過六十年，隧道混凝土劣化，部分地段嚴重龜裂、剝落，一旦崩塌日月潭水源恐會中斷，而大觀、明潭電廠則會停擺，因此臺電從一九九九年開始新建新武界引水隧道，興建栗栖壩，將栗栖溪與濁水溪一併納入引水隧道[34]，新武界引水隧道已於二〇〇五年完工。二〇〇七年臺電為提高霧社水庫尖峰發電效益，又建造萬大松林水力發電工程，總投資經費高達四十六億元，目前已完工。臺電未來的規畫中，慣常水力發電將只占總發電量的一・一%。[35]

31. 大觀發電廠一廠簡報，2009.4.30參訪紀錄。
32. 山崎嘉夫，《濁水溪上流地域治水森林調查書》，頁28-29。
33. 臺灣總督府濁水溪森林治水事務所，《濁水溪森林治水事業に就て》，頁11。
34. 林進村，〈濁水溪流域水力發電之開發過程與展望〉，頁132。
35. 臺灣電力公司網頁，2009.9.11瀏覽，http://www.taipower.com.tw/。

圖 6-15 日治時期的武界壩（《臺灣心電圖》，2002，頁22）

圖 6-14 興建中的武界壩（《臺灣心電圖》，2002，頁28）

圖 6-16 二〇〇五年完成的新引水隧道，唯一一段露天的輸送管線路過武界部落附近。（許震唐攝，2014）

二、水力發電帶來的難題

到底濁水溪中上游因水力發電設施衍生的問題為何？

1. 濁水溪上游河床升高

南投縣仁愛鄉法治村武界部落居民認為臺電萬大發電廠長期在上游洩洪，把淤積土石排放下來，等致濁水溪床逐年升高淤積嚴重，危及兩岸農田安全。但臺電認為河床淤積是因為九二一大地震以後，山坡地土質鬆軟，以及與兩岸人為開墾、水土保持破壞有關，不全然是水庫洩洪的關係。[36]（見圖6-17）

2. 日月潭嚴重淤積

二〇〇六年三月日月潭漁民指出，日月潭近年即使滿水位，大竹湖等部分水域水深還不到一公尺，水下隱藏著的淤積造成遊艇擱淺、漁獲減少、潭水變濁，漁民擔心新武界引水隧道完工啟用後，新、舊隧道一同引進含泥量偏高的濁水溪水，將更加快淤積速度。[37]臺電公司的調查也發現，日月潭淤積汙泥約有二千一百萬立方公尺，恐影響蓄水及水面活動，開始在大竹湖區展開清淤工程。[38]（見圖6-18）

3. 淤砂堆積難以清理

二〇〇六年底日月潭淤泥雖然開始清除，但淤泥的載運和去處卻無對策。二〇〇七年八月

36. 七十八歲的法治村民林世堅回憶起卅年前的濁水溪，溪水清澈見底，魚兒悠游溪中，現在卻面目全非，見〈濁水溪淤積 農民怪臺電〉，《聯合報》，2003年6月4日，B1版。
37. 〈嚴重淤積 日月潭 水淺危險！〉，《聯合報》，2006年3月26日，A3版。
38. 〈日月潭清淤 過年前完工〉，《聯合報》，2007年1月4日，C1版。

十九日聖帕等一連三個颱風肆虐，造成仁愛鄉萬大水庫上下游濁水溪沿岸村落橋梁、道路、農田作物嚴重受創，仁愛鄉鄉民指出，萬大水庫上下游淤砂問題幾十年不處理，颱風又導致更多崩塌土砂淤積河川水庫，鄉民當然要激憤抗議。[39] 二〇〇八年辛樂克颱風重創南投縣，光是災後從溫泉區溪床挖出的土砂已逾百萬立方公尺，而萬大水庫淤砂量更多達八千八百萬立方公尺，以一輛砂石車載運三十五噸計算，水庫淤砂需要約二十五億趟車次才能運送完畢；但如何清理、如何外運又成為最棘手的難題。[40]

一九七〇年代以後，水力發電的重要性減退，濁水溪的「工業」屬性似乎降低了，事實上濁水溪水資源效益的規劃從未停止過。濁水溪水資源的開發利用，上游以水力發電為主，中、下游以灌溉為主，主流集集以下南北兩岸設有已登記水權的圳路多處，引灌面積達八萬公頃。下游河谷的伏流水及兩岸之地下水均已充分利用；上游完成的霧社、日月潭兩水庫，為水力的主要設施，亦需配合灌作放水，但每遇乾旱，水源仍感不足。[41]

為解決濁水溪用水諸多問題，早在昭和十七年（一九四二），日人便提出在濁水溪集集林尾隘口興建永久性共同引水口的構想。戰後，各方對於集集共同引水方案均有不同的規劃，工程內容與規模迭有變更。

39.〈仁愛鄉長動怒 要臺電整治淤砂〉，《聯合報》，2007年8年28月，C2版。
40.〈廬山淤砂外運 找出路遇難題〉，《聯合報》，2008年11月6日，彰投C1版。
41. 臺灣電力公司臺灣地區水力普查工作小組、經濟部水資會臺灣地區水力普查工作小組主辦，《濁水溪水力普查報告》（臺北：經濟部能源委員會，1986），頁壹-2。

圖6-17 南投縣信義鄉濁水溪巴庫拉斯河段土石堆積，河床升高近十公尺（張素玢攝，2009）

圖6-18 武界新引水隧道注入大竹湖處形成日月潭名景「日月湧泉」，一旁可見淤積泥砂。

表6-3 集集共同引水計畫時程

時間	摘　要
1942	日治時期提出永久共同引水口的構想
1956	濁水溪流域規劃（解決濁水溪北岸灌溉引水）
1963	美援會提資助260萬元進行相關引水工程規劃調查
1989	行政院原則同意進行共同引水計畫
1991	台塑預定在麥寮設廠，正式規劃集集共同引水計畫，並納入「國家建設共同計畫」
1993	六輕工業用水專用設施納入集集共同引水工程後開工
1997	六輕工業用水專用管路開始供水
2001	全臺最巨型引水、供水系統完工
2005	林內淨水廠完工，民生用水開始供水

資料來源：整理自本節。

三、集集共同引水計畫

水利局於一九五六年擬具北岸代替計畫，經濟部水資源統一規劃委員會（簡稱「水資會」）在美援經費支助下，從一九五六年開始進行濁水溪流域規劃。一九六二年美援政策變更，水資會便尋求中國農村復興聯合委員會（簡稱「農復會」）支援基本研究費一百至一百五十萬元，以及高屏溪計畫三百萬元，濁水溪計畫五百萬元，但農復會回函：「濁水溪流域規劃前經美援會及美國援華公署同意支助至一九六三年度為止，一九六三年度預算額為新臺幣二六〇萬元，至於其他計畫所需之經費尚有待於美援會及援華公署之專案決定。」[42] 於是水資會一方面將「濁水溪流域計畫一九六三年度申請書」提送農復會簽訂合約外，一方面向經濟部提出三計畫申請書的修正案[43]轉行政院美援運用委員會（簡稱

42.「中國農村復興聯合委員會1962年7月25日農五十一水字第七八一七號函」，《經濟部檔案》（未公開）。

43.「經濟部水資源統一規劃委員會 1962年9月14日（51）水資祕字第一五五〇號」，《經濟部檔案》（未公開）。

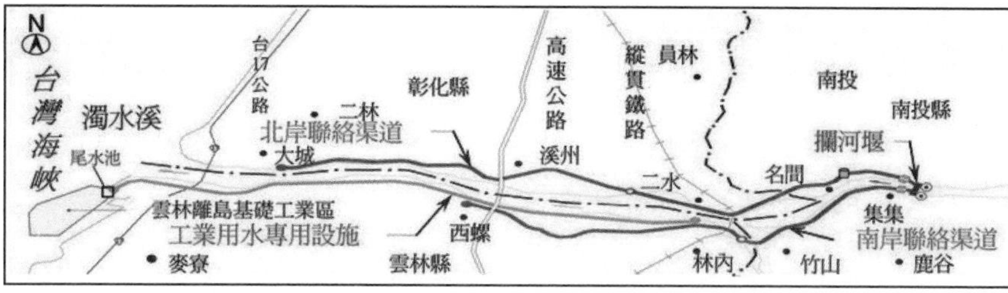

圖6-19 集集引水工程渠道管路

「美援會」）[44]，最後美援會只同意「除濁水溪流域開發規劃經費新臺幣二六〇萬元外其他計畫經費不復資助」。[45]水資會的「濁水溪流域規劃」前後一共進行八年，旨在配合水利局解決濁水溪北岸灌溉引水問題，規劃案中已針對「集集共同引水計畫」進行多目標的研究[46]，但因工程費龐大，淤砂問題嚴重而未實施。

政府相關單位不斷重提「集集共同引水計畫」，但始終都懸而未決，一九八九年十一月行政院核示原則同意，但必須由臺灣省政府檢討、評估效益，提出完整報告報院核定。[47]一九九〇年「六輕」決定設於「雲林離島工業區」，在整體考量濁水溪兩岸社經發展需求下，政府才規劃了集集共同引水計畫，並列入「國家建設共同計畫」水利工程。六輕工業用水專用設施於一九九三年五月由行政院核定納入，「集集共同引水工程計畫」才算拍板定案[48]，也就是說，六輕的用水需求，可能是政府決定進行「集集共同引水工程」的最主要原因。

44.「經濟部1962年10月5日經臺（51）水字第一五五三八號」函美援會，《經濟部檔案》（未公開）。

45.「中國農村復興聯合委員會1963年1月21日第六三一臺一一四七二號備忘錄」函覆美援會，《經濟部檔案》（未公開）。

46. 經濟部水資源局，〈濁水溪流域規劃報告〉（1963年），《經濟部檔案》，檔號：05020.06。

47.「行政院1989年11月24日臺78經字第二九六三二號函」，《經濟部檔案》（未公開）。

48. 臺灣電力公司臺灣地區水力普查工作小組、經濟部水資會臺灣地區水力普查工作小組主辦，《濁水溪水力普查報告》，頁肆-4；江明郎，〈集集共同引水工程與濁水溪水資源利用管理〉，頁177-178。

圖6-20 林內直通麥寮六輕的工業用水管路（許震唐攝，2014）

二〇〇一年九月底完成的「集集共同引水」工程，為全臺灣最巨型的引水、供水系統，也是國內最複雜的水資源系統。政府強調的是「流域管理」觀念，亦即對有限的水源做最有效的利用管理。政府基於：1. 防止地層繼續下陷；2. 提供農業用水；3. 提供工業用水；4. 滿足民生用水需求；5. 解決濁水溪分水協議等重大問題，決定施行「集集共同引水計畫」。和過去不同的是，此一引水工程的水資源利用，不再以農業灌溉為主，而是供應雲林離島工業區用水，此即興建此一巨大工程的重要原因。[49]

攔河堰鋪設了一條工業用水專用管路直達雲林離島工業區（見圖

49. 參見蘇炳勳，〈集集共同引水工程設計理念〉，收於李貞儀、李嘉梅主編，《我們的濁水溪：集集共同引水工程紀念文集》，頁190-192。

6-19），早在一九九七年七月就開始供水，但該計畫承諾的民生用水，直到二〇〇五年林內淨水廠完工才供水。

根據集集共同引水計畫的水資源分配，不論分水原則或分水量，農業不但優先，農業用水量更遠遠超過工業用水，但原則可調整，工農用水可調配；濁水溪到底能否兼為農業之母與工業之母？

第五節　工農相剋？

農業與工業相剋的議題，可由許多面向來討論，本節只集中在水資源運用，尤其從「集集共同引水」水量調配的問題，探究農業與工業到底是共生共存或相互排擠。

圖6-21 林內分水工集斗六大圳、濁幹線與集集南岸渠道於一處，掌控濁水溪南岸的農業、工業與民生用水。從圖可看得到工業取水口與濁水溪二號水門進水口。（許震唐攝，2014）

一、「集集共同引水」的水量調配原則

集集共同引水的目標，在將地表和地下水聯合運用，其基本意義是要妥善運用豐水期充沛的地表水資源，將珍貴的地下水蓄存於地下含水層中，保留至枯水期地表水不足時使用，運用「以豐濟枯」的手段，加強地下含水層調蓄豐枯水量的能力，以增加系統整體的出水能力。集集共同引水工程可藉著集集攔河堰、南北岸聯絡渠道、工業用水管路及斗六大圳等，統籌調度濁水溪及清水溪地表水源，將濁水溪流域的地表水源有效掌握與運用，使水資源運用達最大效益，在滿足各標的用水需求的情況下，儘量減少地下水使用量。[50]

圖6-22 集集攔河堰攔下了豐富的水資源，調整池可容納一千萬噸的水。（許震唐攝，2014）

50. 田巧玲，〈濁水溪地面水與地下水的利用〉，收於李貞儀、李嘉梅主編，《我們的濁水溪：集集共同引水工程紀念文集》，頁164。

集集攔河堰完成後，在攔河堰前形成容量約一千萬立方公尺的調整池，此有限容量對用水量大的農田灌溉雖無明顯效益，但是對缺水忍受度低且用水總量不高的民生及工業用水，則具應急的功能。另外，經由集集攔河堰運用要點的規劃，以及上游臺電系統的霧社、日月潭兩水庫等協調運轉調節放水，還可發揮穩定供水及積極救旱功能。集集攔河堰水量調配策略為：

1. 川流水優先，水庫水（調整池）其次。
2. 協調上游發電放水優先，攔河堰調整池放水其次。
3. 水權取得在先者優先，水權取得在後者其次。
4. 民生優先，農業其次，工業再其次。
5. 工業用水欲優先時，應予農業補償。

目前濁水溪水量統一於集集攔河堰進行調配，彰化水利會及雲林水利會於集集攔河堰農業用水的水權，分別登記於集集攔河堰北岸及南岸進水口。

1. 北岸進水口

北岸農業用水水權登記的事業單位，有彰化水利會（第121797號水權狀）及雲林水利會（第122092號水權狀），年計水權登記總量約為一四萬八二八二・三萬噸。而雲林水利會所有年計水權量僅約八八・三萬噸，其餘一四萬八一九四萬噸的水權登記量均為彰化水利會所有。

2. 南岸進水口

南岸進水口農業用水水權登記的事業單位，僅為雲林水利會（第121799號水權狀），年計水權登記量約為一七萬〇六六九．七萬噸。另外，集集共同引水計畫實施後，斗六大圳引用清水溪水權量則登記於斗六堰（水權狀第111119號），而斗六大圳引用濁水溪水源部分，則一併改登記至集集攔河堰（水權狀第121799號）。[51]

在工業用水方面，集集共同引水供水計畫規劃供應雲林離島工業區（包括中油、中鋼、臺電、台塑及其他周邊產業等）約每日八十六萬噸用水需求。二〇〇二年起至二〇〇七年間，離島工業區用水需求量呈現逐年升高趨勢，需水量由二〇〇二年的每日二十七萬噸逐步提高，至二〇〇七年底每日需水量已達三十五萬噸；實際的供水量[52]，則由二〇〇二年〇．九億噸／年，提升至

表6-4 集集攔河堰歷年標的供水量（2002-2009） 單位：億噸

年份	集集堰入流量	南岸聯絡渠道			北岸聯絡渠道	合計
		雲林灌區	工業用水	公共給水	彰化灌區	
2002	17.82	7.99	0.90	—	4.65	13.54
2003	18.87	7.83	0.98	—	5.55	14.35
2004	44.20	8.98	1.02	—	7.16	17.16
2005	68.89	11.86	1.09	0.09	9.23	22.27
2006	62.86	11.19	1.18	0.37	8.63	21.37
2007	64.82	10.65	1.20	0.41	9.42	21.68
2008	77.10	9.82	1.06	0.42	7.21	18.51
2009	41.56	8.27	1.06	0.42	7.19	16.93

資料來源：經濟部水利署中區水資源局，集集攔河堰主題網，「集集攔河堰水庫運用要點／水源運用」，2011.8.31瀏覽，網址：http://www.wracb.gov.tw/。

說明：1. 2005年公共給水試運轉。2. 灌區供水即為農業用水。
3. 雲林灌區面積99,133公頃，彰化灌區面積40,972公頃。

51. 經濟部水利署水利規劃試驗所主辦、巨廷工程顧問股份有限公司執行，《濁水溪水系現有水庫水資源聯合運用可行性評估》（臺中：編者，2008），頁2-67。

二〇〇七年的一・二億噸／年。[53]

從表6-4來看，二〇〇二至二〇〇九年工業用水量平均為一・〇六億噸，遠低於農業用水平均量的一七・〇一億噸（雲林灌區加上彰化灌區）。用水統計表的數字很容易讓我們認為工業用水並不會排擠農業用水，但要注意的是「工業用水調度使用農業用水」的問題。

二、工業調度農業用水問題

集集共同引水的工業用水主要提供的對象是離島工業區，離島工業區中又以六輕用水量最大。台塑於一九七三年開始多次向政府提出興建「中華民國第六套輕油裂解廠」（以下簡稱六輕）的計畫，但是都遭到否決，最後才在一九八六年獲核准興建，同一年選擇宜蘭利澤二百八十公頃土地設廠，遭宜蘭縣政府拒絕，在一九八八年轉至桃園觀音。[54]一九八九年，台塑宣布六輕將落腳觀音鄉，鄉民為了避免家園受汙染，自動自發集結，發起拒絕六輕的抗爭運動，六輕只好宣布放棄。最後在雲林縣政府敞開雙手全力配合之下[55]，台塑於一九九一年選定麥寮鄉，開始著手填海造陸及建廠計畫。[56]

52. 目前濁水溪的水資源無法滿足工業和農業的需水量，因此供水量遠少於需水量，這種情形可能造成農業休耕，工業則需調配農業用水。

53. 中興工程顧問股份有限公司執行，《集集共同引水工程規劃設計與營運管理檢討》（臺中：經濟部水利署中區水資源局，2008），頁4-13。

54. 台塑石化有限公司網頁，「六輕石化緣起」，2011.10.28瀏覽，網址：http://www.fpcc.com.tw/。

55. 一九九〇年雲林縣新上任的縣長廖泉裕提出其政策在「使雲林縣擺脫貧窮落後困境，全力朝工商業發展方向努力」，因此一方面積極配合中央政府編定離島工業區用地，另一方面爭取六輕設廠。

56. 一九九三年雲林麥寮區以現狀售予台塑企業自行造地、開發、建廠（六輕及六輕擴大計畫），造地面積二二三三公頃，區內規劃有煉油廠、輕油裂解廠、汽電共生廠、發電廠、重機廠、鍋爐廠、矽晶圓廠及石化相關工廠，二〇一〇年區內共計六十六廠，投資金額逾新臺幣六千五百億元。參考經濟部工業局雲林離島式基礎工業區網頁，2011.9.26瀏覽，網址：http://www.moeaidb.gov.tw（最後更新日期2010.11.26）。

尋找土地來源的同時，也要規劃穩定可靠的供水。於是在台塑決定將六輕設於濁水溪溪口南岸的雲林離島工業區後，從一九四二年就延宕未決的「集集共同引水工程計畫」，在六輕工業用水專用設施由行政院核定，納入引水工程後才定案[57]；因此六輕的用水需求無異為集集共同引水動工的臨門一腳。「集集共同引水」完工於二〇〇一年，但是早在一九九七年七月，集集攔河堰直達六輕的工業用水專用管路便開始供水。

在一九九六年臺灣省政府就曾同意移水供「六輕」使用，每度水費十元，所得水費做為農田休耕補貼，這是臺灣首開先例大規模將農業用水移做工業部門使用，此例一開，以後重大投資都可比照辦理以解決缺水之苦。當時水利局認為工業用水戶合理補貼農業，工業用水也不虞匱乏，是雙贏的做法。農業用水不用付費，一旦水源被移用，農田又有休耕補貼，「工業拿到便宜用水，農民利益又能確保」，對雙方都有好處，尤其是缺水時期，對工業用戶更能發揮效益。[58]於是工業缺水，農業支援就變成理所當然。

為了有效分配水資源，每年經濟部工業局會同彰化、雲林農田水利會，訂定「集集攔河堰工業用水調度使用農業用水契約」，調度農業用水供應雲林離島工業區的工業用水，契約主要內容如下（以二〇〇八年為例）：

第二條水源及用水計畫：一、工業局應於（按：二〇〇八年）五月三十一日及十一月三十日前向經濟部水利署中區水資源局（以下簡稱中水局）提出次半年之用水需求計畫，經審核後，由

57. 臺灣地區水力普查工作小組，《濁水溪水力普查報告》（臺北：經濟部能源委員會，1986），頁肆-4；江明郎，〈集集共同引水工程與濁水溪水資源利用管理〉，收於李貞儀、李嘉梅主編，《我們的濁水溪：集集共同引水工程紀念文集》，頁177-178。

58.〈農業用水移用工業 開先例〉，《經濟日報》，1996年1月30日，2版。

表6-5 集集堰工業用水及公共給水調用農業用水一覽（2002-2010）　　單位：噸

項目／年度	工業用水			公共給水		
	實際供水量	調用農業用水量	百分比	實際供水量	調用農業用水量	百分比
2002	90,009,247	76,575,540	85.1%	—	—	—
2003	97,954,400	89,578,080	91.4%	—	—	—
2004	101,653,491	72,005,085	70.8%	82,900	—	—
2005	109,265,136	43,828,143	40.1%	9,140,458	—	—
2006	118,074,148	37,074,055	31.4%	36,834,131	3,571,208	9.7%
2007	120,306,908	38,707,329	32.2%	41,059,039	7,229,035	17.6%
2008	106,387,871	38,689,842	36.4%	41,541,570	9,701,736	23.4%
2009	106,116,550	34,287,932	32.3%	40,360,719	12,185,009	30.2%
2010	108,791,753	37,115,392	34.1%	45,513,572	14,736,334	32.4%
平均	106,506,612	51,984,600	48.8%	41,061,806	9,484,664	23.1%

資料來源：經濟部水利署中區水資源局提供，「集集攔河堰計價水量月報表」(2002-2010)。

中水局集集攔河堰管理中心調配供應。二、濁水溪水量不足時，彰水會及雲水會同意辦理節水措施，調度農業用水提供工業使用。

第三條水量及調度費用：二、本工業區工業用水之每日供水量不超過三十五萬＋五％（三六．七五萬）立方公尺為原則……彰水會與雲水會「應全力配合」，超過三十五萬＋五％立方公尺以上者得由彰水會、雲水會辦理節水措施，配合水量供應之。[59]（底線與引號為筆者所加）

從以上條文充分顯示，集集攔河堰水量調配「策略」雖為「民生優先，農業其次，工業再其次」，實際運作時，卻以工業為先。工業用水不足，彰化、雲林農田水利會必須「同意」辦理節水措施，調度農業用水給工業。為達到工業用水需要額度「三十五

59. 臺灣省彰化農田水利會、臺灣省雲林農田水利會、經濟部工業局，《集集攔河堰工業用水調度使用農業用水契約97年修訂版》(2008.4)，頁1，轉引自陳雅青，〈彰化農田水利會之研究〉(國立彰化師範大學歷史學研究所碩士論文，2008)，頁131。

萬＋五％噸」的原則，彰化農田水利會和雲林農田水利會也要「全力」配合。由此得知，農業用水的犧牲是必要的，農田水利會沒有評估農業所需水量再考量要不要供應工業用水的餘地。

二〇〇七年以前，彰、雲兩個水利會每日對六輕支援三十萬噸水（一噸為一立方公尺），且可上下調整五％，等於上限為三一．五萬噸，每噸水對六輕收費二元（竹科一噸水六元），一年約二億元。環保署同意提高六輕用水上限後，經濟部工業局協調雲、彰水利會，增加供水至每日最高四十萬噸，新增用水需求逾八萬噸。彰化農田水利會認為支援六輕用水已很吃力，遑論未來又要承擔國光石化工業用水需求。假使國光石化完工，其每日水量需求高達八十六萬噸，不知水將從何而來？[60]

根據二〇〇二至二〇一〇年的統計，農業用水支援工業用水的數量都超過工業用水本身原有的水權量，尤其二〇〇二至二〇〇四年之年度水量，低於集集共同引水供水計畫的設計標準，工業用水向農業借調量極高。二〇〇二年工業水權量為一三四三萬三七〇八噸，實際供給九〇〇〇萬九二四七噸，調撥彰化、雲林水利會超過七六五七萬五五四〇噸，二〇〇四年實際供水量開始超過一億噸。（見表6-5）

由於農業、工業、民生爭相向濁水溪取水，但政府將水源截在集集攔河堰統一分配，水利會將農業用水支援工業用水，農民對此自有相應之道。彰雲地區為臺灣最主要的農業區，農民為免農田灌溉受限於地表水榮枯的影響，多抽取地下水，甚至為了避免圳水帶來草籽、福壽螺卵，增

60.〈枯水期來了 六輕用水面臨缺口 彰、雲水利會「有困難」無法額外提供台塑每日8萬噸用水〉，《經濟日報》，2007年10月10日，A9版。

圖6-23 集集攔河堰下方的濁水溪河床，岩盤幾近裸露。（許震唐攝，2014）

加管理的困擾，寧可用地下水不用圳水，這也是彰雲地區在集集共同引水計畫完成後，地層持續下陷，並且為全臺最嚴重地區的原因之一。除此以外，濁水溪從上游一路被攔砂壩、水庫攔截，到了下游，幾近水乾石枯，毫無泱泱大溪之態。二〇〇八年環保署水質保護處才訂出適當的「河川基流量」[61]，未來環評將納入「環境水權」做為開發案的評估標準，以免為了經濟與民生需求，犧牲臺灣的河川環境。[62]

集集攔河堰截斷水流，濁水溪下游幾近乾涸後，南岸居民所受之苦又添一樁。冬季東北季風旺盛，乾砂由北往南吹化為塵暴，麥寮、臺西陷入砂塵世界，六輕東北側的莽原變高丘，寬常逾三百公尺、高達八公尺，面積三、四公頃。沿岸居民更

61. 河川基流量亦為河川生態流量，集集攔河堰完工時，原訂為0.6CMS（噸／每秒），到二〇〇五年修訂為3.01CMS以上。以上資料，由中區水資源局李吉祥先生提供。
62. 臺灣環境資訊協會環境資訊中心，〈重視「環境水權」河川基流量列入環評〉（2008.7.2），2010.10.5瀏覽，網址：http://e-info.org.tw/node/34937。

飽受揚塵之苦，從二〇〇八年十一月到二〇〇九年一月，每月至少二十五天超過空氣品質的標準值。[63]

三、國光石化工業區搶水問題

國光石化開發案為斥資新臺幣四千億之大型開發案，其中含一座輕油裂解廠，為中華民國第八套輕油裂解廠，簡稱八輕。[64]此開發計畫包括一座日產三十萬桶原油的煉油廠、年產一二〇萬公噸乙烯的輕油裂解中心、年產八十萬公噸的對二甲苯芳香烴中心、二十三座石化中下游工廠、十四套汽電共生廠，以及含十三座碼頭的工業專用港。開發面積原規劃約二千七百公頃，後來縮小開發規模為一千九百公頃，其基地位於彰化縣大城鄉與芳苑鄉的濁水溪北岸河口濕地，是國光石化科技股份有限公司[65]在二〇〇五年提出的大型投資開發案。

此案原先預計在雲林離島工業區興建，後因環評沒通過且臺西民眾反對，於二〇〇八年轉往彰化濁水溪北岸出海口。[66]彰化縣政府自二〇〇三年起就積極推動「彰化縣西南角（大城）海埔地工業區計畫」，積極爭取國光石化，希望藉由工業區的開發效益，扭轉彰化縣西南地區「日益惡化」的經濟與環境，同時改善地盤下陷與水患；另一方面則期待利用西南海岸已形成浮復海埔地的優勢條件，開發為基礎工業區

63. 張素玢，〈從治水到治山：以濁水溪為例〉，《臺灣文獻》60：4，2009，頁106。
64. 原油分餾後的「輕油」其主要產物乙烯，是塑化產業的最重要的上游原料，一般工業國家以乙烯產能來評斷塑化工業的實力，但是乙烯生產高耗能、高耗水、高排碳、高產熱，所以先進國家逐年將石化業外移。根據經濟部工業局資料，臺灣在二〇〇九年乙烯年產量已高達四二〇萬噸，排名世界第九。
65.「國光石化科技公司」是中油與遠東、長春、和桐、中纖、富邦等數個財團合資，於二〇〇五年組成。
66. 經濟部於二〇〇八年十月十四日陳報該計畫列為國家重大計畫，行政院於民國二〇〇八年十一月十三日以院臺經字第0970050235 號函原則該計畫得依相關規定進行海埔地開發審議之申請。

及必要之工業專用港。[67]

國光石化中期（二〇一二至二〇一六年）每日八・八四萬噸的水源將調度自農業用水，並自行開發濁水溪剩餘水源，用以填補大度堰供水前的用水缺口及做為往後備用水源。國光石化初步規劃於自強大橋下游五百公尺處取地表水。

若國光石化二〇一四年營運，每天用水五萬噸，二〇一五年每天用水八萬噸，只跟農田水利會買三萬噸水還不夠，[68]因此，要在濁水溪自強大橋上方七百公尺處設橡皮壩。二林中部科學園區（以下簡稱「中科」）第四期審查初期，行政院國家科學委員會（以下簡稱「國科會」）也提議要將廢水排到自強大橋下，被環評委員制止，因為自強大橋下兩千公頃泥灘地有農民取水灌溉，後來才要求國科會改排到較遠處的河口，如今國光石化又提出要在自強大橋下攔水[69]，早已缺水的濁水溪，能否讓國光石化自行開發水源？

到底國光石化（八輕）需要多少水？該工業區估計其每日用水量項目如表6-6。每日三七萬

表6-6 國光石化用水預估[70]

項目	噸／每日
生活用水量	1,267 CMD
工廠區用水量（含循環水量及回收水量）	11,855,129 CMD
汙水處理廠用水量	2,500 CMD
其他公共設施	1,280 CMD
綠地澆灌用水	7,322.2 CMD
工業港區用水	683 CMD
總計每日用水量	11,868,181 CMD
使用循環用水後，每日水量總計	372,942 CMD

67. 國光石化科技股份有限公司，《彰化縣西南角（大城）海埔地工業區計畫環境影響評估報告書初稿》（2010.1，未出版），頁5-1。
68. 二〇一〇年六輕的水價每度四・一五五九元。
69. 臺灣環境資訊協會環境資訊中心，〈國光石化用水哪裡來？專家審查：不應由全民負擔〉（2010.6.11），2010年10月5日瀏覽，http://e-info.org.tw/node/56374。
70. 國光石化科技股份有限公司，〈彰化縣西南角（大城）海埔地工業區計畫環境影響評估報告書初稿〉，第五章，頁3。

二九四二噸的水，以二〇〇九年全國每人每日平均生活用水量二七一公升來計算，相當於一三七萬六一七〇人的每日生活用水量。二〇一〇年六月底，彰化縣的人口數才一三〇萬八九二六人，八輕每日的用水量就比彰化縣全部縣民的用水量還多。71

四、中科四期搶水問題

至於中科四期，也同樣覬覦濁水溪的水源。中科四期經國科會遴選的二林園區位於彰化縣二林鎮，範圍界址約為臺76延伸線規劃路權線以南的臺糖大排沙農場、萬興農場，東至二林鎮鎮界，面積計約六三一公頃。

中科規劃中的長期用水（二〇一七年以後）由大度堰供應，中期用水期程（二〇一二至二〇一六年）每日供水七．一三萬噸，供水水源為原有自來水供水系統，不足者由集集攔河堰水源調度，在該園區計劃長期水源供水前、短期水源不敷使用的情況下，規劃向彰化農田水利會協調由集集攔河堰調用支援事宜（包含輸水專管及沉砂調節池），擬自集集攔河堰引接後送水至園區。（見圖6-24）

中科四期除了搶農業用水以外，二林園區正式運作後，每天將排放近十萬噸廢水，原本中科打算將廢水排入舊濁水溪流域、三和制水閘下游河段，經福興鄉漁民抗爭後，中科提出改排濁水溪的新方案，從二林園區往南拉十七公里專管，將廢水排放到自強大橋下游。然而下游高灘地有

71.〈去年每人每日生活用水19年來最少〉，《自由時報》，2010年4月25日，A12版。

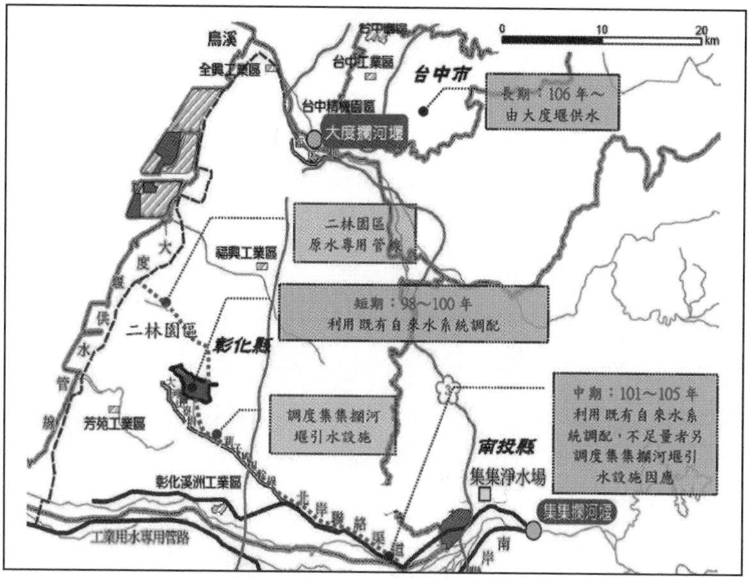

圖6-24 中科四期供水方案示意

資料來源：行政院國家科學委員會中部科學工業園區管理局執行，〈中部科學園區第四期（二林園區）開發計畫環境影響說明書定稿本第一冊〉（2010年4月，未出版），附圖。

說　　明：黑色方塊為中科四期，黑色虛線西北為大度堰引水設施，東南為調度集集攔河堰的引水設施。

圖6-25 為抗議中科二林園區打算引用莿仔埤圳大庄源頭的水，溪州農民在水圳發起全島護水大會師。（郭志榮攝，2011）

農作，出水口兩側有養殖魚塭，因海流方向，對濁水溪南岸雲林縣影響相當大。中科一再表示，廢水符合放流水標準，適合養殖漁業，然而所謂低於管制標準，並不表示對養殖業、灌溉用水或民眾健康沒有影響。中科四期既要調用乾淨的濁水溪水資源，卻又將廢水排入濁水溪，濁水溪這條母親之河可要仰天長嘆！

五、農業大縣或工業大縣？

近十年臺灣大型工業區為了供水需求，紛紛向濁水溪靠攏，到底南北兩岸的彰化、雲林地區，應朝工業大縣邁進或維持農業大縣？

今日的彰化、雲林縣，從清代以來經濟型態一直以農業為主，儘管臺灣已進入工商業社會；二〇〇八年彰化縣的農業人口仍占全縣總人口的二八．七九％，雲林農業人口占全縣三八．八三％。根據二〇〇九年的統計，彰化縣耕地面積占全縣面積五九．一五％，雲林縣耕地面積占六二．三一％，也就是說彰、雲兩縣一半以上的土地都是耕地。這些耕地的生產如何？

二〇〇九年度彰化縣年產稻米三〇萬三八三二公噸，占全臺的一九．二五％，雲林縣二九萬〇六五三公噸，占一八．四二％，共計三七．六七％。彰化縣占蔬菜生產總量的一三．三六％，雲林縣占二九．一五％，所以濁水溪南北就占了四二．五一％。再看畜牧方面，豬隻頭數，彰化縣占一四．二七％，雲林縣占二三．二三％，合計四七．五〇％。雞蛋生產量，光彰化縣就占了四六・八四％（見圖6-26）。位於濁水溪南岸的西螺、北岸的溪湖果菜市場，分居臺灣果菜批發量的第一、第二位（產地市場）。另外二〇〇九年彰化縣花卉種植面積四八五六公頃，占全臺面積三六・八七％，生產量為三二三六一千打，占全國三七・三五％，不論在面積或產量上，都是全臺第一。

彰、雲兩縣具有農業生產的優良條件和市場區位，卻未朝向保護環境，以優質、乾淨的農產品，提升競爭力與附加價值的方向努力，反致力於將農業大縣扭轉為工業大縣，而積極引進耗水、汙染高的工業。[72]

戰後的臺灣積極向工業發展，工

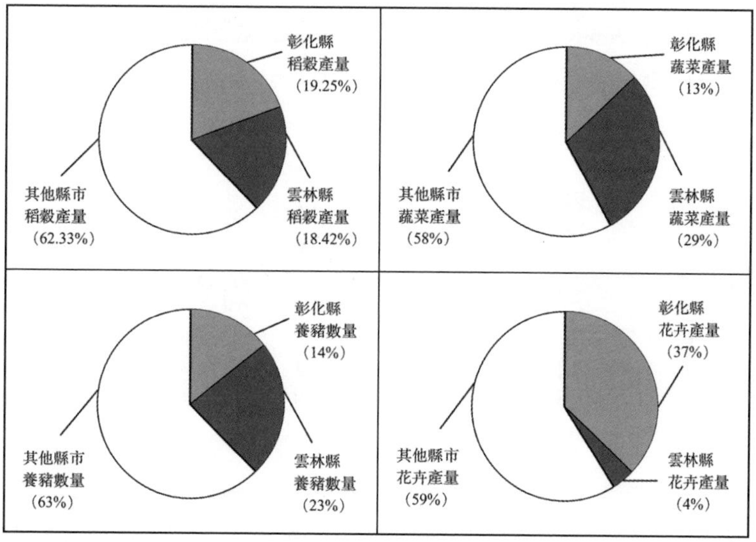

圖6-26 彰雲兩縣稻穀、蔬菜、豬隻、花卉比例（2009）
資料來源：
1. 行政院農業委員會統計室編，《農業統計年報》（臺北：行政院農業委員會，2009），頁104。
2. 彰化縣政府主計室編，《彰化縣統計要覽》（彰化：彰化縣政府，2010），頁126、142、173。
3. 雲林縣政府主計室編，《雲林縣統計要覽》（雲林：雲林縣政府，2009），頁98、104、128。

72. 根據行政院農業委員會編，《農業統計年報》2009年度，頁126。

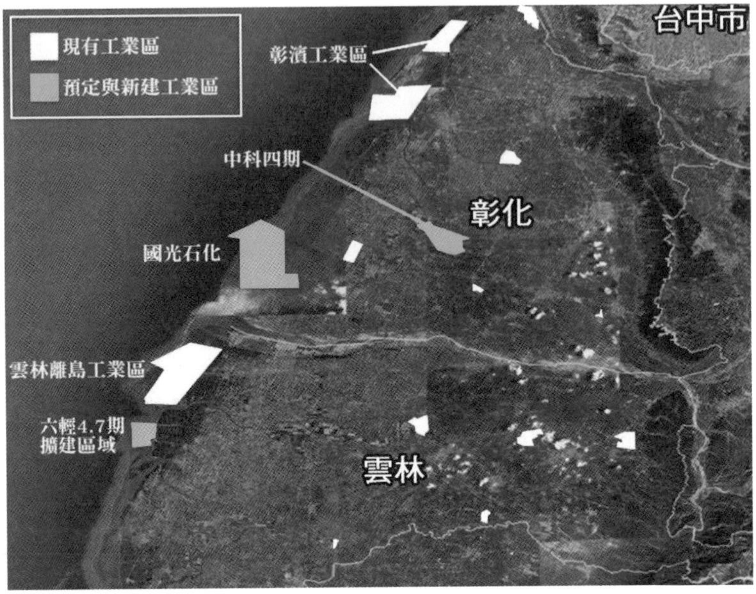

圖6-27 彰化縣、雲林縣工業區分布圖（張素玢製作　朱丰中繪圖）

業發展需要大量土地，分布在鄉間的工廠若沒有適當規劃，也容易造成農田汙染，嚴重影響糧食生產。因此，為配合工業發展需要、解決工廠覓地困難，使土地資源有效利用、引導人口與產業的合理分布、均衡區域發展等種種考量，政府從一九六〇年代即開始規劃編定各地的工業區[73]，公布實施「獎勵投資條例」。

政府於一九六〇年創設六堵示範工業區後，自一九六三年起，即依獎勵投資條例開始勘選各縣市工業區，至一九九九年止，共在臺灣規劃開發完成的工業區有八十八處，占地面積一八九五公頃。彰化縣的工業區大多分布在非都市計畫的土地上，其中，

73. 褚明典，《臺灣地區現階段工業區開發之研究》（臺北：成文出版社，1981），頁43。

第二類工業區即丁種建築用地，面積占全臺丁種建築用地面積的二四．一四%，位居第一，共四二四九．一八公頃。在各縣市總工業區面積方面，彰化縣也排名第二，占全臺總工業區面積的一〇．四三%。[74]

位於雲林縣的工業區有四處，占地面積二七九公頃，才占全臺的四．五四%。雲林的工業開發甚低是因為其農地等則較高，在臺灣中部區域計畫中的區域機能被界定為糧食生產基地，整體發展以農業為主。

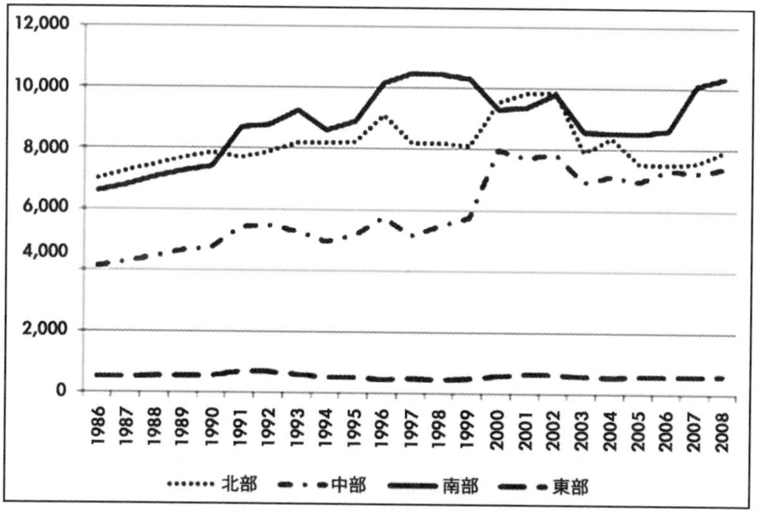

圖6-28 臺灣北、中、南、東部工業區面積比較（1986-2008）（單位：公頃／年）

資料來源：圖6-26、6-28依據下列資料繪製而成：經濟部水資源統一規劃委員會編，《臺灣地區工業面積與用水量估計》（臺北：編者，1991-1992）；經濟部水資源統一規劃委員會編，《臺灣地區工業水量統計報告》（臺北：編者，1993-2008）。

說明：1999年中部工業區面積驟增，主因麥寮六輕工業區開始運轉。北部包括臺北、桃園、新竹三縣，中部包括苗栗、臺中、彰化、雲林、南投等縣，南部包括嘉義、臺南、高雄、屏東等縣，東部包括宜蘭、花蓮、臺東等縣。

74. 葉爾建，〈縣名緣起與地區特色〉，收入施添福總編纂，《臺灣地名辭書卷十一彰化縣（上）》（南投：國史館臺灣文獻館，2004），頁63。

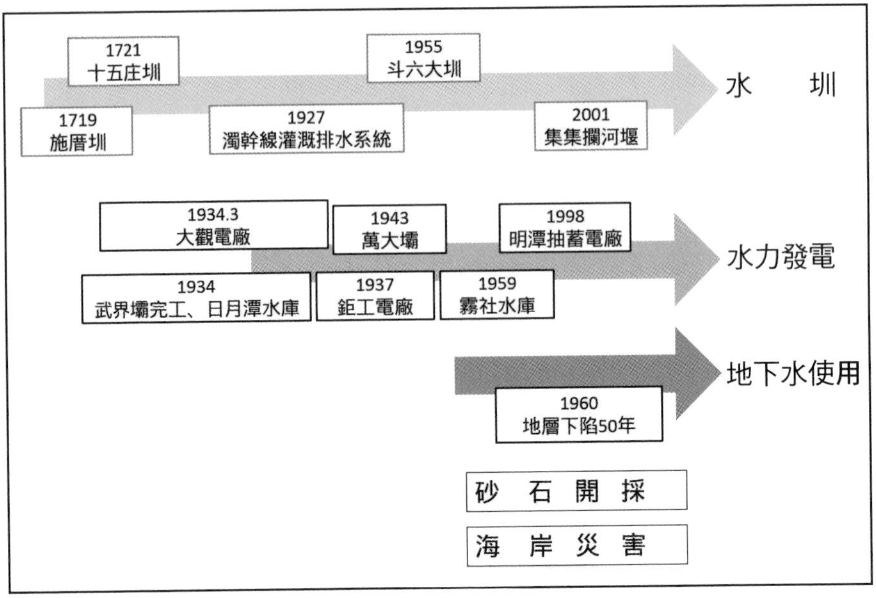

圖6-29 濁水溪開發三百年示意圖（張素玢製作 陳思賢繪圖）

直到一九九一年，總面積高達一萬七二〇三公頃的離島式基礎工業區[75]規劃在濁水溪南岸之後，雲林縣才一躍為臺灣工業區面積最高的縣市。

大型工業區建設的前提，首在解決土地來源和水源的問題。臺灣地狹人眾，一九九〇年代以降的大型石化工業區，很難找到大片「無爭議」的土地，台塑四處碰壁之後，在砂源充沛的濁水溪出海口抽砂造陸是個選擇；至於工業所需的水源，就向臺灣水資源最豐富的濁水溪索求。農業、工業、民生用水需求急遽成長，濁水溪的水資源爭奪，引發搶水與護水之戰。如何滿足工、農所需？這又是一道給濁水溪的歷史難題。

75. 雲林離島式基礎工業區編定17,203公頃，填造地面積為11,562公頃，規劃為麥寮、新興、臺西及四湖等區，以及麥寮、四湖工業專用港。

＊

濁水溪奔流出山，於下游南北兩岸展開沖積扇。在南部累積鉅量財富的施世榜，來到中部投資興築水圳，到底選擇北岸或南岸？這是他在濁水溪面對的問題。一七〇九年施世榜權衡南北兩岸平原的地形水勢，擇定北岸修築水圳，南岸引濁水溪的大型水利遲至二百零五年後才出現，因此南岸與北岸的經濟發展差距越拉越大，造成了濁水溪南岸、北岸以及彰化南區、北區不均質的發展。所謂的「綠色革命」、「第一次農業革命」，其實只局限於八堡圳灌溉區，並非整個濁水溪下游流域；這樣南北不均質的發展，產生農民生計的差異，此為濁水溪水資源利用帶來的第一道歷史難題。

北岸高度的水田化吸取大量水源，排擠南岸的用水需求，南北兩岸的濁水之爭，綿延近三百年，歷經三個政權，都無法真正止息，這是濁水溪的第二道歷史難題。

濁水溪流域豐沛的地下水，為水資源利用開啟一條新徑；地下深井頗易施工、效果立見，官方、民間爭相取用，卻造成永劫不復的地層下陷，地下水豐富的濁水溪下游南北兩岸，竟淪為全臺地層下陷最嚴重的區域，尤其水資源向來不如北岸的南岸，目前持續下陷面積與速率更是全臺之冠，這是濁水溪的第三道歷史難題。

集水面積廣闊，水量充沛的濁水溪，在一九三〇年代開始發展水力發電，從此濁水溪流域穩居水力發電量首位三十餘年，濁水溪也從農業之河的角色轉向工業之河。不過，此後濁水溪命運乖舛；攔砂壩、水壩從上游一路攔水截砂，儲水斷流，河川生態嚴重破壞，下游出現沙漠化現象，東北季風一起，南岸就飽受風砂之苦，這是濁水溪的第四個歷史難題。

二〇〇一年，規模空前的「集集共同引水」完工，以流域規劃的觀念，兼顧水力與水利，工業與農業，並期待一舉解決南北分水之爭、地下水取用過量，工業、農業、民生用水三方需求的「宿疾」。這樣的效益引來各大工業區進駐，目的都在覬覦集集攔河堰的水；集集共同引水計畫已然為濁水溪招來最大的難題。

以農業、工農發展的情況來分析，農業與工業很難平行發展，工業往往壓榨農業、排擠農業。彰化、雲林兩個農業大縣正快速轉向工業大縣，當局若只以追求經濟產值為目的，社會成本、生態成本將付出極大代價；這是主政者不可不慎重考量的一道大難題。

結論

濁水溪開發三百年的省思

一七〇九年施世榜興築水圳至今，正好為濁水溪開發逾三百年，這三百年來河川始終與臺灣社會發生緊密的關連；它在不同的時間，以不同的方式與人群互動。以濁水溪的生命史來說，一九二一年濁水溪堤防完成為重要的分界點；堤防建起以前，河水漫流、河道常改、水患頻仍，是人順應自然的時期。一九二一年以後，是人控制自然的時期：濁水溪開始俯首稱臣，順著人類規劃的河道奔流。

一九二〇年代以前，儘管濁水灌溉了田園，孕育肥沃的土地，但是洪水的肆虐，使沿岸居民對這條河流畏懼有加。一八九八年的戊戌水災使河川改道，彰化南區受到嚴重的禍患，對住民身家性命影響之大，洪水之猛烈，即使距今已經超過一百年，「戊戌大水災」仍然是舊濁水溪沿河聚落住民的共同記憶。經過時間的延伸，透過口傳的渲染，戊戌水災竟與種種傳奇和神蹟結合，在繪聲繪影的傳說裡，留下深刻的烙印。一百多年後的今日，民間流傳的水災傳說，以及在水患中昭顯的神蹟，似可理解為庶民對天然災害的心理防衛機制。

戊戌水災後的二十二年，日本殖民政府將濁水溪河道收束在今天的西螺溪，堤防從出山口綿延到濱海；隨著治水工程的完成，水患大為減少。儘管治水工事造就濁水溪河川浮復地的開墾熱潮與產業遠景，但一九二〇年代以後，濁水溪洪患並未減輕，下游的治水工事再三被大洪所破壞，於是「治水」必先「治山」、「森林為河流之母」的呼籲紛起，森林治水造林和山地防砂工事，終於在一九三九年開始著手。

治水工程的完成和長期防砂工事的進行，使舊濁水溪出現了廣大的新生地和防風林解除地，成為臺灣最有潛力的生產空間，吸引本島、日本資本企業相繼入墾開發。農業環境改善之後，使不毛之地不但有了作物生產，也孕育出一批農村菁英；他們在一九二〇年代蓬勃的社會運動中，扮演消極的角色，卻藉由農墾與經濟活動厚植實力。戰後彰化南區許多活躍於政界或政府公職的人士，不少來自這批開發土地而崛起的農村菁英。日治時期這批農村菁英在地方自治嶄露頭角，雖然沒有待遇卻有身分。戰後臺灣政權轉移，實施地方自治，使農村菁英在政治舞臺足以和新知識分子分庭抗禮；以不同的身段和方式，在臺灣特定的時空留下其政治社會的烙印。

這片邊際土地同時也是臺灣社會運動的基地。一九二〇年代以後，日方資本於濁水溪的邊際土地上展開勢力競逐，在官方與資方的合作下，農民成為米糖經濟的底層結構。日治時期，日方資本在國家權力扶持下，進行土地收奪、壟斷原料價格，使企業與農民之間的摩擦不斷，更衝撞出臺灣第一個農民運動「蔗農事件」。

米作、蔗作衰微以後的一九六〇年代，農業逐漸進入微利時代，農民收益低落。後米糖時代的農業變遷始終纏繞著工業發展的問題；臺灣的產業政策在汲取農業所得灌溉工業發展，工業發展也將勞動力抽離了農村。農產品量大值低，以農業為經濟主力的發展也開始轉向，原本的農業核心價值遂轉為培植工業的剩餘價值。濁水溪沖積扇平原的自然環境與農民的農業技術，雖然創造了臺灣三個最重要的農產品市場與優質果品，但是亮麗而突出的農業成就下，隱藏著政府長期以農養工、重工輕農的隱藏性代價，這些隱藏性代價日益外顯，積成社會、環境的多重病症。

臺灣最重要的農業區，面臨土壤、水與空氣的嚴重汙染，威脅著民眾的健康，充分暴露了濁水溪做為農業與工業之河雙重屬性的衝突。回顧一九二〇到二〇一三年發生於濁水溪下游的社會運動，一為工業向農業搶地，一為工業向農業搶水，近百年來濁水溪的「大代誌」，便是在這區域上演的水、土爭奪戰。

濁水溪是一刀兩刃的河流，帶來收益也帶來災害。三百年來水利、地下水、水力發電、共同引水工程等水資源的開發與利用，造成了諸多歷史性的難題。濁水溪水資源雖豐沛，卻也無法擔負與時俱進的各種需求；人為工程對水的汲取與經濟建設，不但沒有解決問題，反而使環境更加惡化。經濟發展若以追求利潤為唯一目的，社會成本、生態成本將付出難以承擔的代價。

從歷史的視野可知，不管經濟如何發展、政策如何改變，工程如何先進；濁水溪每經一番人為造作，其問題就益形複雜。被視為「母親的河」，撫育大地的濁水溪，三百年來不斷扮演「資源」的角色，源頭活水已近衰竭，徒具「殘山剩水」。生病的河川，反映出病態的社會，屬於江河的仍需還諸江河，不管人類如何以工程誇耀科技，若只從利用觀點對待大地，那麼，人與自然之間進行的，終究是一場「零和遊戲」。

謝辭

三百年對歷史研究來說，不短；對濁水溪來說，不長。一七〇九年只是我瞭解這條河流的起點，而不是濁水溪的起點。母親的河撫育我二十年，我也用二十年來回報，文獻史料的涓涓細流，田野的點點滴滴，終於，自己的研究也要匯成一條河。

在可目睹的這些歲月，濁水溪正在急遽的改變之中，改變的緣由除了自然環境，人類的巧「奪」天工，竟是這條生命之河日漸萎縮困頓的主因，也是激發我探討濁水溪系列文章的動因。為了瞭解臺灣最長的河流，除了以史學的專業爬梳史料文獻，辯證立論，也旁及其他相關學門。劉翠溶老師在環境史、柯志明老師在社會經濟史、施添福與陳國川老師在歷史地理學、韋煙灶老師在水文學，對我而言都是跨到不同領域的啟蒙者，面對濁水溪這條大河的歷史難題，才不至於左右支絀。

另外，一路上幫忙搭橋過河的長者或朋友，包括北斗柯鴻基先生、劉金木老師（已逝），二水陳弼毅前鄉長、賴宗寶校長、陳文卿老師、張錫池先生，田尾黃天爵、黃瑞昌先生，永靖謝英從，二林陳慶芳、許明山、李坤北、洪長源、魏金絨、陳其中課長，西螺鎮公所、螺陽文教基金會、李騰芳前鄉長，莿桐水利工作站站長林忠正，雲林東勢鄉黃孟熊先生、作家莊華堂等……

過程中，有幸得中區水資源局李吉祥先生不厭其煩說明「水」的問題，以及臺電公司葉賀松經理多次協助水力設施的調查與訪問。淡江歷史系黃繁光老師、周宗賢老師的指導切磋，同門師兄弟陳鴻圖、李力庸、林蘭芳老師的打氣支持，中研院計算機中心廖泫銘老師不吝指導地圖資料的使用與繪圖製作。臺師大臺灣史研究所的研究生陳威潭、朱手中、陳思賢、洪詩涵、孫嘉吟、邱創裕、田騏嘉、黃儒柏、黃翔瑋等，都在出版過程最緊急的時刻，伸出援手甚至一起工作至半夜，陳嘉伶更是編輯校對的好幫手。衛城出版莊瑞琳在編書時花了很多心思與努力，甚至與大城鄉的許震唐先生和我到中、上游考察，才有這本書精采的畫面。

最感謝家人始終陪伴著我；在天之靈的父親張清全，曾帶領著訪查舊濁水溪浮復地的日本移民村，讓我可以穩健地邁向研究濁水溪之路，母親張江茂幫忙照顧一雙子女和起居，外子花茂棽包容我的「田野」外出。而從未卸下「指導」負擔的許雪姬教授，一直關注著學生的研究之路與心緒。這二十年來，家人與恩師如源頭活水，讓我點滴在心頭。

對於母親之河濁水溪，詩人吳晟說：只能為你寫一首詩。

而我，只能為你寫一本書。

濁水溪大事記

西元	年號	大事記要
一七〇九年	康熙四十八年	•施世榜進行水圳開鑿工程
一七一四年	康熙五十三年	•諸羅知縣周鍾瑄捐銀二十兩助民番合築「西螺引引庄陂」，捐穀五十石助築鹿場圳
一七一九年	康熙五十八年	•施厝圳完工，即今八堡一圳 •開築東螺堡過圳庄（今二水鄉境）二八水圳，屬今八堡圳系統
一七二一年	康熙六十年	•東螺溪（舊濁水溪）洪水 •黃仕卿在今田中一帶開築十五庄圳，即今八堡二圳
一七二三至一七三四年	雍正年間	•今竹塘鄉境的永基圳、下溪墘圳開築，屬今永基圳系統
一七四二年	乾隆七年	•濁水溪氾濫成災
一七六一年	乾隆二十六年	•東螺東堡西畔庄及下霸庄（今溪州鄉境）的莿仔埤圳開築 •灌溉東螺西堡、二林下堡七庄（今埤頭鄉境）的三分圳開築，屬今莿仔埤圳系統 •灌溉東螺西堡三庄（今埤頭鄉境）的七分圳開築，屬今莿仔埤圳系統

一七八〇年	乾隆四十五年	•西螺街埔心陳營德、二崙庄永定吳洽豐合股開築引西圳，灌溉西螺與二崙部分區域
一七八四年	乾隆四十九年	•清廷詔准福建泉州府晉江縣蚶江與濁水溪出海港之鹿仔港（鹿港）正式設口對渡
一七八八年	乾隆五十三年	•安平水師左營游擊一員移駐鹿港
一七九四年	乾隆五十九年	•竹山社寮張天球等人引濁水溪修築隆恩圳（今南投縣竹山鎮富州里），灌溉竹山溪洲仔、後埔仔、社寮、山腳（今富州、中央、社寮、山崇四里）等地區約四五五甲農田 •虎尾溪因暴雨氾濫，海豐、布嶼兩堡流失田園數百甲
一七八〇至一七九〇年	乾隆末年	•灌溉二林上堡及馬芝堡內七庄（今溪湖鎮境）的大義圳開築 •位於今埔鹽鄉境的和興圳開築 •位於今福興鄉境的義合順圳開築
一八〇二年	嘉慶七年	•大洪，濁水溪主流由虎尾溪改至今之西螺溪，形成新虎尾溪
一八〇四年	嘉慶九年	•東螺街（今北斗地區）大水
一八〇六年	嘉慶十一年	•濁水溪氾濫
一八一二年	嘉慶十七年	•彰化縣知縣楊桂森捐資興建鹿港溪利濟橋，且於溪旁築堤以絕水患，居民稱之「楊公橋」
一七九六至一八二〇年	嘉慶年間	•深耕堡內新厝庄（今竹塘鄉內新村）的廣興圳開築，屬今深耕圳系統

一八二一年　道光元年　•深耕堡九塊厝庄（今竹塘鄉境）的新耕圳開築，屬今深耕圳系統
•位於今大城鄉境的信義圳、舊耕圳、永豐圳開築，屬今深耕圳系統

一八二三年　道光三年　•彰化縣豪大雨

一八二七年　道光七年　•濁水溪大洪

一八三二年　道光十二年　•西螺立泰山石敢當

一八三三年　道光十三年　•西螺鹿場圳興築

一八四二年　道光二十二年　•風雨侵襲彰化，沖毀多處橋梁道路

一八四五年　道光二十五年　•溪州石碏初建

一八五〇年　道光三十年　•元月，彰化地震，民房坍塌四千餘間
•六、七月，風災水災接連侵襲中部地區

一八五一年　咸豐元年　•濁水溪大洪

一八五六年　咸豐六年　•濁水溪氾濫，支流流向鹿港港口，流沙淤積，導致小船不能出入，遂在港西二里處設新港「沖西港」

一八五九年　咸豐九年　•林先生廟因洪水被破壞，遷建至今彰化縣二水鄉源泉村員集路八堡圳分水閘旁
•濁水溪氾濫

一八六三年	同治二年	•濁水溪氾濫
一八六四年	同治三年	•中部大雨成災，沖毀田宅無數
一八六九年	同治八年	•古坑草嶺潭潰決，水災殃及今雲林、南投兩縣
一八七四年	同治十三年	•清總兵吳光亮率軍開山闢荒，於現今集集大橋下石碣題「開闢鴻荒」
一八七五年	光緒元年	•沖西港沙汕盤曲，港外淤積，巨舟難以靠岸，商船日少
一八八〇年	光緒六年	•濁水溪氾濫
一八八四年	光緒十年	•洪水氾濫，大水淹至北斗文昌祠
一八八五年	光緒十一年	•新鹿場課圳開築
一八八八年	光緒十四年	•濁水溪氾濫，泥沙淤積河床，沖西港受重創，鹿港地方人士出資疏濬河道，使駁船得以進入碼頭
一八九三年	光緒十九年	•濁水溪溪水潰堤，北斗地區田園流失
一八九七年	明治三十年	•河水氾濫
一八九八年	明治三十一年	•戊戌大水災，濁水溪主流改至東螺溪 •因颱風造成鹿港沖西港壅塞，乃在濁水溪下游支流洋仔厝溪下游選定新港，名為「福隆港」

一九〇〇年　明治三十三年　•濁水溪大洪

一九〇一年　明治三十四年　•濁幹線第三取入口（今林內二號進水口）設堰攔水
•實施「公共埤圳規則」，凡有公共利害者皆認定為公共埤圳

一九〇二年　明治三十五年　•施厝圳被官方認定為公共埤圳，並以「八堡圳」為認定名稱

一九〇七年　明治四十年　•十五庄圳被合併到施厝圳共用水源引水口，以發揮最大灌溉功能
•濁水溪氾濫

一九〇八年　明治四十一年　•縱貫鐵路架設連結二水與林內的濁水溪鐵道橋

一九〇九年　明治四十二年　•八堡圳合併十五庄圳，隸屬彰化廳公共埤圳組合
•莿仔埤圳改修，合併舊莿仔埤圳、三分圳與七分圳

一九一〇年　明治四十三年　•莿仔埤圳改修完工，被指定為官設埤圳

一九一一年　明治四十四年　•暴雨沖毀濁水溪鐵橋
•總督府通過「二十五年治水事業費」

一九一二年　明治四十五年　•濁水溪分水協定成立

一九一三年　大正二年　•三月，濁水溪護岸工事完成
•七月，濁水溪鐵橋北岸堤防潰決

一九一五年　大正四年　•北斗地區洪水為害，耕地流失

一九一六年　大正五年
・武界壩開工

一九一八年　大正七年
・總督府擬定濁水溪等九條河川整治計畫
・重定濁水溪南北分水率

一九一九年　大正八年
・濁水溪大洪，南北交通斷絕
・進行濁水溪護岸堤防工事

一九二〇年　大正九年
・日月潭水力工程開工
・臺中廳廳長加福豐次下令重建林先生廟，並勒碑於鼻仔頭八堡一、二圳分水門旁
・總督府營林局組織治水調查隊，進行濁水溪上游森林治水調查

一九二一年　大正十年
・濁幹線開始興築

一九二二年　大正十一年
・濁水溪護岸堤防完成，長七萬六二七三公尺
・總督府殖產局在濁水溪等主要河川集水區域進行森林治水調查

一九二三年　大正十二年
・八堡圳、大義圳、慶豐圳、義和圳合併為八堡水利組合

一九二四年　大正十三年
・臺中州廳將永基圳、深耕圳、莿仔埤圳等公共埤圳合併設立「北斗水利組合」

一九二七年　昭和二年
・嘉南大圳濁幹線完工

一九三二年　昭和七年
・濁幹線灌溉排水系統完工
・依不同耕作季節訂立南北兩岸之分水率
・修建八堡圳進水口，並設置一圳、二圳分水門

一九三三年　昭和八年

- 臺灣總督府招募日本移民一五六戶、七八四人，入墾舊濁水溪浮復地，建「秋津」移民村（今彰化縣芳苑鄉文津、新生等村）
- 集集吊橋通車
- 集集隧道通車

一九三四年　昭和九年

- 日月潭水力發電廠第一期完工
- 武界壩完工
- 日月潭水庫竣工、大觀水力發電廠完工
- 八堡二圳實施修改工程

一九三五年　昭和十年

- 總督府招募日本移民九十戶、三七九人，入墾虎尾溪浮復地，建「榮村」移民村（今雲林縣莿桐鄉埔尾村）

一九三六年　昭和十一年

- 總督府招募日本移民一一九戶、六四〇人，入墾北斗舊濁水溪浮復地，建「豐里」移民村（今彰化縣北斗鎮七星、西德、大道等里，溪州鄉舊眉村）
- 「濁水溪人道橋架設期成同盟會」成立

一九三七年　昭和十二年

- 濁水溪、清水溪「二十六年分水協定書」實施，並成立分水隊
- 官方完成濁水溪灌溉排水面積調查，以擬定分水率及分水方法
- 鉅工電廠（今明潭發電廠鉅工分廠）完工
- 總督府招募日本移民七十戶、三五〇人，入墾舊濁水溪浮復地海豐崙，建「鹿島」移民村（今彰化縣田尾鄉海豐村）
- 總督府通過「十二年治水事業費」

一九三八年　昭和十三年　•總督府招募日本移民五六戶、二四五人，入墾虎尾溪浮復地，建「春日」移民村（今雲林縣虎尾鎮墾地里）
一九三九年　昭和十四年　•二百名移民移入北斗郡「鹿島村」（今埤頭鄉豐崙村，田尾鄉仁里村、海豐村）
•霧社水庫動工，但遇太平洋戰爭中斷
•八堡圳實行改良工程，改善排水路幹線
•總督府展開濁水溪、曾文溪流域森林治水事業
一九四〇年　昭和十五年　•總督府招募日本移民八九戶、四四五人，入墾舊濁水溪浮復地埤頭、周厝崙等地方，建「香取」移民村（今彰化縣埤頭鄉和豐、興農、豐崙等村）
一九四一年　昭和十六年　•日本移民入墾舊濁水溪浮復地，建「八洲」移民村（今彰化縣芳苑鄉漢寶村）
一九四二年　昭和十七年　•總督府招募日本移民七十戶、三五〇人，入墾舊濁水溪挖仔溪底，建「利國」移民村（今彰化縣二林鎮西庄里）
一九四三年　昭和十八年　•奧萬大壩完工
一九四六年　民國三十五年　•原「濁水溪人道橋架設期成同盟會」委員廖重光、縣參議員李應鏜連署，向雲林縣參議會建議並請轉呈省參議會陳情架設人道橋事宜
一九四八年　民國三十七年　•濁水溪大茄苳堤防（今西螺鎮大新里）竣工
•「西螺大橋續建委員會」成立
一九四九年　民國三十八年　•濁水溪下游兩岸士紳在西螺召開「濁水溪公路大橋促進完成大會」

一九五一年　民國四十年

• 美國國務院批准以美金一百一十三萬元購買橋梁鋼鐵材料，援助建設西螺大橋
• 連結南投縣名間鄉與竹山鎮水底寮的「南雲大橋」完工
• 古坑鄉草嶺潭因大雨潰決，釀成雲林、嘉義、彰化、南投四縣巨災，淹沒土地一三二七甲，估計損失一七一〇萬元

一九五三年　民國四十二年

• 連結雲林縣西螺鎮與彰化縣溪州鄉的「西螺大橋」竣工，舉行通車典禮

一九五五年　民國四十四年

• 斗六大圳完工

一九五六年　民國四十五年

• 「經濟部水資源統一規劃委員會」開始進行濁水溪流域規劃
• 九月三日，黛納颱風造成彰化縣嚴重災情
• 九月十六日，芙瑞達颱風造成濁水溪堤防崩潰，彰化縣近堤居民一萬餘人為洪水所困，水深及屋頂
• 日治時期設立的「北斗水利協會」改稱「北斗水利委員會」
• 九月，臺糖與水利局合組的地下水探勘隊，完成濁水溪以南、北港溪以北的沖積扇平原地下水調查

一九五七年　民國四十六年

• 「臺灣省政府建設廳水利局員林工程處」改稱「臺灣省水利局第四工程處」
• 十月，地下水探勘隊完成濁水溪以北、大甲溪以南的沖積扇平原地下水調查

一九五八年　民國四十七年

• 因濁水溪枯水期水量不足，開始實施（輪灌法）間歇輪流配水，政府並訂立「灌溉事業管理規則」
• 霧社水庫完工
• 「臺灣省地下水開發委員會」成立

一九五九年　民國四十八年
- 八七水災，中南部十八萬人以上受災
- 「臺灣省地下水開發委員會」、「臺灣省政府建設廳地下水工程處」以雲林縣為最優先的地下水開發區域

一九六〇年　民國四十九年
- 雪莉颱風造成八一水災，中部災情嚴重

一九六一年　民國五十年
- 連結南投縣名間鄉與竹山鎮的「名竹大橋」通車

一九六三年　民國五十二年
- 葛樂禮颱風過境豪雨，濁水溪大茄苳堤防被沖斷，雲林縣政府沿堤防缺處施設倒笱丁壩十座，移動主流於外向，始脫離險境

一九七〇年　民國五十九年
- 五月十日，豪雨造成濁水溪水位上漲，西螺地區瓜農損失泰半
- 九月八日，芙安颱風過境，濁水溪下游堤防多處嚴重受損或沖毀
- 連結彰化縣二水鄉與雲林縣林內鄉的「彰雲大橋」動工

一九七二年　民國六十一年
- 彰雲大橋通車

一九七七年　民國六十六年
- 連結彰化縣竹塘鄉與雲林縣二崙鄉的「自強大橋」通車

一九七八年　民國六十七年
- 中山高速公路雲林段正式通車，連結彰化縣溪州鄉與雲林縣西螺鎮的「中沙大橋」舉行通車典禮，並邀沙國交通部長前來觀禮

一九七九年　民國六十八年
- 連結南投縣集集鎮與竹山鎮的「集集大橋」通車
- 草嶺潭潰決（第三次）

一九八五年　民國七十四年　•明湖水庫及抽蓄電廠完工
一九八六年　民國七十五年　•有氣象紀錄以來，第一次從濁水溪口登陸的韋恩颱風來襲，中部損失非常嚴重
•「彰化縣公害防治協會」成立，抵制美國杜邦公司在彰濱工業區設廠
一九九〇年　民國七十九年　•「六輕」決定設於濁水溪溪口南岸的雲林離島工業區
一九九一年　民國八十年　•集集共同引水工程北岸引水隧道動工
•連結彰化縣大城鄉與雲林縣麥寮鄉的「西濱大橋」通車
一九九三年　民國八十二年　•行政院核定「工業用水專用設施」納入集集共同引水工程計畫
•六輕截水道工程正式開挖
•南投縣水里通往玉峰村的「玉峰大橋」完工
•新西螺大橋又名「溪州大橋」完工，連結彰化縣溪州鄉與雲林縣西螺鎮
一九九四年　民國八十三年　•道格颱風來襲，北岸引水隧道出口農田淹沒
一九九五年　民國八十四年　•明潭水庫及抽蓄電廠完工
一九九六年　民國八十五年　•集集攔河堰工程上梁
•賀伯颱風來襲，南投縣信義鄉神木村發生土石流
一九九七年　民國八十六年　•集集共同引水工程計畫「工業用水專用管路」通水啟用，六輕開始向濁水溪取水
•臺灣省水利局「濁水溪分水隊」改編為「集集共同引水配水隊」

一九九八年　民國八十七年

- 「臺灣省水利局第四工程處」改制為「臺灣省第四河川局」

一九九九年　民國八十八年

- 「臺灣省第四河川局」改制為「經濟部水利處第四河川局」
- 因發生九二一地震，新草嶺潭形成，名竹大橋斷，集集攔河堰及南岸聯絡渠道受損

二〇〇〇年　民國八十九年

- 「集集計畫南岸聯絡渠道」完工試通水
- 「集集共同引水工程」計畫經費修正為三三八億元

二〇〇一年　民國九十年

- 「集集計畫北岸聯絡渠道」完工試通水
- 桃芝颱風來襲，南清水溝溪及東埔蚋溪淹水
- 集集共同引水工程完工
- 本年度開始雲林縣癌症死亡率年年高居臺灣前三名

二〇〇二年　民國九十一年

- 「經濟部水利處第四河川局」改制為「經濟部水利署第四河川局」
- 經濟部水利署中區水資源局「集集攔河堰管理中心」成立
- 經濟部會同彰化、雲林水利會訂立「集集攔河堰工業用水調度農業用水契約」，同意此後農業用水調撥離島工業區使用
- 行政院環保署完成全國農田土壤重金屬含量調查，農業大縣彰化、雲林重金屬汙染嚴重

二〇〇五年　民國九十四年

- 新武界引水隧道完工，將濁水溪納入引水隧道
- 中油與遠東、長春、和桐、中纖、富邦等財團合資，組成國光石化科技公司
- 國光石化（八輕）擬落腳濁水溪出海口

二〇〇六年　民國九十五年
•國光石化進入環評

二〇〇八年　民國九十七年
•環保署水質保護處訂出「河川基流量」
•十月十四日，經濟部將國光石化生產計畫列為國家重大計畫
•十一月十三日，行政院原則同意國光石化得依相關規定進行海埔地開發審議之申請

二〇〇九年　民國九十八年
•雲林縣地層年下陷率七·四公分
•彰化縣地層年下陷率五·七公分

二〇一〇年　民國九十九年
•一月，彰化縣環保聯盟發起「收復濕地、還我河口」網路連署，反對在濁水溪出海口設立國光石化
•二月，「濁水溪口海埔地公益信託」正式啟動
•十一月，中科四期在舊濁水溪浮復地大排沙農場舉行破土典禮

二〇一一年　民國一〇〇年
•總統馬英九宣布不支持在大城濕地建設國光石化

二〇一二年　民國一〇一年
•內政部「國家重要濕地諮詢小組會議」通過，將北起彰濱工業區以南、南至濁水溪口的彰化海岸（包含原國光石化預定地在內），劃為國家重要溼地
•環保署環境影響差異評估專案小組審查通過將中科四期廢水排入濁水溪，引發雲林地方與農漁民強烈反彈

二〇一三年　民國一〇二年
•濁水溪裸露砂地面積增加至一千二百多公頃，造成濁水溪出海口、西濱大橋兩側及高鐵橋西成為揚塵好發地

- 溪州鄉成功村鄭文音報導，2001年7月16日採訪。
- 溪州鄉西畔村陳忠誠報導（1941年生），2001年7月16日張素玢採訪、2014年1月21日柯鴻基採訪。
- 溪州鄉石張彩雲報導，2014年1月21日柯鴻基採訪。
- 溪州鄉柑園村鄭樹木報導，2001年7月16日採訪。
- 溪州鄉張厝村採訪，2001年7月19日。
- 溪湖鎮西勢里蔡崇興（1912年生）報導，2001年7月9日採訪。
- 溪湖鎮河東里竹頭仔楊興新報導，2001年7月5日採訪。
- 溪湖鎮河東里楊有利報導，2001年7月5日採訪。
- 溪湖鎮河東里蔡金德報導，2001年7月5日採訪。
- 福興鄉麥厝村張智謀報導，2001年7月12日採訪。
- 福興鄉廈粘村粘建金報導，2001年7月12日採訪。
- 雲林縣西螺鎮張億載報導，2013年11月2日採訪。
- 雲林縣西螺鎮李騰芳報導，2014年1月22日採訪。
- 雲林縣莿桐鄉埔子村余天志(1912年生)報導，2002年1月18日採訪。
- 雲林縣莿桐鄉埔子村墜木錟(1947年生)報導，2002年1月18日採訪。
- 雲林縣崙背鄉崙前村廖深(1922年生)報導，2002年1月19日採訪。
- 雲林縣崙背鄉東興村李進祥報導，2002年1月19日採訪。
- 雲林縣東勢鄉黃夢熊(1933年生)報導，2002年1月20日採訪。
- 雲林縣褒忠鄉張資參(張世箱家族)報導，2002年1月20日採訪。
- 雲林縣崙背鄉中厝村王張由(1907年生)報導，2002年1月20日採訪。
- 雲林縣林內鄉重興村蘇粉(1924年生)報導，2002年1月21日採訪。
- 雲林縣林內鄉重興村張連丁(1924年生)報導，2002年1月21日採訪。
- 雲林縣林內鄉羅志誠（1961年生）報導，2014年1月20日採訪。

日採訪。

- 二水鄉過圳村陳益義（1927年生）報導，2000年6月19日採訪。
- 二林振興里陳子聰報導，2001年7月7日採訪。
- 二林振興里陳福生報導，2001年7月7日採訪。
- 二林崙仔腳人莊垂程報導，2001年7月5日採訪。
- 二林港尾華崙里李蔭報導，2001年7月5日採訪。
- 二林鎮尖厝仔居民報導，2001年7月5日採訪。
- 二林鎮邱呈福報導，1993年8月24日李坤北採訪。
- 二林鎮陳笔（1890年生）報導，1993年4月20日採訪。
- 二林鎮陳棟（1921年生）、陳水筆及蔡宗豐、洪琴、傅雄、李水、李松、孫清長、邱瑞慶、蔡定和、陳清山、陳掌等人報導，1993年7月21-31日李坤北採訪。
- 二林鎮華崙里港尾民眾報導，2001年7月8日採訪。
- 二林鎮萬合村薛文報導，2001年7月8日採訪。
- 二林鎮萬興里楊倚報導，2001年7月7日採訪。
- 北斗鎮大新里王開山報導，2001年7月11日採訪。
- 北斗鎮中寮里許昭山報導，2001年7月12日採訪。
- 北斗鎮中寮里顏清富報導，2001年7月12日採訪。
- 北斗鎮莊存仁（1915年生）報導，1995年7月21日採訪。
- 北斗鎮陳亮居報導，1995年7月12日採訪。
- 北斗鎮陳國展報導，2001年7月11日採訪。
- 北斗鎮新生里許上土報導，2001年7月10日採訪。
- 北斗鎮新生里黃盛琪報導，2001年7月9日採訪。
- 田中鎮張聯宗報導，2001年7月18日採訪。
- 田中鎮劉金志報導，2001年7月12日採訪。
- 田尾鄉南曾村葉金練報導，2001年7月11日採訪。
- 田尾鄉莊水明報導，2001年7月11日採訪。
- 田尾鄉睦宜村陳美報導，2001年7月18日採訪。
- 芳苑鄉四工、五工區隨機採訪，2001年7月6日。
- 芳苑鄉漢寶村康館報導，2001年7月6日採訪。
- 埔鹽鄉太平村陳謝瞼報導，2001年7月5日採訪。
- 埔鹽鄉石碑村施總富報導，2001年7月12日採訪。
- 埔鹽鄉瓦窯村施見德報導，2013年2月10日採訪。
- 埤頭鄉邱朝本（1920年生）報導，2001年7月10日採訪。
- 埤頭鄉許萬煙（1924年生）報導，1993年7月30日採訪。
- 埤頭鄉豐崙村張豐墝報導，2001年7月9日採訪。
- 溪州鄉大庄村鄭源順報導，2001年7月18日採訪。

1993）。
- 蔡明雲，〈由祭祀圈看北斗地區漢人聚落的形成與發展〉（國立政治大學歷史學研究所碩士論文，1997）。
- 謝國斌，〈臺灣農業政策與農民權力〉（國立臺灣大學政治學研究所碩士論文，1998）。
- 簡慧樺，〈國家權力與農民抗爭——以1895至1980年代臺灣農民運動為例〉（國立臺灣大學政治學研究所碩士論文，1998）。
- 顧雅文，〈八堡圳與彰化平原人文、自然環境變遷之互動歷程〉（國立臺灣大學歷史學研究所碩士論文，2000）。

五、報紙、雜誌資料

- 《中國時報》
- 《中華日報》
- 《自由時報》
- 《經濟日報》
- 《臺灣日日新報》（1898-1944）
- 《臺灣民報》（1920-1932）
- 《臺灣時報》（1898-1945）
- 《聯合報》

六、口述資料

- 二水鄉十五村張泉源（1934年生）報導，2000年2月23日採訪。
- 二水鄉十五村陳丁煬（1930年生）報導，2000年1月22日採訪。
- 二水鄉上豐村陳正男（1940年生）報導，2000年1月2日採訪。
- 二水鄉上豐村藍仁和（1927年生）、藍宗源（1931年生）報導，2000年6月20日採訪。
- 二水鄉大園村陳新拴（1920年生）報導，2000年2月10日採訪。
- 二水鄉修仁村洪萬芳（1911年生）報導，2000年2月11日採訪。
- 二水鄉修仁村陳東育（1923年生）報導，2000年2月11日採訪。
- 二水鄉修仁村陳盼（1930年生）報導，2000年2月11日採訪。
- 二水鄉修仁村陳乾彰（1912年生）報導，2000年2月11日採訪。
- 二水鄉修仁村陳賜祥（1925年生）報導，2000年2月11日採訪。
- 二水鄉倡和村陳石胎（1920年生）報導，2000年2月14日採訪。
- 二水鄉倡和村鄭源捷（1928年生）報導，2000年2月14日採訪。
- 二水鄉復興村林蓖（1928年生）報導，2000年1月24日採訪。
- 二水鄉復興村謝甲丙（1919年生）報導、卓明德（1926年生）報導，2000年1月24

78（2010.9），頁12-13。
- 鄭先祐，〈生態主張的困境與出路〉，《思與言》32：4（1994.12），頁27-49。
- 鄭先祐，〈社會運動的八個階段與策略〉，《臺灣環境》34（1991.4），頁2-8。
- 蕭新煌，〈一九八〇年代末期臺灣的農民運動：事實與解釋〉，《中央研究院民族學研究所集刊》70（1991.3），頁67-94
- 謝雨生、鄭宜仲、曹崇聖，〈天然災害損失之長期變遷趨勢（1967-1987）〉，《臺灣農業雙月刊》27：1（1991.2），頁20-35。
- 謝懷慧，〈臺灣民主轉型中的市民社會——以1987-1994的臺灣社會運動為例〉，《臺灣史料研究》16（2000.12），頁55-72。
- 豐川博吉，〈地表流下雨量竝に土壤浸蝕に及ぼす植物地被の影響〉，《臺灣の山林》132（1937.4），頁157-159。
- 龔誠山，〈臺灣地區水庫永續利用策略探討〉，《土木水利》37: 6（2010.12），頁79-83。

四、學位論文

- 江鏝萍，〈鄭成功信仰的成立與發展〉（國立成功大學歷史學系碩士論文，2000）。
- 何鳳嬌，〈日據時代臺灣的糖業經營與農民爭議〉（國立政治大學歷史研究所碩士論文，1991）。
- 吳旻倉，〈臺灣農民運動的形成與發展（1945-1990）〉（國立臺灣大學農業推廣學研究所碩士論文，1991）。
- 李文良，〈帝國的山林——日治時期臺灣山林政策史研究〉（國立臺灣大學歷史學研究所博士論文，2001）。
- 馬鉅強，〈日治時期臺灣治水事業之研究〉（國立中央大學歷史學研究所碩士論文，2005）。
- 張哲維，〈日治時期宜蘭濁水溪治水事業〉（國立彰化師範大學歷史學研究所，2012）。
- 張耀中，〈雲林縣濁水溪沿岸民眾對濁水溪揚塵觀點之研究〉（大葉大學工學院碩士在職專班碩士論文，2012）。
- 曹登輝，〈田尾鄉花卉園藝產業變遷與地方特色形塑之研究〉（私立中國文化大學地學研究所碩士論文，2005）。
- 陳雅青，〈彰化農田水利會之研究〉（國立彰化師範大學歷史學研究所碩士論文，2008）。
- 楊挽北，〈政府政策與自然資源的互動：以雲林縣地下水開發為例〉（國立東華大學自然資源管理研究所碩士論文，2001）。
- 劉俊龍，〈水圳建設與彰化平原的開發〉（國立成功大學歷史語言研究所碩士論文，告》7（1983），頁85-100。
- 惜遺，〈臺灣水利事業年譜〉，《臺銀季刊》3：3（1950.6），頁174-183。
- 淡水河森林治水事務所，〈降雨の土砂浸蝕と地表流下量に就いて〉，《臺灣の山林》195（1942.7），頁17-31。
- 深谷留三，〈本島治水事業の現狀に鑑み土木工事的治水事業と森林治水事業との聯繫の必要を述ぶ〉，《臺灣の山林》200（1942.12），頁7-22。
- 陳章真，〈從中美貿易談判談今後臺灣農業的發展方向〉，《經濟前瞻》3：4（1988.10），頁55-56。
- 許世融，〈日治時期「新」舊濁水溪間的族群分布與變遷(1901-1935)—公文類纂、國勢調查、鄉貫調查資料試析〉，收錄於川島真、松永正義、陳翠蓮主編，《跨域青年學者臺灣史研究第四集》（臺北：政大臺灣史研究所，2011年10月），頁57-122。
- 森太三郎，〈臺中州下に於ける氣候と造林の關係に就て〉，《臺灣の山林》132（1937.4），頁48-53。
- 森田明，〈清代臺灣中部の水利開発について：「八堡圳」を中心として〉，《福岡大學研究所報》18（1973.10），頁43-56。
- 黃朝恩，〈臺灣島諸流域營歷特徵及其相關性的地形學研究〉，《私立中國文化大學地學研究所研究報告》4（1984.6），頁78-79。
- 黃繁光，〈八卦山與濁水溪之間的生存空間——彰化二水地區的人地發展關係〉，《淡江史學》14（2003.12），頁11-44。
- 愚老庵草人，〈林業漫談〉，《臺灣の山林》181（1941.5），頁53-56。
- 楊萬全，〈濁水溪平原的水文地質研究〉，《地理學研究》13（1989.12），頁57-91。
- 溫振華，〈清代臺灣中部的開發與社會變遷〉，《國立臺灣師範大學歷史學報》11（1983.6），頁43-95。
- 溫振華，〈鄭成功治水神格形成試探——以臺中縣為例〉，《臺中縣開發史學術研討會會議論文集》（臺中：臺中縣文化局，2003），頁169-181。
- 廖本全，〈吞食土地的野蠻遊戲〉，《生態臺灣》26（2010.1），頁24-27。
- 臺中森林治水事務所，〈臺中森林治水事業の概況〉，《臺灣の山林》195（1942.7），頁32-40。
- 劉大年、劉孟俊，〈中美貿易談判和我國貿易自由化下我國進口市場之分析〉，《臺灣土地金融季刊》29：2（1992.6），頁99-107。
- 劉文彬，〈中美貿易談判之回顧（1985至1986）〉，《外交部通訊》18：3（1990.7），頁25-33。
- 劉華真，〈消失的農漁民：重探臺灣早期環境抗爭〉，《臺灣社會學》21（2011.6），頁1-49。
- 澁谷紀三郎，〈濁水溪の造地力〉，《臺灣博物學會會報》1：3（1911.7），頁60-62。
- 蔡嘉陽，〈臺灣白海豚的生態：臺灣西海岸的環境特性和面臨的危機〉，《臺灣濕地》

頁1。
- 倉增安彥，〈森林治水と砂防施設〉，《臺灣の山林》195（1942.7），頁4-12。
- 夏鑄九、徐進鈺，〈臺灣的石化工業與地域性比較研究〉，《臺灣社會研究季刊》26（1997.6），頁129-166。
- 孫習之，〈臺灣省北港至濁水溪平原區域航照地質之研究〉，《臺灣省石油地質》10（1973），頁187-199。
- 宮地硬介，〈島內森林治水地を巡りて〉，《臺灣の山林》195（1942.7），頁76-82。
- 宮地硬介，〈崙背庄の海岸防風林を見て〉，《臺灣の山林》204（1943.4），頁50-54。
- 宮地硬介，〈森林治水地を巡りて（二）〉，《臺灣の山林》196（1942.8），頁65-69。
- 宮地硬介，〈森林治水地を巡りて（三）〉，《臺灣の山林》197（1942.9），頁76-80。
- 宮竹透，〈決戰下の森林治水事業〉，《臺灣の山林》210（1943.11），頁16-20。
- 根岸勉治，〈臺灣農企業と米糖相剋關係〉，《南方農業問題》（東京：日本評論社，1942），頁3-52。
- 根岸勉治，〈臺灣輪作農業と稻蔗相剋統制〉，《臺灣經濟年報》第3輯（東京：國際日本協會，1943），頁304-327。
- 翁秀琴，〈從量變到質變——臺灣社會運動十年風雲興衰〉，《統領雜誌》121（1995.8），頁39-42。
- 翁佳音，〈蕃薯圖像的形成：十六、十七世紀臺灣地圖的研究〉，「空間新思維—歷史與圖學國際學術研討會」（國立故宮博物院主辦，2008.11.7-11.8）。
- 張素玢，〈平埔社群空間地圖的重構與解釋——以東螺社與眉裡社為中心〉，《臺灣文獻》57：2（2006.6），頁45-87。
- 張素玢，〈洪患、聚落變遷與傳說信仰——以戊戌水災為中心〉，《濁水溪流域自然與人文研究論文集》（彰化：彰化縣文化局，2005），頁7-27。
- 張素玢，〈從二林蔗農事件到葡農事件——地域與社會力的形成〉，《臺灣史料研究》16（2000.12），頁2-21。
- 張素玢，〈從治水到治山：以濁水溪為例〉，《臺灣文獻》60: 4（2009.12），頁81-130
- 張素玢，〈憤怒的葡萄——二林葡農抗爭事件〉，《臺灣史蹟》36（2000.6），頁251-262。
- 張素玢，〈濁水溪出代誌——經濟環境變遷下的社會運動〉，《簡吉與臺灣農民運動國際學術研討會論文集》（臺南：臺南大學臺灣文化研究所，2012），頁185-206。
- 張素玢，〈濁水溪的歷史難題〉，《臺灣史研究》18：4（2011.12），頁165-200。
- 張素玢，〈濁水溪邊際土地的開發與農村菁英的崛起〉，《地方菁英與臺灣農民運動》（臺北：中央研究院臺灣史研究所，2008），頁389-390。
- 張瑞津，〈濁水溪平原的地勢分析與地形變遷〉，《國立臺灣師範大學地理研究所研究報告》11（1985.3），頁200-228。
- 張瑞津，〈濁水溪沖積扇河道變遷之探討〉，《國立臺灣師範大學地理研究所研究報

‧佚名，〈愛林運動要綱〉，《臺灣の山林》95（1934.3），卷頭頁。
‧佚名，〈臺灣に於ける水力の利用に就て〉，《新臺灣》5：5（1918.5），頁11-14。
‧佚名，〈濁水溪森林治水事務所開所式〉，《臺灣の山林》174（1940.10），頁67-78。
‧吳明勇，〈從植物園到愛林日：近代臺灣植樹制度與愛林思想之建立〉，《臺灣學研究國際學術研討會：殖民與近代化學術論文集》（臺北：中央圖書館臺灣分館，2009），頁215-238。
‧杉目妙光，〈新高登山にて研究し得べき地學的現象〉，《臺灣教育》304（1927.12），頁15-28。
‧李子純、李顯琨、林家棻，〈中部粘板岩沖積土性質與水稻生長及產量之關係研究〉，《中華農業研究》23：4（1974.12），頁242-254。
‧阪口邦夫，〈下淡水溪森林治水事業〉，《臺灣の山林》195（1942.7），頁51-54。
‧周大中，〈臺灣石化工業之現況與展望〉，《臺灣銀行季刊》32：4（1981.12），頁1-38。
‧周明德，〈臺灣總督府氣象臺史〉，《臺灣風物》42：1（1992.3），頁87-124。
‧岩村通正，〈第二期森林治水事業に現はれた遊水林に就て〉，《臺灣の山林》138（1937.10），頁57-65。
‧林正錺、呂正章、呂建華，〈土壤中重金屬擴散性分級評估初擬——以彰化縣為例〉，《中國環境工程學刊》5：4（1995.12）。
‧林尉濤，〈農業用水調度支援工業發展案例探討——中科四期二林基地供水之隱憂及建議〉，《農田水利》55：10（2009.10），頁6-13。
‧直江利之介，〈濁水溪固形物に就て〉，《臺灣の水利》3：6（1933.11），頁76-86。
‧花島正泰，〈曾文溪森林治水事務所に於ける勞務に就て〉，《臺灣の山林》195（1942.7），頁46-50。
‧金平亮三，〈天然保護區域の設置を望む〉，《臺灣山林會報》2（1923.3），頁2-7。
‧金平亮三，〈臺灣八景と國立公園〉，《臺灣山林會報》27（1927.9），頁2-5。
‧青柳晴一，〈北港溪治水計畫概要〉，《臺灣の水利》10：5（1940.10），頁44-52。
‧南谷生，〈淡水河森林治水事務所開所式記〉，《臺灣の山林》134（1937.6），頁57-65。
‧施月英，〈中科四期開發案政府為民眾做了甚麼努力？〉，《生態臺灣》26（2010.1），頁12-19。
‧施振民，〈祭祀圈與社會組織——彰化平原聚落發展模式的探討〉，《中央研究院民族研究所集刊》36（1973秋），頁191-208。
‧柯志明，〈所謂米糖相剋問題——日據臺灣殖民發展研究的再思考〉，《臺灣社會研究季刊》2：3/4（1989秋、冬季號），頁75-126。
‧紀駿傑、王俊秀、蕭新煌，〈臺灣社會環境生態論述之演化與衝突〉，「臺灣近代自然環境與人文變遷探討」會議（臺北：臺灣大學全球變遷中心，1996）。
‧倉田武比古，〈臺灣に於ける森林治水事業の發展〉，《臺灣の山林》195（1942.7），

- 大矢雅彥，〈濁水溪,チャオ ピヤ.イラワジおよびガンジス平野の地形と洪水の比較〉，《地理學評論》37：7（1964.7），頁357-376。
- 小林勇夫，〈內地に於ける荒廢地復舊事業と臺灣の森林治水問題〉，《臺灣山林會報》25（1927.5），頁20-34。
- 小林勇夫，〈天然樟樹保護林に就て〉，《專賣通信》15：2（1936.2），頁18-24。
- 小林勇夫，〈天然樟樹保護林に就て〉，《臺灣の山林》130（1937.2），頁15-17。
- 山本德三郎，〈森林治水と恒續林施業〉，《臺灣の水利》6：6（1936.11），頁47-49。
- 丹桂之助，〈南湖大山登山地質報告〉，《臺灣地學紀事》1（1931.3），頁92-95。
- 王京良，〈臺灣之颱風及災害〉，《臺灣銀行季刊》17：3（1966.9），頁91-134。
- 王崧興，〈八堡圳與臺灣中部的開發〉，《臺灣文獻》26：4/27：1（1976.3），頁42-49。
- 古川山，〈臺灣治水事業の概要に就て〉，《臺灣の山林》200（1942.12），頁23-30。
- 田端幸三郎，〈森林と人類の生活〉，《臺灣の山林》145（1938.5），頁1-7。
- 矢頭生，〈森林治水事業地巡り〉，《臺灣の山林》156（1939.4），頁54-63。
- 伊藤太右衛門，〈水源涵養に對する森林の效果〉，《臺灣の水利》2：3（1932.5），頁21-25。
- 伊藤太右衛門，〈國立公園と治水保安林〉，《臺灣の山林》123（1936.7），頁85-91。
- 伊藤太右衛門，〈森林の渴水及洪水に對する機能〉，《臺灣の水利》4：1（1934.1），頁31-37。
- 吉川精馬，〈本島山林と治水問題〉，《實業之臺灣》17：8（1925），頁2-5。
- 吉井隆盛，〈臺灣に於ける治山の要を論す〉，《臺灣の山林》200（1942.12），頁38-58。
- 名取久政，〈高度更正に依る流出係數の計算例〉，《臺灣の水利》7：5（1937.9），頁34-54。
- 朱侃如，〈中美貿易談判，我們犧牲了什麼？〉，《商業周刊》24（1988.5.9-5.15），頁50-51。
- 江亮演，〈日據時代臺灣農民與勞工的社會運動〉，《國立空中大學社會科學學報》5（1997.5），頁127-140。
- 池田雄之進，〈日月潭水力電氣工事計畫概要〉，《臺灣の水利》2：3（1932.5），頁64-76。
- 竹島彬，〈淡水河森林治水事業地に組織せんとする組合の趣旨竝規約に就て〉，《臺灣の山林》133（1937.5），頁19-22。
- 竹島彬，〈曾文溪の森林治水事業〉，《臺灣の山林》195（1942.7），頁41-45。
- 佐佐木舜一，〈臺灣國立公園候補地域內に於ける植物〉，《臺灣の山林》123（1936.7），頁62-77。
- 佚名，〈森林治水造林施行直後〉，《臺灣の山林》195（1942.7），封面頁4。
- 佚名，〈森林計畫事業規程〉，《臺灣山林會報》35（1929.1），頁90-100。

- 臺灣銀行經濟研究室，《臺灣區石油化學工業調查報告》（臺北：編者，1975）。
- 臺灣糖業公司編，《臺糖五十年》（臺北：臺灣糖業公司，1996）。
- 臺灣總督府警察局編、吳密察解題，《臺灣社會運動史》（1913-1936農民運動部分）（臺北：南天書局有限公司，1995，1939年原刊）。
- 褚明典，《臺灣地區現階段工業區開發之研究》（臺北：成文出版社，1981）。
- 趙水溝，《員林郡大觀》（臺北：臺灣新民報社，1936）。
- 劉良璧，《重修福建臺灣府志》（臺北：行政院文化建設委員會，2005）。
- 劉淑玲，〈臺灣總督府的土地放領政策——以日籍退職官員事件為例〉（臺北：常春樹，2007）。
- 劉進慶，《臺灣戰後經濟分析》（臺北：人間出版社，1994）。
- 劉翠溶，《自然與人為互動：環境史研究的視角》（臺北：聯經出版公司，2008）。
- 劉翠溶、伊懋可主編，《積漸所至：中國環境史論文集》（臺北：聯經出版公司，2008）。
- 蔡志展，《清代臺灣水利開發研究》（臺中：昇朝出版社，1980）。
- 蔡炎城編著，《二水軼聞》（臺北：編者，1983）。
- 蕭新煌，《七〇年代反污染自力救濟的結構與過程分析》（臺北：行政院環保署，1988）。
- 蕭新煌，《社會力：臺灣向前看》（臺北：自立晚報文化出版社，1989）。
- 蕭新煌，《臺灣地方環保抗爭運動：一九八〇至一九九六》（香港：香港海峽兩岸關係研究中心，1997）。
- 蕭新煌、許嘉猷等著，《解剖臺灣經濟—威權體制下的壟斷與剝削》（臺北：前衛出版社，1992）。
- 賴宗寶，《二水的根與枝葉》（彰化二水，編者，1995）。
- 賴宗寶，《好山好水好二水》（彰化：賴許柔文教基金會，2001）。
- 藍鼎元，《東征集》，臺灣文獻叢刊第12種（臺北：臺灣銀行經濟研究室，1958）。
- 鐘聖雄、許震唐，《南風》（臺北：衛城出版，2013）。
- 顧德森、錢秉才編，《臺糖四十年》（臺北：臺灣糖業有限公司，1986）。

三、期刊、研討會論文

- K辯士，〈森林治水事業地活動寫真巡寫記〉，《臺灣の山林》142（1938.2），頁37-43。
- 八田與一，〈濁水溪分水協定と日月潭〉，《臺灣の水利》7：2（1937.3），頁3-10。
- 十川嘉太郎，〈臺灣河川工事の思ひ出（二）〉，《臺灣の水利》6：3（1936.5），頁143-153。
- 上田誠，〈淡水河の森林治水事業〉，《臺灣の山林》195（1942.7），頁13-16。

- 根岸勉治，《熱帶農業企業論》（東京：河出書房新社，1962）。
- 高拱乾纂修、周元文增修，《臺灣府志》（臺北：行政院文化建設委員會，2004）。
- 張茂桂，《社會運動與政治轉化》（臺北：業強出版社，1994）。
- 張哲郎總纂，《北斗鎮志》（彰化：北斗鎮公所，2000修訂版）。
- 張素玢，《北斗開發史》（彰化：北斗鎮公所，1999）。
- 張素玢，《臺灣的日本農業移民——以官營移民為中心》（臺北，國史館，2001）。
- 張素玢，《歷史視野中的地方發展與變遷——濁水溪畔的二水．北斗．二林》（臺北：學生書局，2004）。
- 陳文卿，《拾憶集：懷念老二水》（彰化：賴許柔文教基金會，1999）。
- 陳正祥，《臺灣地誌》（臺北：南天書局，1993）。
- 陳國川，《清代雲林地區的農業墾殖與活動形式》，地理研究叢書第29號（臺北：國立臺灣師範大學地理學系，2002）。
- 陸象豫，《森林與水》（臺北：行政院農業委員會林業試驗所，2001）。
- 莊華堂，《大水柴》（臺北：唐山，2006）。
- 程大學主編，《西螺鎮志》（雲林鎮：西螺鎮公所，2000）。
- 曾華璧，《十年來臺灣環境保護運動的歷史省察》（新竹：國興出版、黎明總經銷，1990）。
- 曾華璧，《臺灣現代環境史論》（臺北：正中書局，2001）。
- 黃清琦，《臺灣輿圖暨解說圖研究》（臺南：國立臺灣歷史博物館，2010）。
- 黃富三，《臺灣水田化運動先驅：施世榜家族史》（南投：國史館臺灣文獻館，2006）。
- 葉榮鐘、吳三連等著，《臺灣民族運動史》（臺北：自立晚報社，1987）。
- 廖正宏、黃俊傑、蕭新煌，《光復後臺灣農業政策的演變：歷史與社會的分析》（臺北：中央研究院民族學研究所，1986）。
- 彰化縣文化局，《牽手半世紀——西螺大橋通車五十週年紀念專輯》（彰化：編者，1998）。
- 彰化縣立文化中心，《彰化縣口述歷史 第一輯》（彰化：編者，1995）。
- 彰化縣政府，《彰化縣綜合發展計畫》（彰化：彰化縣政府，1989）。
- 臺灣新民報社，《臺灣人士鑑》（臺北：編者，1934）。
- 臺灣新民報社，《臺灣人名辭典》（東京：日本圖書，1989）。
- 臺灣新聞社，《臺中市史》（臺北：編者，1934）。
- 臺灣新聞社，《臺灣實業名鑑 第一輯》（臺北：編者，1934）。
- 臺灣銀行經濟研究室，《臺灣之水資源》，臺灣研究叢刊第83種（臺北：編者，1966）。
- 臺灣銀行經濟研究室，《臺灣之自然災害》，臺灣文獻叢刊第95種（臺北：編者，1954）。

- 吳建民總纂、王柏山等撰述，《臺灣地區水資源史：第四篇——日據時期之水資源開發利用》（南投：臺灣省文獻委員會，2000）。
- 吳音寧，《江湖在哪裡——臺灣農業觀察》（臺北：印刻，2007）。
- 吳晟，《筆記濁水溪》（臺北：聯合文學，2002）。
- 宋光宇編，《臺灣經驗（一）歷史經濟篇》（臺北：東大圖書公司，1993）。
- 李力庸，《日治時期臺中地區的農會與米作（1902-1945）》（新北市：稻鄉出版社，2004）。
- 李力庸，《米穀流通與臺灣社會（1895-1945）》（新北市：稻鄉出版社，2009）。
- 李貞儀、李嘉梅主編，《我們的濁水溪：集集共同引水工程紀念文集》（臺中：經濟部水利署，2002）。
- 周宗賢總纂，《二水鄉志》（彰化：二水鄉公所，2002）。
- 周璽，《彰化縣志》，臺灣文獻叢刊第156種（臺北：臺灣銀行經濟研究室，1962）。
- 岩村一哉，《臺灣會社便覽》（臺北：新高興信所，1922）。
- 林進發，《臺灣官紳年鑑》（臺北：民眾公論社，1932）。
- 芳苑鄉公所，《芳苑鄉簡介》（芳苑：編者，1986）。
- 侯坤宏編，《土地改革史料》（臺北：國史館，1988）。
- 施添福總纂，《臺灣地名辭書卷十一 彰化縣》（南投：國史館臺灣文獻館，2004）。
- 洪長源，《哭泣的濁水溪》（鳳山市：派色文化，1997）。
- 洪長源，《溪州鄉情》（彰化：溪州鄉公所，1995）。
- 洪長源、魏金絨，《二林蔗農事件：殖民地的怒吼》（彰化：彰化縣文化局，2001）。
- 洪麗完總纂，《二林鎮志》（彰化：二林鎮公所，2000）。
- 洪寶昆，《北斗郡大觀》（北斗：北斗郡大觀刊行會，1937）。
- 范清水，《彰化縣二水鄉護林協會史略》（無出版項，1987）。
- 郁永河，《裨海紀遊》，臺灣文獻叢刊第44種（臺北：臺灣銀行經濟研究室，1959）。
- 韋煙灶、郭鴻裕，《臺灣全志土地志——土壤篇》（南投：國史館臺灣文獻館，2010）。
- 原幹洲，《自治制度改正十週年紀念人物志》（臺北：勤勞と富源社，1931）。
- 原幹洲，《南進日本之第一線に起つ——新臺灣之人物》（臺北：拓務評論社臺灣支社，1936）。
- 夏獻綸，《臺灣地輿全圖》，臺灣文獻叢刊第185種（臺北，臺灣銀行經濟研究室，1964）。
- 夏獻綸，《臺灣輿圖》，臺灣文獻叢刊第45種（臺北，臺灣銀行經濟研究室，1959）。
- 徐正光、宋文里編，《臺灣新興的社會運動》（臺北：巨流出版社，1989）。
- 徐泓，《清代臺灣天然災害史料彙編》（臺北：行政院國家科學委員會，1983）。

・臺灣省議會，〈臺灣省議會第6屆第5次大會建設類提案〉，《臺灣省議會公報》，第44卷第3期，頁246。
・臺灣省議會，〈臺灣省議會第9屆第6次大會建設類質詢書面答覆〉，《臺灣省議會公報》，第72卷第1期，1993年3月30日，頁28。
・臺灣電力公司臺灣地區水力普查工作小組、經濟部水資會臺灣地區水力普查工作小組主辦，《濁水溪水力普查報告》（臺北：經濟部能源委員會，1986）。
・臺灣總督府，〈濁水溪護岸工事書類〉，《臺灣總督府公文類纂》，明治31年（1898）第64卷，永久保存。
・臺灣總督府，《官營移民事業報告書》（臺北：編者，1919）。
・臺灣總督府內務局土木課，《土木事業概要》1938年度（臺北：編者，1938）。
・臺灣總督府國土局土木課，《土木事業統計年報》（臺北：編者，1941）。
・臺灣總督府殖產局，《森林計畫事業報告書》（臺北：編者，1937）。
・臺灣總督府殖產局，《農業基本調查書第41號耕地所有竝經營狀況調查書》（臺北：編者，1941）。
・臺灣總督府殖產局，《臺灣保安林調查報告（特ニ飛砂防備林ニ就テ）》（臺北：編者，1915）。
・臺灣總督府殖產局，《臺灣事業林野調查報告》（臺北：編者，1917）。
・臺灣總督府濁水溪森林治水事務所，《濁水溪森林治水事業に就て》（臺中：編者，1940）。
・臺灣總督府警務局，《臺灣總督府警察沿革誌 第二篇（中卷）》（臺北：臺灣總督府，1939）。
・總統府，《總統府公報》第1969號，1968年6月22日。
・臨時臺灣土地調查局，《田收穫及小租調查書》（臺北：編者，1905）。
・行政院國家科學委員會中部科學工業園區管理局，《中部科學工業園區第四期（二林園區）開發計畫環境影響說明書》（2010.4，未出版）。

二、專書

・六十七、范咸纂輯，《重修臺灣府志》（臺北：行政院文化建設委員會，2005）。
・王孝廉，《水與水神》（臺北：三民，1992）。
・王詩琅，《臺灣社會運動史》（新北市：稻鄉出版社，1988）。
・佐藤吉治郎，《臺灣糖業全誌》（臺北：臺灣新聞社，1926）。
・余文儀，《續修臺灣府志》，臺灣文獻叢刊第121種（臺北：臺灣銀行經濟研究室，1962）。
・吳文星，《日據時期臺灣社會領導階層之研究》（臺北：學生書局，1992）。
・吳田泉，《臺灣農業史》（臺北：自立晚報社，1993）。

・經濟部水利署，《中華民國九十七年臺灣水文年報 第二部分：河川水位及流量》（臺北：編者，2009）。
・經濟部水利署中區水資源局主辦，中興工程顧問股份有限公司執行，《集集共同引水工程規劃設計與營運管理檢討》（臺中：編者，2008）。
・經濟部水利署水利規劃試驗所主辦，巨廷工程顧問股份有限公司執行，《濁水溪水系現有水庫水資源聯合運用可行性評估》（臺中：編者，2008）。
・經濟部水資源統一規劃委員會，《臺灣地區工業水量統計報告》（臺北：編者，1993-2008）。
・經濟部水資源統一規劃委員會，《臺灣地區工業面積與用水量估計》（臺北：編者，1991-1992）。
・彰化縣政府主計室，《彰化縣統計要覽》1950-2010年度（彰化：彰化縣政府）。
・彰化縣政府主計處，《彰化縣統計年鑑》1951-1972年度（彰化：彰化縣政府）。
・彰化縣議會，〈彰化縣議會第10屆第3次大會決議案〉，《彰化縣議會公報》，1983年6月30日。
・彰化縣議會，〈彰化縣議會第13屆第11次臨時大會縣府提案〉，《彰化縣議會公報》，1996年6月1日。
・臺中州役所，《臺中州概觀》1939年版（臺中：編者，1940）。
・臺中州役所，《臺中州管內概況及事務概要》（臺中：編者，1930）。
・臺中州廳，《臺中州統計書》（臺中：編者，1931）。
・臺灣山林會，《臺灣の林業》1933年版（臺北：編者，1933）。
・臺灣省水利局，《濁水溪河道治理計畫研究報告》（1971）。
・臺灣省行政長官公署統計室編，《臺灣省五十一年來統計提要》（臺北：編者，1946）。
・臺灣省政府主計處編，《臺灣省統計要覽》1950-51、1959-1960年度（南投：編者）。
・臺灣省政府農林廳水土保持局，《坡地農村綜合發展綱要性規劃報告—彰化縣二水鄉》（南投：編者，1993）。
・臺灣省政府糧食局，《臺灣地區稻穀生產費調查報告》1980年度（臺北：編者，1981）。
・臺灣省政府糧食局，《臺灣農產品生產成本調查報告》1980年度（臺北：編者，1981）。
・臺灣省農林廳統計室，《臺灣農業年報》1951-1990年度（臺北市：臺灣省農林廳）。
・臺灣省農林廳農業經濟科，《臺灣農業年報》1995年度（臺北市：臺灣省農林廳）。
・臺灣省議會，〈臺灣省議會第10屆第4次大會建設類質詢及答覆〉，《臺灣省議會公報》，第80卷第19期，1997年2月11日，頁3050。
・臺灣省議會，〈臺灣省議會第10屆第4次大會省政總質詢書面答覆〉，《臺灣省議會公報》，第81卷第8期，1997年5月20日，頁999。

參考書目

一、檔案、統計資料、官方出版品、報告書

- 二林地政事務所，《土地臺帳》(二林鎮、芳苑鄉、竹塘鄉、大城鄉)，共163冊。
- 大藏省財政史室編，〈日月潭工事及工具費解說〉，〈日月潭水力電気工事計画概要及図面〉，《昭和財政史資料》第5號第164冊。
- 山崎嘉夫，《濁水溪上流地域治水森林調查書》(臺北：臺灣總督府營林局林務課，1920)。
- 中興工程顧問公司，《集集共同引水計畫 濁水溪流域地區逕流測預報系統建置水文系統模擬模式成果報告》(霧峰：經濟部水利署中區水資源局，2002)。
- 台塑企業集團，《籌建烯烴廠及相關工業環境影響評估說明》(1987)。
- 內政部，《中華民國臺閩地區人口統計》1980、1990年度(臺北：編者)。
- 內政部，《中華民國臺灣人口統計》1970年度(臺北：編者)。
- 北斗地政事務所，《土地臺帳》(包括北斗鎮、田尾鄉、溪州鄉、埤頭鄉)，共162冊。
- 北斗郡役所，《北斗郡概況》1938年版(北斗：編者，1938)。
- 古川良雄，〈濁水溪流域保安林調查復命書〉，《臺灣總督府公文類纂》15年保存，5676冊1號，1913年10月。
- 伊藤太右衛門，《臺灣林業史》(臺北：臺灣總督府殖產局，1939)。
- 行政院主計處，《中華民國統計年鑑》(臺北市：編者，1996)。
- 行政院主計處，《臺閩地區農林漁牧業普查報告1990年》(臺北：編者，1992)。
- 行政院國家科學委員會中部科學工業園區管理局，《中部科學工業園區第四期(二林園區)開發計畫環境影響說明書》(2009.2，未出版)。
- 行政院國家科學委員會中部科學工業園區管理局，《中部科學工業園區第四期(二林園區)開發計畫環境影響說明書修正本》(2009.9，未出版)。
- 行政院農業委員會，《農業統計年報》2000、2005、2010年度(臺北市：編者)。
- 行政院農業委員會農糧署，《臺灣地區農產品批發市場年報95年度》(南投：行政院農業委員會中部辦公室，1992-2007)。
- 財團法人農業工程研究中心執行，《以農作調整觀點研析雲林高鐵沿線地層下陷防治策略》(臺北：經濟部水利署，2008)。
- 雲林縣工業發展投資策進會，《雲林縣離島式基礎工業區開發計畫》(1992)。
- 雲林縣政府主計室，《雲林縣統計要覽》(雲林：編者，2009)。
- 雲林縣發展史編彙委員會，《雲林縣發展史》(雲林縣斗六市：雲林縣政府，1997)。
- 經建會，《中華民國臺灣石化工業部門發展計畫》(1980)。
- 經濟部，《經濟部檔案》(未公開)。

十八劃

十九劃

二十一劃

二十四劃

二十五劃

十五劃

十六劃

十七劃

十三劃

十四劃

十一劃

十二劃

九劃

十劃

七劃

八劃

五劃

六劃

索引

二劃

三劃

四劃

島嶼新書 12

濁水溪三百年

歷史·社會·環境

作者——張素玢
執行長——陳蕙慧
總編輯——張惠菁
責任編輯——莊瑞琳、洪仕翰
美術設計——黃暐鵬
內頁排版——張瑜卿

社長——郭重興
發行人兼出版總監——曾大福
出版——衛城出版／遠足文化事業股份有限公司
發行——遠足文化事業股份有限公司
地址——二三一四一 新北市新店區民權路一〇八—二號九樓
電話——〇二—二二一八一四一七
傳真——〇二—八六六七一〇六五
客服專線——〇八〇〇—二二一〇二九
法律顧問——華洋法律事務所 蘇文生律師
製版——瑞豐電腦製版印刷股份有限公司
初版一刷——二〇一四年六月
初版九刷——二〇二〇年十一月
定價——三六〇元

國家圖書館出版品預行編目資料

濁水溪三百年:歷史.社會.環境／張素玢作.
－初版.－新北市：衛城出版：遠足文化發行，2014.06
面； 公分.－(島嶼新書；12)
ISBN 978-986-90476-2-3(平裝)
1.人文地理 2.歷史 3.濁水溪
733.325 103003996

ACRO POLIS 衛城
EMAIL acropolis@bookrep.com.tw
BLOG www.acropolis.pixnet.net/blog
FACEBOOK http://zh-tw.facebook.com/acropolispublish

● 親愛的讀者你好，非常感謝你購買衛城出版品。
我們非常需要你的意見，請於回函中告訴我們你對此書的意見，
我們會針對你的意見加強改進。

若不方便郵寄回函，歡迎傳真回函給我們。傳真電話 —— 02-2218-1142

或上網搜尋「衛城出版FACEBOOK」
http://www.facebook.com/acropolispublish

● 讀者資料

你的性別是 □ 男性 □ 女性 □ 其他

你的職業是 ______________________ 你的最高學歷是 ______________________

年齡 □ 20 歲以下 □ 21-30 歲 □ 31-40 歲 □ 41-50 歲 □ 51-60 歲 □ 61 歲以上

若你願意留下 e-mail，我們將優先寄送______________________衛城出版相關活動訊息與優惠活動

● 購書資料

● 請問你是從哪裡得知本書出版訊息？(可複選)
□ 實體書店 □ 網路書店 □ 報紙 □ 電視 □ 網路 □ 廣播 □ 雜誌 □ 朋友介紹
□ 參加講座活動 □ 其他 ________

● 是在哪裡購買的呢？ (單選)
□ 實體連鎖書店 □ 網路書店 □ 獨立書店 □ 傳統書店 □ 團購 □ 其他 ________

● 讓你燃起購買慾的主要原因是？(可複選)
□ 對此類主題感興趣
□ 參加講座後，覺得好像不賴
□ 覺得書籍設計好美，看起來好有質感！
□ 價格優惠吸引我
□ 議題好熱，好像很多人都在看，我也想知道裡面在寫什麼
□ 其實我沒有買書啦！這是送（借）的
□ 其他 ________

● 如果你覺得這本書還不錯，那它的優點是？(可複選)
□ 內容主題具參考價值 □ 文筆流暢 □ 書籍整體設計優美 □ 價格實在 □ 其他 ________

● 如果你覺得這本書讓你好失望，請務必告訴我們它的缺點（可複選）
□ 內容與想像中不符 □ 文筆不流暢 □ 印刷品質差 □ 版面設計影響閱讀 □ 價格偏高 □ 其他 ________

● 大都經由哪些管道得到書籍出版訊息？(可複選)
□ 實體書店 □ 網路書店 □ 報紙 □ 電視 □ 網路 □ 廣播 □ 親友介紹 □ 圖書館 □ 其他 ______

● 習慣購書的地方是？(可複選)
□ 實體連鎖書店 □ 網路書店 □ 獨立書店 □ 傳統書店 □ 學校團購 □ 其他 ________

● 如果你發現書中錯字或是內文有任何需要改進之處，請不吝給我們指教，我們將於再版時更正錯誤

請沿虛線剪下

廣告回信
臺灣北區郵政管理局登記證
第 1 4 4 3 7 號

請直接投郵•郵資由本公司支付

23141
新北市新店區民權路108-2號9樓

衛城出版 收

● 請沿虛線對折裝訂後寄回, 謝謝!

ACRO POLIS 衛城出版

島嶼新書

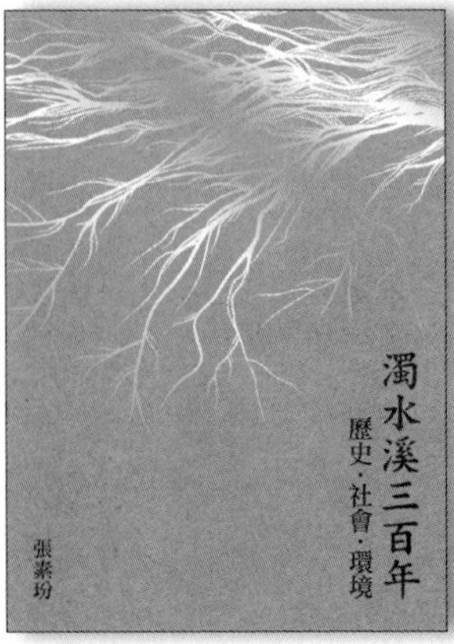

二水八堡圳｜許震唐攝

一七〇九年興築的八堡圳，是人類在濁水溪的第一個大型水利設施，水圳流經彰化北區，使一萬多甲的農田受惠，寫下臺灣水利史劃時代的一頁，也帶動了農業史上第一次綠色革命。

在八堡圳水門附近開柑仔店的陳老闆，架設一塊黑板取名「水門讀冊」，上頭寫滿了各種俗諺與臺語詩，「天對地……神對鬼，懸山對海水……」人與濁水溪，是利用厚生還是掠奪？這個問題在問三百年後的我們。

林內觸口的清濁水交會｜許震唐攝

主修《彰化縣志》的吳德功曾有詩〈水沙連〉寫道，「雌雄山互鎖，清濁水交纏。」指的就是林內觸口。連接林內與二水的彰雲大橋，是清水溪與濁水溪交會之處，也是濁水溪下游沖積扇平原的起點。
林內的特殊交會位置，也使它成為重要的分水集散地，集集引水工程南岸連絡渠道在此截奪濁幹線與斗六大圳之水，一路往出海口的六輕而去。這個沖積扇繁榮百年的農業，已籠罩上工業陰影。

田尾鄉的菊花農｜許震唐攝

在米作蔗作式微的時代，農民以花卉園藝另闢蹊徑。相較於永靖長於育苗，田尾則以切花為主。菊花外銷日本暢旺時，菊花田徹夜燈火通明，以加速植株生長。田尾菊花的競爭力，也使其他鄉鎮以玫瑰等做市場區隔。
菊花農羅太太從永靖嫁來田尾，她說自己一生都在花蕊中度過。她手拿一支香，一朵一朵將花套上塑膠套為採收做準備。傳統拜拜用的香成為農民手上的熱熔器，一秒就將塑膠套黏起來。

西螺果菜市場的菜農｜許震唐攝

原來只是兩期稻作之間蔬菜短期作物，在「後米糖」時代成為農民的新選擇，其中西螺果菜市場因交通運輸方便，逐漸成為全臺最大的果菜批發市場，市場占地達十甲。果菜市場裡有中盤、大盤，但也有個體戶菜農。阿伯與來臺十年的越南媳婦都是西螺在地農民，挑著家裡種的菜來果菜市場，等菜販上門。

竹塘竹元村的菇寮｜許震唐攝

「後米糖」時代，洋菇與蘆筍取代了米糖，成為濁水溪沖積扇平原最重要的經濟作物。一九七七年前後，臺灣是洋菇出口量最多的國家，金額超過一億美金，竹塘鄉產量更是全臺第一。直到一九七九年歐洲共同市場取消臺灣洋菇配額，出口量才逐年下降。

菇寮瀰漫著濃厚的霉氣與糞土味。菇寮裡的母子檔正在為育種後的菌土搬離準備更新（俗稱出糞），原來的菌土已無法進行培育。充斥各種菌的菇寮，並不輕易開放外人進入，以免破壞生態，且一般人進入後，如果免疫力不佳也容易生病。

二林鎮原斗的金香葡萄園｜許震唐攝

臺灣可能是全世界唯一在水田栽植釀酒葡萄的國家。一九六五年，二林地區在水田試種金香葡萄成功，這項技術突破，使彰化南區與雲林北區的水田紛紛轉作，進入「釀酒葡萄時期」。農民與公賣局的契作收購雖然穩定，但也上演長達十年的「葡萄戰爭」。收購契作制度因開放洋酒進口的衝擊，在一九九六年宣告結束，但金香、黑后等釀酒葡萄品種並沒有在臺灣農業消失，它們所釀造出來的玫瑰紅酒、金香白酒，成為臺灣葡萄酒口味的代表。

自強大橋下的西瓜灘地｜許震唐攝

自強大橋的濁水溪寬闊蜿蜒的河面，是母親之河的意象。濁水溪下游的西瓜產量占臺灣產量近四成，許多橋梁下都看得到灘地瓜田。然而需要大量水資源的工業，要繼續將攔河堰從集集往下游延伸，國光石化曾規劃在自強大橋攔水，中科四期也提出要將廢水排到自強大橋下，因灘地有農作遭環評委員制止。搶水與排放廢水的問題，使濁水溪與沿岸農漁業面臨嚴重的掠奪威脅。

芳苑草湖的甘蔗園｜許震唐攝

日本時代二林上堡（今二林鎮萬興、芳苑鄉草湖一帶）砂害嚴重，此區夏季乾燥炎熱，冬季強風凜冽，砂丘隨風移動，鹽分亦重，最不利於植物生長，所以芳苑鄉一向被稱為風頭水尾。經過日本官方積極進行防砂工事，種植防風林，使這一帶得以進行農墾，開始有甘蔗種植，蔗糖的高經濟價值在日本時代也吸引資本家來設置農場與製糖會社，但也激發了農民運動。

麥寮的高丘沙漠｜許震唐攝

沿岸數百年的飛砂問題，因集集攔河堰截斷水流，濁水溪下游幾近乾涸，揚塵更加嚴重。冬季東北季風旺盛時，乾砂由北往南吹化為塵暴，麥寮、臺西陷入砂塵世界，在濁水溪出海口，六輕東北側的莽原變高丘，寬常逾三百公尺、高達八公尺（甚至達十二公尺），面積三、四公頃，彷彿沙漠。

大城臺西的皚皚白鹽｜許震唐攝

因長期需水、搶水，一九六〇年代政府鼓勵農民開發地下水，一九七〇年代濱海養殖漁業興起，也大量抽取地下水，引發地層下陷危機與土壤鹽化，濱海處處可見覆蓋皚皚白鹽已無法耕種的土地，如殘雪的破敗。

濁水溪出海口的捕鰻人｜許震唐攝

據說以前冬天入夜後的濁水溪出海口像夜市一樣熱鬧，許多人都來捕撈鰻苗補貼家用，漁人頂著漲潮滅頂的危險，一晚可能有幾萬尾收穫，但隨著離島工業區的設置，出海口生態的劇變已使鰻苗逐漸消失，但還是有勤奮的漁人來找機會。

漁人許春財選擇退潮時捕鰻苗，雖然收穫較少，但能保命。漁人離去時會留下枯木做為再訪的記號，鰻苗如消逝，人的足跡也會消逝。

濁水溪的出口｜許震唐攝

站在麥寮橋頭凝望，濁水溪的出口不是大海，是六輕離島工業區。我們的選擇，似乎證明了我們對這條溪的態度。生態一去不復返，濁水溪的下一個三百年，會是誰，哪一個文化的民族來考古、書寫？